C·H·Beck
PAPERBACK

Sabine Paul

Das
PALÄOPOWER
Kochbuch

Energie und Lebensfreude
aus der Steinzeitküche

C.H.Beck

Impressum

Für Eva – und die Hadza am Lake Eyasi

Mit 70 Abbildungen
Originalausgabe
© Verlag C.H.Beck oHG, München 2014
Satz: Fotosatz Amann, Memmingen
Druck und Bindung: CPI – Ebner & Spiegel, Ulm
Umschlaggestaltung: Geviert, Grafik & Typografie, Andrea Janas
Umschlagabbildung: © The Bridgeman Art Library und Shutterstock
Printed in Germany
ISBN 978 3 406 66764 0

www.beck.de

Inhalt

I. Einladung zu Genussabenteuern mit
der Steinzeitküche — 7

II. Die Paläo-Entdeckungsreise beginnt:
Einstieg, Tipps und Tricks — 13

III. Kulinarischer Reiseführer: PaläoPower-Genussthemen
rund ums Jahr — 27

Frühling
Ohne Frühstück fit und fröhlich?! — 28
Ach du dickes Ei! — 32
Wilde Würze und das Salz in der Suppe — 39

Sommer
Fleisch: Klasse statt Masse — 46
Muntermacher Milch? — 55
Farbenfrohe Früchtchen — 63

Herbst
Wer knackt die Nuss? — 71
Von Wurzeln, Samen und Getreiden — 79
Tabu-Küche: Vergessene und verbotene Leckereien — 87

Winter
Lust auf Fett? – Aber natürlich! — 95
Honig – oder: Gibt es guten Zucker? — 106
MoodFood: Beste Laune mit Genuss — 117

IV. Verführungen zu Fitness und Genuss:
PaläoPower-Rezepte — 125

Frühstück und Snacks — 129
Frühlingsgerichte und Mittagstisch — 153

Inhalt

Köstliche Milchalternativen	167
Brot-/Brötchenalternativen	181
Kunterbunte Sommerküche	187
Besondere Beilagen	197
Herbstrascheln	205
Desserts, Kekse, Kuchen	217
Wärmende Winterküche und kleine Tabus	243
Kleine Köstlichkeiten und Basisrezepte	255
V. Ausklang: Jagen und Sammeln in Büchern, Geschäften und Internet	265
Literatur	266
Danke!	271
Nachweis der Abbildungen	272

I. Einladung zu Genussabenteuern mit der Steinzeitküche

Einladung zu Genussabenteuern mit der Steinzeitküche

Rückkehr in die Steinzeitküche?

Was ist der längste Ernährungstrend, den die Menschheit kennt? Es ist keiner der offiziellen Ernährungsratschläge und auch keine der vielen Diät-Trendwellen, die kommen und gehen. Nur eine Ernährungsform hat sich fast zwei Millionen Jahre gehalten: die Ernährung der Jäger und Sammler, unserer fitten Vorfahren der Altsteinzeit. Sie wird auch als «Paläo-Ernährung» bezeichnet, als Kurzform von «Paläolithikum» («paläo» = alt, «lithos» = Stein).

Warum interessiert uns diese Art der Ernährung heute noch? Seit fast 10 000 Jahren leben Menschen anders, haben sich als Ackerbauern und Viehzüchter neue Nahrungsquellen erschlossen (Milch und glutenhaltige Getreide) und vor etwa 60 Jahren die industrialisierte Nahrungsproduktion eingeführt – mit Annehmlichkeiten wie Fertiggerichten, Supermärkten und günstigen Nahrungsmitteln, die unabhängig von Jahreszeit und Produktionsort meist ganzjährig verfügbar sind. Wer möchte da wieder zurück zu einer archaischen Küche? Die Antwort ist ganz einfach: Probieren Sie den Unterschied zwischen dieser ursprünglichen Ernährung und einer typisch «westlichen» Kost aus. Sie werden angenehm überrascht sein – sowohl vom Genuss als auch von der Energie, die die Steinzeitküche bietet.

Wir sind noch immer Jäger und Sammler

Woher kommt diese Energie, warum schmecken uns die Zutaten der Steinzeitküche in der Regel besonders gut? Biologisch lassen sich diese Effekte einfach erklären: Wir sind noch immer Jäger und Sammler – zumindest genetisch gesehen. Denn im Lauf der knapp zwei Millionen Jahre des Jäger-und-Sammler-Lebens, die 99,5 Prozent der Menschheitsgeschichte ausmachen, wurden Gehirn, Stoffwechsel, Verdauungsorgane und Appetit bestmöglich an diese Lebensweise und die verfügbaren Nahrungsquellen angepasst.

Wir sind noch immer Jäger und Sammler

Der dramatische Wechsel in Ernährung und Lebensstil, der durch Ackerbau und Viehzucht vor weniger als 10000 Jahren eintrat, wird als «Neolithische Revolution» bezeichnet (neolithisch = jungsteinzeitlich). Evolutionär gesehen sind weniger als 10000 Jahre aber kaum von Bedeutung, denn in dieser Zeit finden nur wenige Veränderungen an unseren Genen und damit Anpassungen an neue Nahrungsmittel statt. Solche Mutationen setzen sich in der Regel erst nach mehreren zehn- bis hunderttausend Jahren durch. Eine der bislang wenigen bekannten genetischen Veränderungen in Bezug auf die Ernährung ist die Milchzuckerverträglichkeit (Laktosetoleranz). Sie hat sich aus dem Gebiet des Fruchtbaren Halbmonds heraus in den letzten 8000 Jahren verbreitet – basierend auf einer ohnehin schon vorhandenen Eigenschaft der Menschen, zumindest als Säuglinge Milchzucker verdauen zu können. Die Mehrheit der erwachsenen Weltbevölkerung verträgt aber bis heute keine oder nur wenig Milch.

Nur 0,01 Prozent der Menschheitsgeschichte, weniger als 200 Jahre, sind seit der Industriellen Revolution vergangen, und erst seit etwa 60 Jahren betreiben Menschen die Massenproduktion von

Einladung zu Genussabenteuern mit der Steinzeitküche

Nahrungsmitteln, erfinden neue Inhaltsstoffe wie industriell gehärtete Fette oder «Zusatznutzen» in Form von hochdosierten Vitaminzugaben oder angeblichen Cholesterinsenkern mit fragwürdigen (Neben-)Wirkungen, verwenden Geschmacksverstärker für Produkte geringer Qualität oder chemische Hilfsstoffe für eine monatelange Lagerung auf Kosten von Frische und Nährstoffgehalt. Immer mehr Menschen wissen nicht mehr, wie man kocht, und steigen auf Halbfertig- und Fertigprodukte mit unbekannter Zusammensetzung um. Genetische Anpassungen des Stoffwechsels an diese neuen Herausforderungen sind erkennbar noch nicht erfolgt. Gleichzeitig aber nehmen viele chronische Erkrankungen zu, und die Leistungsfähigkeit vieler Menschen nimmt ab.

Was liegt deshalb näher, als wieder an die Ernährungsmuster unserer Vorfahren anzuknüpfen, um Stoffwechsel, Gehirnleistung und Gesundheit optimal zu unterstützen? Menschen, die sich bereits nach Art der Jäger und Sammler ernähren, berichten von mehr Fitness, ausgezeichneter Konzentration, schönerem Hautbild, größerer Energie, der Besserung oder gar dem Verschwinden von Magen-Darm-Beschwerden, einem neuen Bewusstsein für wertvolle Nahrungsmittel und den Umgang mit Ressourcen – bis hin zu natürlicherer Bewegung, besserer Regeneration und erholsamerem Schlaf.

Ich habe selbst erlebt, wie dieser Paläo-Lebensstil quasi Flügel verleiht und das Erreichen von Zielen ermöglicht, die sonst unerreichbar schienen. Dies wird möglich durch unbändige Energie, Lebensfreude und intensiven Genuss, die aus den gewählten Zutaten und ihrer Zubereitung stammen, und einer insgesamt natürlicheren Lebensweise. Diese «PaläoPower» – Kraft aus der Altsteinzeit – verbindet die Vorteile des Jäger-und-Sammler-Lebensstils, an den wir gut angepasst sind, mit den Anforderungen des modernen Lebens auf genussvolle Weise und führt so zu mehr Leistungsfähigkeit.

Um ehrlich zu sein: Die PaläoPower-Lebensweise hat auch ihre Schattenseiten. Wenn Sie damit beginnen, könnte Ihnen Folgendes passieren: Ihren vertrauten Hausarzt sehen Sie kaum noch. Ihre Familie beschwert sich, dass Sie ihr den Geschmack verdorben haben, denn sie akzeptiert nur noch Qualität und erträgt außer Haus keine minderwertigen Speisen mehr. Freundlich plaudernde Sitznachbarn in Flugzeugen verstummen und blicken von ihrem abgepackten Flugzeugmenü sehnsüchtig auf Ihre «Paläo-Box» mit frischem Gemüse, leckeren Wildschweinstreifen, knackigen Nüssen und köstlichen Trockenfrüchten. Immer wieder gilt es, neue Rezepte auszuprobieren, neue Wege zu finden, um die Paläo-Leckereien und die Paläo-Lebensweise im Alltag und unterwegs genießen zu können. Ein Faulenzerleben ist das nicht – aber ein besonders energiespendendes und genussintensives.

Gerne komme ich nun dem Wunsch vieler Leserinnen und Leser meines Buchs «PaläoPower. Das Wissen der Evolution nutzen für Ernährung, Gesundheit und Genuss» nach, meine Erfahrungen und Rezepte, spannende Erkenntnisse aus der aktuellen Paläo-Forschung und Eindrücke von meiner Reise zu heutigen Jägern und Sammlern in Tansania in einem Kochbuch zu bündeln und als Inspiration für tägliche Paläo-Genussabenteuer zur Verfügung zu stellen. Voilà – hier liegt es vor Ihnen und wartet auf Ihre Entdeckung.

Kochen Sie ab jetzt mit?

Keine Angst, die Steinzeitküche wärmt keine uralten Mammutsteaks auf. Auch Moose, Farne und der gern zitierte Insektenteller stehen üblicherweise nicht auf dem Speiseplan – sie sind Ausnahmesituationen vorbehalten. Lassen Sie sich stattdessen überraschen von der täglichen Frische, Qualität und den köstlichen Zutaten der Sterneküche unserer Vorfahren. Wussten Sie übrigens, dass vom Guide Michelin zwei Sterne für «eine hervorragende Küche – einen Umweg wert» vergeben werden und drei Sterne für «eine der besten Küchen – eine Reise wert»?

Also, kommen Sie mit auf die lohnenswerte Reise in die Genussküche der modernen Jäger und Sammler. Ein wenig Umstellung bei liebgewordenen Gewohnheiten gehört natürlich dazu – aber dies wird Ihnen ein Plus an Wohlbefinden und Fitness bringen.

Einladung zu Genussabenteuern mit der Steinzeitküche

Das PaläoPower-Kochbuch besteht aus fünf Teilen. Im Anschluss an dieses Vorwort ermöglicht Ihnen Kapitel II den einfachen Einstieg in die Steinzeitküche und gibt Ihnen Tipps und Tricks für die erfolgreiche Umsetzung.

Kapitel III geht auf wichtige Themen und Streitpunkte der Paläo-Ernährung ein. Jedes Thema startet mit einer oder mehreren Steinzeitszenen. Sie beruhen auf biologischen Fachartikeln, ethnologischen Berichten oder Erfahrungen während meines Aufenthalts bei den Hadza, heute in Tansania lebenden Jägern und Sammlern, ergänzt mit Schauplätzen des «westlichen» Lebens. Es sind exemplarische Geschichten, wie sie sich zugetragen haben (an den erwähnten Orten) oder haben könnten – natürlich ohne Anspruch auf Vollständigkeit oder Ausschließlichkeit, gedacht als Inspiration und Illustration. Daran schließen sich Informationen zum aktuellen Stand der Wissenschaft und ein PaläoPower-Fazit an sowie praktische Empfehlungen für den Alltag.

Kapitel IV umfasst über 120 praxiserprobte PaläoPower-Rezepte mit zusätzlichen Varianten, Zubereitungstipps und Hintergrundinfos. Viele zählen zu den Lieblingsrezepten der PaläoPower-Köche aus der Steinzeitküche 2.0, einige neue Rezepte wurden hinzugefügt.

Im Abschlusskapitel V finden Sie vertiefende Literatur und einen Hinweis zu aktuellen Bezugsquellen für Paläo-Nahrungsmittel sowie hilfreichen Links.

Probieren Sie die natürliche und ursprüngliche Art des Essens einfach aus – lassen Sie sich von den vielfältigen positiven Effekten überraschen. Ich wünsche Ihnen viel Freude, Gesundheit und Spaß bei Ihren PaläoPower-Genussabenteuern!

Frankfurt am Main, im Juli 2014

II. Die Paläo-Entdeckungsreise beginnt: Einstieg, Tipps und Tricks

Die Paläo-Entdeckungsreise beginnt

Dieses Kapitel ermöglicht Ihnen den einfachen Einstieg in die Paläo-Küche, erläutert Hintergründe und gibt Tipps und Tricks für die erfolgreiche Umsetzung.

Paläo-Ernährung, «Paleo» oder Steinzeitdiät?

Woher wissen wir, was in der Steinzeit auf dem Speiseplan stand? Da Zeitreisen nicht möglich sind, bleibt die Forschung vor Ort scheinbar verwehrt. Es gibt jedoch viele Möglichkeiten, Auskünfte über die Ernährung und Lebensweise in der Altsteinzeit zu erhalten. Dazu nutzt die Wissenschaft verschiedene Methoden:

- **Archäologische Funde**: Sie zeigen, welche Pflanzen und Tiere von Menschen als Nahrungsmittel verwendet wurden. Durch die Altersdatierung und den Fundort lässt sich für eine bestimmte Zeit und eine bestimmte Region ein Ausschnitt der paläolithischen Ernährung rekonstruieren.
- **Isotopenanalysen an Knochen**: Innerhalb der Nahrungskette reichern sich die schweren Isotope des Stickstoffs und des Kohlenstoffs im Knocheneiweiß (Kollagen) an. Mit Isotopenanalysen an Knochen lässt sich der Anteil tierischer Nahrungsquellen eines Organismus ermitteln.
- **Zahnuntersuchung**: Die Zähne gehören zu den härtesten und beständigsten Materialien des Körpers. Dennoch werden sie, je nach Art der Ernährung, unterschiedlich abgenutzt. Harte Pflanzenfasern hinterlassen andere Abriebmuster als weiche Nahrung. Auch die Form der Zähne (Reißzähne, Mahlzähne) gibt Aufschluss über die typische Ernährung eines Lebewesens.
- **Genetische Analysen**: Untersuchungen der Erbsubstanz können Stoffwechselmerkmale bestimmen, etwa ob ein Mensch Milchzucker abbauen kann. Auch die Ausbreitung solcher Merkmale in bestimmten Regionen zu bestimmten Zeiten lässt sich untersuchen, z.B. wann die Fähigkeit des Milchzuckerabbaus in welchen Bevölkerungsgruppen vorhanden war oder nicht.

Paläo-Ernährung, «Paleo» oder Steinzeitdiät?

- **Ethnographische Studien bei heutigen Jägern und Sammlern:** Vor-Ort-Beobachtungen und systematische Beschreibungen von Anthropologen und Ethnologen ermöglichen Einblicke in die Lebensweise und Ernährungsform heute lebender Jäger und Sammler. Zu den am besten erforschten und repräsentativsten Jäger-und-Sammler-Gruppen zählen die **!Kung** (San) in der südwestafrikanischen Kalahari von Botswana und Namibia und die **Hadza** in den Savannen Ostafrikas. Die !Kung, auch San oder Buschmänner genannt, stammen höchstwahrscheinlich in direkter Linie von den Jägern und Sammlern Südwestafrikas ab. Bis in die 1960er Jahre lebten sie nahezu ohne Kontakt zur Außenwelt, wurden dann verfolgt, zurückgedrängt und schließlich sesshaft gemacht. Einige wenige Gruppen versuchen heute, ihre frühere Lebensweise aufrechtzuerhalten. Die Hadza in Tansania sind Jäger und Sammler in einer Region, die als Wiege der Menschheit gilt. Etwa tausend Hadza leben rund um den Lake Eyasi und schotten sich weitgehend von Außeneinflüssen ab oder kehren immer wieder zu ihrer ursprünglichen Lebensweise zurück. Die Ernährungsweise der Hadza gilt deshalb als sehr gutes Modell für eine paläolithische Ernährung (Lee 1999; Berbesque 2009).

Die Ergebnisse dieser Forschungsbereiche, eingebettet in evolutionsbiologische Erkenntnisse, lassen fundierte Rückschlüsse auf den Speiseplan unserer Vorfahren in der Altsteinzeit zu. Warum gibt es dennoch verschiedene Angaben zu dem, was eine Paläo-Ernährung ausmacht, warum wird einmal von Paläo-Ernährung, dann von «Paleo» oder bei anderen Gelegenheiten von «Steinzeitdiät» gesprochen?

Die intensive Diskussion zur Ernährung der Jäger und Sammler und zu ihrer Auswirkung auf die menschliche Gesundheit begann 1985 mit einem Artikel von S. Boyd Eaton und Melvin Konner in der renommierten Fachzeitschrift *The New England Journal of Medicine*. Sie setzten damit weitere Forschung zur evolutionären Ernährung und evolutionären Medizin in Gang. Etwas später kam Loren Cordain

Die Paläo-Entdeckungsreise beginnt

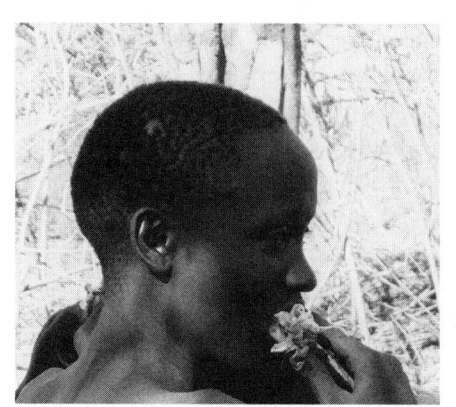

hinzu, der sich auf Anwendungen im Sport und das in den USA immer dringlicher werdende Problem des Übergewichts bzw. der Fettleibigkeit spezialisierte. Er wurde mit dieser speziellen Ausrichtung populär, die mittlerweile als amerikanisch geprägte **«Paleo»**-Ernährung bekannt und vor allem bei sportlich aktiven Menschen beliebt ist. Da die Ernährung nach Jäger-und-Sammler-Art häufig positive Effekte auf die Gewichtsreduktion hat und Ernährung im Englischen «diet» genannt wird, wurde etwas missverständlich, aber dafür umso eingängiger im deutschen Sprachraum von der **«Steinzeitdiät»** im Sinne eines Abnehmprogramms gesprochen, welches durch Erfolgsberichte verschiedener Prominenter wie des Sängers Tom Jones oder der Schauspielerin Veronica Ferres große Aufmerksamkeit erhielt. Die wissenschaftlich fundierte paläolithische Ernährung **(Paläo-Ernährung)** ist jedoch keine Diät, sondern eine Ernährungsweise im Einklang mit unserem genetischen Erbe.

Die **PaläoPower-Ernährung** basiert auf den wissenschaftlichen Erkenntnissen zur Ernährungsweise der Jäger und Sammler in der Altsteinzeit (Paläolithikum) und wird regelmäßig durch neue Forschungsergebnisse ergänzt. Es ist kein starres, kritiklos übernommenes Konzept, sondern Wissenschaft im Fluss – mit Genuss angewandt auf die moderne Küche.

Wie sieht die PaläoPower-Ernährung konkret aus?

Schritt 1: Meiden, was es zu Jäger-und-Sammler-Zeiten nicht gab
- Fertig- und Halbfertigprodukte; das gilt auch für industriell aufbereitete «Paleo»-Nahrung, Fastfood, Pharmafood oder mit Vitaminen, Mineralstoffen, Spurenelementen, Darmbakterien etc. angereicherte Produkte
- Produkte mit industriellen Zusatzstoffen wie Farb- und Konservierungsmitteln
- Milch und Milchprodukte (Joghurt, Butter, Sahne, Ghee, Quark, Käse)
- Glutenhaltige Getreide (Weizen, Roggen, Gerste, Dinkel, Grünkern, Hafer, Kamut, Emmer, Einkorn) und daraus hergestellte Produkte
- Spirituosen

Schritt 2: Nutzen, was es zu Jäger-und-Sammler-Zeiten gab
- Mischkost aus **pflanzlichen *und* tierischen** Lebensmitteln
- Zubereitung: sowohl **rohe *als auch* gegarte** Lebensmittel – keine reine Rohkost; Menschen erhitzen ihr Nahrung seit mehr als 800 000 Jahren.
- Möglichst **frische** Lebensmittel: Jäger und Sammler nutzen täglich frische Nahrungsquellen, kombiniert mit etwas Vorratshaltung, z. B. Trockenfleisch, getrockneten Beeren oder gerösteten Nüssen.
- **Vorwiegend saisonale** Ernährung. Während in den Tropen und Subtropen der Unterschied zwischen Regen- und Trockenzeit ausgeprägte Kontraste in der Nahrungszusammensetzung ausmacht, ist es in den gemäßigten Regionen der Wechsel zwischen Frühling, Sommer, Herbst und Winter. Je nach Saison können auch unterschiedliche Pflanzenteile zum Einsatz kommen (Wurzeln, Blätter, Knospen, Blüten, Früchte).
- **Weitgehend regionale** Nahrungsquellen: Selbst bei ganzjährig

verfügbaren Pflanzen unterscheiden sich nutzbare Arten in verschiedenen Regionen – und auch der Nährstoffgehalt variiert je nach Region.
- **Artgerechte Fütterung und Haltung von Tieren:** Jäger und Sammler halten und züchten keine Tiere. Die Tiere versorgen sich selbst mit der für sie optimalen Lebensweise, dem passenden Futter und entsprechendem Auslauf in der Natur. Dies lässt sich heute näherungsweise erreichen mit Wild, Fleisch von Weidetieren, Bio-Fleisch bzw. -Fisch aus nachhaltiger Fischerei (je restriktiver das Bio-Label, desto besser; eine Übersicht und Bewertung verschiedener Bio-Label bietet www.label-online.de).

Folgende Lebensmittelgruppen können Sie verwenden (bitte beachten Sie individuell vorliegende Allergien oder Unverträglichkeiten – und geschmackliche Vorlieben):
- **Fleisch** – inklusive Innereien (Leber, Niere, Herz etc.) und «Nicht-Filet-Stücken» wie Beinscheiben, Ochsenschwanz etc. von Weidetieren oder in Bio-Qualität
- **Fisch** – idealerweise frisch vor Ort, aus nachhaltiger Fischerei und von nicht bedrohten Arten; entsprechende Listen sind bei Umweltschutzorganisationen erhältlich
- **Meeresfrüchte und Krustentiere:** siehe Fisch
- **Weichtiere** – z.B. Schnecken, bevorzugt aus Freilandhaltung
- **Wurzelgemüse bzw. Wurzelknollen** – z.B. Möhre, Pastinake, Schwarzwurzel, Meerrettich, Wurzelpetersilie, Maniok (Kassave), Erdmandel
- **Zwiebeln** – z.B. Küchenzwiebel, Knoblauch, Fenchel
- **Speicherknollen** – z.B. Radieschen, Rübchen, Rettich, Rote Bete, Sellerieknollen, Kohlrabi, aber auch Süßkartoffel, Kartoffel, Topinambur
- **Blätter** – z.B. Salat und Blattgemüse wie Spinat
- **Blüten** – viele essbare Blüten mit wertvollen Inhaltsstoffen sind getrocknet über das Internet erhältlich, frisch sind sie erst eine Augenweide im eigenen Garten oder auf dem Balkon und dann direkt auf dem Teller

Wie sieht die PäläoPower-Ernährung konkret aus?

- **Kräuter** – darunter fallen sowohl Heilpflanzen als auch Küchenkräuter, der Übergang ist fließend, wie etwa bei Lindenblüten oder Salbeiblättern
- **Wildpflanzen** – meist als Salat oder Gemüse eine besondere Bereicherung, da sie bis zu zehnmal mehr Nährstoffe enthalten im Vergleich zu Kulturpflanzen vom Markt oder aus dem Supermarkt
- **Früchte, Beeren,** inklusive **Oliven**
- **Nüsse** – z.B. die europäischen Klassiker Hasel- und Walnüsse sowie Edelkastanien
- **Samen** – wie Buchweizen, Leinsamen, glutenfreie Pseudogetreide wie Amaranth und Quinoa (beides Fuchsschwanzgewächse) und glutenfreie Gräsersamen in Maßen (Reis, Hirse, Teff)
- **Pilze**
- **Honig** – Vielfalt der Sorten nutzen und auch mal Originalwaben ausprobieren
- **Eier** – saisonal und von unterschiedlichen Vögeln verwenden
- **Getränke**: Wasser, Kräuterauszüge (Kräutertee), spontan vergorener Honig oder vergorene Früchte (Honigwein, Beerenweine, Apfelwein/Cidre)

Schritt 3: Individuell abwägen bei besonderen Nahrungsmitteln

- **Hülsenfrüchte**: Ihre Verwendung in der Altsteinzeit ist belegt. Sie zählen daher zu den PäläoPower-Nahrungsmitteln. Wer jedoch Erkrankungen des Darms, entzündliche Gelenk- bzw. Knochenprobleme hat, sollte Hülsenfrüchte eher meiden. Auch Soja zählt zu den Hülsenfrüchten. Da es meist gentechnisch verändert und gesundheitlich umstritten ist, wird Soja kaum in der PäläoPower-Ernährung verwendet. Sojamilch und Sojasahne können aus gentechnikfreien Sojabohnen selbst hergestellt werden und sind für Einsteiger in die Paläo-Ernährung oft ein gutes Übergangsprodukt in der Umstellungsphase. Auch für Nussallergiker ist Soja eine Alternative zu den Nussmilch-Varianten.

Die Paläo-Entdeckungsreise beginnt

- **Gräser:** Sparsame Verwendung glutenfreier Gräser wurden für verschiedene Jäger-und-Sammler-Gruppen nachgewiesen. Glutenhaltige Süßgräser (Getreide) gehören nicht dazu. Glutenfreie Gräser werden in der PaläoPower-Ernährung daher in Maßen verwendet. Dazu zählen: Hirse, Teff, Reis (als Naturreis und Bio-Wasserreis, d. h. «Wildreis», der noch per Hand geerntet wird, keine Hybridsorten aus großflächigem Anbau). In diese Gruppe würde auch Mais gehören – da jedoch der Nährstoffgehalt sehr gering und Mais immer häufiger gentechnisch verändert ist, wird vom Verzehr eher abgeraten.
- **«Neuentdeckungen»:** Die meisten bei uns erhältlichen Pflanzen stammen ursprünglich nicht aus Afrika, sondern aus Amerika – einer Region, die erst spät von Jägern und Sammlern besiedelt wurde und deren Nahrungsmittel daher nicht typisch für die ursprüngliche Paläo-Ernährung sein müssen. Bei «Neuentdeckungen», die den ursprünglichen afrikanischen Nahrungsquellen ähneln, sollte man prüfen, ob sie gesundheitsförderlich oder gesundheitsschädlich sind – und in ersterem Fall in die Paläo-Ernährung integrieren, beispielsweise **Kakao.** Die Pflanze stammt aus Mittelamerika, entsprechende Pflanzenfamilien kommen im tropischen Afrika vor. Kakao zeigt viele gesundheitsförderliche Eigenschaften. Gleiches gilt für **Tee.** Honigbuschtee wird von den Buschmännern der Kalahari getrunken, das Erhitzen von Wasser und Aufgüsse mit Kräutern und Pflanzen sind alte Techniken der Jäger und Sammler. Sowohl Honigbusch als auch grüner und schwarzer Tee zeigen viele gesundheitsförderliche Aspekte.

Wie steige ich ein? – Wie bleibe ich dran?

So verschieden Menschen sind, so unterschiedlich ist auch ihr Zugang zur Veränderung von Ernährungsgewohnheiten. Wählen Sie den für Sie geeignetsten Weg:
- **Radikal:** Beliebt ist, sich für 30 Tage konsequent und ohne Ausnahme vollständig auf die paläolithische Ernährung einzulas-

Wie steige ich ein? – Wie bleibe ich dran?

sen. Vorteile: sehr konsequent, schnelle Erfolge und positive Veränderungen, dadurch große Motivation zum Weitermachen. Nachteile: Zeitaufwand bei der sofortigen Beschaffung notwendiger Nahrungsmittel, hoher Erklärungsbedarf im sozialen Umfeld, schlechtes Gewissen oder gar Abbruch, wenn die Umsetzung nicht konsequent durchgehalten werden kann.

- **Schritt-für-Schritt:** Dabei erfolgt eine allmähliche Umstellung über mehrere Tage bis Wochen hinweg. Vorteile: sanftere Wandlung, das soziale Umfeld leistet weniger Widerstand oder wird sogar zum Verbündeten, großer Entdeckungs- und Genussfaktor. Nachteile: relativ langer Umstellungsprozess, positive Effekte brauchen länger, es besteht die Gefahr, «auf halbem Weg» stecken zu bleiben.
- **PaläoPower-Rhythmus:** Umstellung in drei Schritten.

  I Jäger-und-Sammler-Phase: Für mindestens fünf Tage, besser eine Woche (bis zu einem Monat), wird die Paläo-Ernährung konsequent umgesetzt und die Effekte beobachtet.

  II Testphase «Zurück ins moderne Leben»: Im Anschluss werden wieder alle Nahrungsmittel in den Speiseplan aufgenommen, die zuvor gegessen und in der Jäger-und-Sammler-Phase vermisst wurden. Beobachten Sie die Wirkung! Ersetzen Sie diese Nahrungsmittel wieder durch Jäger-und-Sammler-Lebensmittel – und lassen Sie sich von den Effekten überraschen.

  III Individuelle PaläoPower-Ernährung: Stellen Sie sich nach diesem doppelten Wechsel den paläolithischen Speiseplan zusammen, der zu Ihnen passt und Sie mit Wohlbefinden erfüllt. Probieren Sie punktuell die Wirkung von Nicht-Paläo-Nahrungsmitteln (z. B. auf Festen) und kehren Sie wieder zur Paläo-Ernährung zurück. Testen Sie immer wieder neue Jäger-und-Sammler-Quellen. So erhalten Sie im Lauf der Zeit die für Sie optimale PaläoPower-Ernährung, die Sie mit Genuss beibehalten.

> **Erfolgstipps:**
> - Das wichtigste Erfolgsgeheimnis ist: Genuss! Nur wenn Ihnen die Zutaten schmecken, werden Sie dabeibleiben. Also wählen Sie unter der großen Vielfalt der Jäger-und-Sammler-Nahrungsquellen diejenigen aus, die Ihnen gut schmecken.
> - Sowohl Milch als auch glutenhaltige Getreideprodukte und Zucker können «süchtig» machen. Daher führt das Streichen dieser Nahrungsmittel gelegentlich zu Entzugserscheinungen wie Müdigkeit, Aggressivität oder Heißhunger. Eine Möglichkeit, dem entgegenzuwirken, ist, die Mengen nach und nach immer weiter zu reduzieren, um den Entzugseffekt gering zu halten. Eine weitere Option wäre, etwa drei bis sechs Tage durchzuhalten – dann ist die Umstellung meist schon gelungen.

Welche Rezepte kommen zum Einsatz?

Kann man überhaupt Steinzeitrezepte erstellen oder nachkochen? Überlieferte Rezepte gibt es keine. Daher fehlen die genauen Zutaten und Mengenangaben. Es gibt keine Mammuts mehr, und auch der Zugang zu Wildpflanzen ist begrenzt. Dennoch: Viele Zutaten sind grundsätzlich bekannt, archäologische Funde und heutige Jäger und Sammler geben uns Hinweise, frühere Zutaten können durch moderne annähernd ersetzt werden. PaläoPower versucht, mit modernen Lebensmitteln und gewohnten Zubereitungsformen so nah wie möglich an eine Jäger-und-Sammler-Ernährung heranzukommen, die passend für Mitteleuropa ist – und auch Familienmitgliedern und Gästen gut schmeckt. Alle in diesem Kochbuch vorgestellten Rezepte sind mehrfach getestet. Viele von ihnen sind Lieblingsrezepte der Teilnehmer in der «Steinzeitküche 2.0». Geschmack ist individuell, ebenso der Nährstoffbedarf je nach Alter, Geschlecht und Lebensphase. Der Zugang zu bestimmten Nahrungsquellen hängt auch vom Wohnort ab. Wandeln Sie daher die vorgeschlagenen Rezepte gerne nach Ihrem Geschmack und Ihren

Möglichkeiten ab. Das Wichtigste ist, dass sowohl das Einkaufen als auch das Zubereiten und Verzehren der Speisen Ihnen Freude und Genuss bereiten – und auf Dauer Ihr Wohlbefinden steigern.

Bewusst habe ich auf Tages- oder Wochenpläne und Nährwertangaben in den Rezepten verzichtet. Es ist mir ein besonderes Anliegen, dass Sie Ihrem eigenen Körpergefühl folgen und Raum für Genuss und Experimentierfreude geben. Als einfache Faustregeln können Sie sich merken:

- Essen Sie sich an Gemüse, Salaten, Kräutern und guten Proteinquellen satt.
- Ergänzen Sie Ihre Hauptmahlzeiten mit möglichst wenig der typischen Sättigungsbeilagen.
- Genießen Sie Früchte und Beeren sowie Nüsse.
- Bevorzugen Sie Frische und Qualität.

Paläo-Nahrungsmittel: überraschend günstig

Wer an hochwertige Lebensmittel denkt, geht verständlicherweise von hohen Preisen aus. Artgerecht gefütterte und gehaltene Tiere sind nicht zu Discountpreisen zu haben. Pflanzen aus nachhaltigem Anbau gibt es selten zum Billigtarif. Für einige Zutaten fallen daher zunächst höhere Kosten an. Meist relativieren sich die Ausgaben, denn bei hochwertigen Nahrungsmitteln tritt oft schneller ein Sättigungsgefühl ein, daher werden kleinere Mengen benötigt. Die Paläo-Ernährung kann sogar überraschend günstig sein, wenn man sich an die zugrunde liegende Idee erinnert: im Rhythmus und Stil der Jäger und Sammler Nahrungsmittel zu verwenden.

- **Nutzen Sie Wildpflanzen** – sie sind kostenfrei erhältlich. Starten Sie mit Pflanzen, die Sie kennen und bei denen keine Verwechslungsgefahr mit giftigen Pflanzen besteht: Brennnessel (als Spinat, Suppe, Chips), Löwenzahn (Salat), Gänseblümchen (Blüten für den Salat). Brombeerblätter sind auch im Winter gut zu finden und können in grünen Smoothies verarbeitet werden.

Die Paläo-Entdeckungsreise beginnt

- **Kaufen Sie saisonal** – Pflanzen, die Erntezeit haben, sind günstig und enthalten in dieser Phase die meisten Nährstoffe. Auch Wildfleisch ist in der Jagdsaison oft günstiger zu haben als Rind. Kaufen Sie dann auch größere Mengen, aus denen Sie Vorräte anlegen durch Trocknen, Einlegen, Einfrieren.
- **Pflanzen Sie selbst an** – sowohl frische Kräuter als auch essbare Blüten bis hin zu Gemüse und Früchten können Sie nicht nur im Garten, sondern auch auf dem Balkon oder vom Fensterbrett ernten. Manche Bauern bieten ein Stück Feld zum Selbstbepflanzen an, in Städten liegt «Urban gardening» im Trend.
- **Verwenden Sie unübliche Zutaten** – Filet kaufen kann jeder. Trauen Sie sich an die weniger nachgefragten und daher günstigeren Stücke heran: Innereien, Beinscheiben, Ochsenschwanz, marmoriertes Fleisch.
- **Vergleichen Sie Preise** – was unter «Bio» oder «Paläo» angeboten wird, kostet nicht überall gleich viel. Die Preise vor Ort und im Internet unterscheiden sich deutlich.

Empfehlenswerte Grundausstattung in der Küche

Geräte:
- Scharfe Küchenmesser (Wetzstahl verwenden) in verschiedenen Größen
- Stabile Schneidbretter aus Holz
- Pürierstab
- Standmixer oder Mixaufsatz einer Küchenmaschine
- Hobel
- Feines Küchensieb
- Digitale Waage
- Glasflaschen und Vorratsgläser mit Schraubdeckel
- Grill
- Empfehlenswert: Gefrierschrank

Empfehlenswerte Grundausstattung in der Küche

- Hilfreich bei größeren Mengen und langer Garzeit:
  – Küchenmaschine
  – Schnellkochtopf
- Optional:
  – Gusseiserne Pfanne, Bräter oder Römertopf für schonendes Garen
  – Dörrgerät zum Trocknen von Obst und Kräutern

Lebensmittel/Vorräte:
- Frische Kräuter (Thymian, Rosmarin, essbare Blüten) selbst ziehen
- 3 bis 4 verschiedene Nusssorten
- 3 bis 4 verschiedene Trockenfrüchte
- 2 sehr gute Öle für die kalte Küche (in kleinen Gefäßen, damit sie frisch bleiben): z.B. Walnussöl, Leinöl, Kürbiskernöl
- 2 sehr gute Fette für die heiße Küche: z.B. Schmalz (kein Butterschmalz!), Talg, Kokosöl
- 2 Sorten Honig: von Natur aus dünnflüssiger (z.B. Akazienhonig) und ein streichfester (z.B. Blütenhonig, Lavendelhonig, Kastanienhonig)
- Meersalz oder Steinsalz ohne Zusatzstoffe
- Gewürzmühlen mit Pfeffer, Muskatnuss
- Je nach Vorliebe glutenfreie Mehle, z.B. Kastanienmehl, Teffmehl, Buchweizenmehl, Erdmandelmehl
- natürliches Verdickungsmittel: Johannisbrotkernmehl
- Suppengrundstock (siehe Rezept 116)
- 1 Dose Kokosmilch
- 1 Packung Chiasamen
- Eier nach Saison und von verschiedenen Vogelarten

Die Paläo-Entdeckungsreise beginnt

Service:

Aktuelle und empfehlenswerte Bezugsquellen für Paläo-Nahrungsmittel finden Sie unter www.palaeo-power.de. Hier können Sie sich auch bei Fragen über das Konaktformular an mich wenden.

Und nun wünsche ich Ihnen viel Freude und Inspiration beim Lesen des folgenden Kapitels und viel Genuss beim Ausprobieren der Rezepte!

III. Kulinarischer Reiseführer: PaläoPower-Genussthemen rund ums Jahr

PaläoPower-Genussthemen rund ums Jahr

In diesem Kapitel finden Sie spannende Themen rund um die Paläo-Ernährung, die Diskussion kontroverser Standpunkte und Details für die Umsetzung.

Frühling

Ohne Frühstück fit und fröhlich?!

Ostafrika, Tansania, an einem Oktobertag 2013 – im Morgengrauen. Es ist noch kühl, und so sitzen die etwas mehr als zwanzig Hadza nach dem Aufwachen erst einmal an verschiedenen kleinen Lagerfeuern und wärmen sich auf. Leise reden die Jäger und Sammler miteinander, werden langsam wach. Nur selten gibt es um diese Uhrzeit eine Kleinigkeit zu essen: Reste des Vortages an Fleisch und Früchten oder ein paar Samen. Heute starten sieben Männer, wie üblich ohne Getränk oder Speisen, zur Jagd, und etwas später beginnen einige Frauen mit ihrer Sammeltour. Zweieinhalb Stunden später: Die Jäger waren erfolgreich, haben erst ein Eichhörnchen und schließlich eine Meerkatze zur Strecke gebracht. Sofort wird mit dem umliegenden Holz ein Feuer angefacht und das Fleisch gegrillt – Barbecue zum Frühstück. Aber nur ein Teil des Jagderfolgs wird an Ort und Stelle gegessen – ebenso wie bei den Frauen, die nur einige der ausgegrabenen Wurzeln sofort zu sich nehmen. Nach den ersten Kraftanstrengungen des Tages tut das sichtlich gut und füllt die nun leeren Energiespeicher auf. Der überwiegende Teil der frischen Nahrungsquellen jedoch wird im Anschluss zum gemeinsamen Lager gebracht und miteinander geteilt (Marlowe 2010, S. 108–109; Hadza 2013).
Europa, Deutschland, zur gleichen Zeit. «Das Frühstück ist die wichtigste Mahlzeit des Tages.» Mit diesem Glaubenssatz im Kopf sind Konflikte gleich nach dem Aufstehen vorprogrammiert. Denn viele Kinder, Jugendliche, aber auch Erwachsene haben morgens einfach

keinen Appetit. Aber die Frühstücksempfehlung von Ernährungsgesellschaften und Berichte, dass sich Menschen ohne Frühstück nicht konzentrieren könnten, übellaunig würden und gar ein erhöhtes Risiko für Übergewicht und Zuckerkrankheit hätten, führen zu einem schlechten Gewissen, wenn das Frühstück ausfällt. So werden viele Kinder vor der Schule zu einer Mahlzeit genötigt, etliche Erwachsene frühstücken aus «Vernunft», aber lustlos und häufig mit einem Schweregefühl im Bauch oder Kopf. Oft genug wird auch auf die Schnelle etwas Abgepacktes von der Tankstelle oder in der Cafeteria verzehrt, gefolgt von Heißhungerattacken später am Vormittag.

***

Das Spektrum, wie eine erste morgendliche Mahlzeit aussehen kann, reicht von nicht oder kaum existent in der klassischen mediterranen Ernährung z.B. in Spanien, Italien, Griechenland, Portugal (hier genügt oft ein heißes Getränk als Start in den Tag) bis zu sehr aufwändigen Zubereitungen in Asien (Suppen, Salzgemüse, Fladenbrot, Sojamilch). In Europa frühstücken bis zu 30 Prozent der Bevölkerung gar nicht, über 60 Prozent verzichten mindestens einmal pro Woche darauf (Herrmann, M.-E. 2010; Breakfast is best 2009). Dabei spielen zwar auch Zeitmangel, Armut oder der Versuch einer Gewichtskontrolle eine Rolle, aber für viele Menschen ist fehlender Appetit der entscheidende Grund. Es fällt ihnen daher leicht, ein Frühstück ausfallen zu lassen, während dies für das Abendessen nur auf wenige zutrifft: «Dinner Canceling» ist nicht sehr beliebt. Dieses Essmuster entspricht der Lebensweise der Jäger und Sammler.

Heutige Jäger und Sammler frühstücken kaum oder gar nicht. Dies ist auch nicht weiter verwunderlich, denn die Erkenntnis, «ein voller Bauch studiert nicht gern», trifft auch auf die Jagd und das Sammeln zu: Mit vollem Bauch ist dies beschwerlich und auch unnötig, denn nach den ersten Jagd- und Sammelerfolgen stehen frische Nahrungsmittel sofort zur Verfügung. Gegen Ende des Tages wird die Ausbeute aller unter den Gruppenmitgliedern geteilt, gemeinsam gegessen und der Erfolg der Tagesanstrengung gefeiert. In den meisten Kulturen macht das Frühstück bis heute weniger als 20 Prozent der Tagesenergieaufnahme aus, und das Abendessen ist üblicherweise die umfangreichste Mahlzeit.

Die frühstücksarme Lebensweise der Jäger und Sammler und der fehlende Appetit am Morgen bei vielen Menschen in westlichen Ländern weisen darauf hin, dass «Frühstücken wie ein Kaiser» möglicherweise kein natürlicher Start in den Tag ist. Aber ist es nicht paradox, dass Menschen nach den langen, nahrungsfreien Stunden des Schlafs oft ohne großen Hunger aufwachen?

Das Hungergefühl wird nach einem inneren Tagesrhythmus gesteuert, mit einem Tiefpunkt am Morgen gegen acht Uhr und einem Höhepunkt abends gegen 20 Uhr. Dieser Rhythmus ist weitgehend unabhängig von der Zeit des Aufwachens und dem Abstand zu anderen Mahlzeiten. Auch der Appetit auf Süßes, Salziges, stärkereiche Nahrungsmittel, Früchte und Fleisch folgt diesem inneren Rhythmus und ist abends am stärksten (Scheer 2013).

Eine Erklärung könnte sein, dass zwei Millionen Jahre einer Jäger-und-Sammler-Lebensweise zur Ausbildung dieses Rhythmus geführt haben und sich dies nun in unserem Stoffwechsel widerspiegelt: Das als Stresshormon bekannte Cortisol hat einen Tagesrhythmus, der unabhängig von akutem Stress körpereigene Energie mobilisiert, d.h., der Blutzucker wird erhöht, das Hungergefühl sinkt.

Die Cortisolmenge steigt bis etwa neun Uhr morgens stark an – somit ist die körpereigene Energieversorgung sehr gut und das Hungergefühl gering – und fällt zum Abend bis gegen Mitternacht hin ab, so dass abends der Hunger steigt und vermehrt Energie von außen zugeführt werden muss (Buckley 2005). Daher verwundert es auch nicht, dass viele Menschen noch Lust auf einen «Mitternachtssnack» haben – oder gar einen Ausflug zum Kühlschrank machen, wenn sie gegen Mitternacht wach werden. Hilfreich fürs Gewicht ist es, diese zusätzliche abendliche Kalorienaufnahme bewusst einzuplanen und durch entsprechende Bewegung oder energieärmere andere Mahlzeiten auszugleichen.

Wer seinem natürlichen Appetitrhythmus folgt, ist also im Einklang mit seinen Genen. Daher gibt es keinen Grund, bei fehlendem Appetit zwangsweise zu frühstücken. Wer aber gerne bald nach dem Aufstehen oder ein wenig später am Tag etwas essen möchte, kann sich an der Nahrung orientieren, die zu unseren Genen passt. Leckere Paläo-Frühstücke bieten reichlich Auswahl.

Allerdings zählen die getreide-, milch- und zuckerlastigen Produkte der Nahrungsmittelindustrie nicht dazu, auch wenn sie mit Müslimischungen und Aufbackbrötchen, Toast und abgepackten Schokocroissants versucht, uns das Frühstück zu versüßen, und mit Lobbyarbeit bemüht ist, Einfluss auf offizielle Ernährungsempfehlungen zu nehmen.

Frühstücksauslasser können ihr schlechtes Gewissen beruhigt durch Freude ersetzen und der Sprache ihrer Gene folgen. Sie erreichen durchaus positive Effekte auf ihre Gesundheit: Kleine Fastenphasen tun dem Körper gut. Interessant ist auch, dass das Auslassen eines Frühstücks in der wissenschaftlichen Literatur günstige Wirkung auf Übergewicht und Diabetes zeigt. Es scheint für das Verhindern von Übergewicht nach wie vor entscheidender zu sein, wie viel Energie pro Tag insgesamt aufgenommen wird, und nicht so sehr, dass ein Frühstück eingenommen wird – eher das Gegenteil: Wer frühstückt, tendiert zu insgesamt größerer Energieaufnahme. Auch für Diabetes wurde gezeigt, dass sich eine klassische mediterrane Ernährung, die ohne Frühstück auskommt und dafür eine gröβere Energieaufnahme zum Mittag- oder Abendessen aufweist, positiv auswirkt (Schusdziarra 2011; Fernemark 2013).

PaläoPower-Fazit zum Thema Frühstück

- Menschen sind biologisch nicht auf ein üppiges Frühstück programmiert. Sie können längere Zeit am frühen Tag ohne Nahrungsmittel auskommen.
- Wer morgens keinen Appetit verspürt, kann das Frühstück auslassen. Empfehlenswert ist dann, sich für einen späteren Zeitpunkt mit Vorräten der Paläo-Ernährung zu versorgen (oder passende externe Angebote zu nutzen), so dass unterwegs, in der Schule oder im Büro bei Appetit auf hochwertige Nahrungsmittel zurückgegriffen werden kann.
- Wer Hunger verspürt und frühstücken möchte, kann dies mit Nahrungsmitteln der Paläo-Küche auf sehr geschmackvolle Weise mit einer Vielzahl an Nährstoffen und im Einklang mit seinen Genen tun.

Rezept-Tipps:
1–22, 25, 45–47, 49–53, 81–90, 94–95, 122

Ach du dickes Ei!

Südwestliches Afrika, Kalahari in den 1920er Jahren. Ein !Kung-Mädchen trägt leere Straußeneier zur nächsten Wasserstelle. Es ist heiß, der Weg erscheint ihr sehr weit – und mit ein wenig Angst erinnert sie sich daran, wie zornig ihre Familie war, als sie beim letzten Mal die Eierschalen zerbrochen hat und kein Wasser zurückbringen konnte. Straußeneier sind wertvoll in der Jäger-und-Sammler-Gruppe. Ein Straußenei reicht als Mahlzeit für bis zu sieben Personen – und die geleerten Eier sind perfekte Wasserbehälter. Die !Kung finden Straußeneier meist zwischen Juni und Oktober, der Paarungszeit des afrikanischen Vogels. Nur in der Wüste Namib dauert die Fortpflanzungszeit der Strauße das ganze Jahr an – aber bis in diese Region wandert diese !Kung-Gruppe nicht, und so sind Straußeneier ein kostbares Gut (Shostak 1982, S. 55–58).

Tansania, am Lake Eyasi im Oktober 2013. Die Hadza waren mehrere Tage auf der Jagd und zum Sammeln unterwegs. Eier haben sie keine gefunden – das ist normal, denn nur selten entdecken sie zu dieser Jahreszeit ein Nest. In dieser Region brüten die meisten Vögel von März bis Mai. Dann werden von den Hadza auch einmal größere Mengen Eier geschlürft – manchmal sind auch angebrütete oder fast ausgebrütete dabei. Sie sind wegen des zusätzlichen Nährwerts und der Zartheit der Jungtiere besonders beliebt. In der Regenzeit, von Dezember bis Mai, liegt die Brutzeit der Webervögel. Dann sammeln die Hadza als gesamte Gruppe die jungen Küken zu Tausenden aus den Nestern, denn die Webervögel brüten in riesigen Kolonien und sind so leicht zu finden (Hadza 2013; Marlowe 2010, S. 130).

Deutschland, Rhein-Main-Gebiet im Frühjahr 2014. In der Kleinmarkthalle ist Bauer Mann bekannt für Fleisch von Weidetieren und Wild – und sein vielfältiges Angebot an Eisorten. Neben dem klassischen Hühnerei locken spitz zulaufende und gepunktete Perlhuhneier, handtellergroße Enteneier, leicht gesprenkelte, cremefarbene Truthuhneier, winzige Wachteleier, dunkelrotbraune Maranseier mit besonders dicker Schale und sehr guter Lagerfähigkeit. Aber viele seiner Kunden, die an der Fleischtheke beherzt zugreifen, sind zögerlich, wenn es um die ausgefallenen Eisorten geht. Ihre Unsicherheit ist groß: Wie werden solche Eier zubereitet, wie schmecken sie? Wer sich ein Herz fasst und Bauer Mann dazu befragt, erhält ausführliche Informationen, wie lange welches Ei zu kochen ist, worin sich der Geschmack unterscheidet und welche Vielfalt an Vogeltieren auf seinem Hof freilaufend unterwegs ist. Das Ausprobieren verschiedener Eivarianten macht mit diesen Hinweisen große Freude. Aber wer im Dezember oder Januar vorbeikommt, könnte überrascht sein: Viele der Eierspezialitäten sind nicht verfügbar – dann ist gerade keine Saison für Puteneier und Co., und deshalb liegt auch wenig oder nichts in den Eierkörben an der Theke.

* * *

Wir sind nicht mehr gewohnt, die Vielfalt der Vogeleisorten zu nutzen und auf die Saison zu achten. Unser Eierverbrauch dreht sich fast ausschließlich rund ums Hühnerei. Etwa 10 Milliarden Stück pro Jahr werden in Deutschland verzehrt, das sind mehr als 200 Hühnereier pro Kopf und Jahr – und sie sind, anders als in freier Natur, ständig verfügbar. So ist es für viele Menschen normal, das ganze Jahr über und teilweise in großen Mengen Hühnereier zu sich zu nehmen.

Wer schon einmal andere Eisorten kennengelernt hat, wartet sehnsüchtig auf die passende Jahreszeit. Noch bis in die 1980er Jahre waren beispielsweise Möweneier als Delikatesse im Frühjahr heiß begehrt und nur wenige Wochen in bestimmten Regionen zu finden – bis sie aufgrund der starken Umweltbelastung, durch industrielle Landwirtschaft und offene Müllhalden einen zu hohen

Schadstoffgehalt mit PCB und Quecksilber aufwiesen und der Handel in Deutschland verboten wurde. Auch Kiebitzeier gelten als Delikatesse, Taubeneier fanden ebenfalls lange Zeit Verwendung.

Eier sind sehr nährstoffreich, denn sie sind die Grundlage für die Entwicklung der nächsten Vogelgeneration – oder auch der Nachkommen von Reptilien und Fischen. Dieser hohe Nährstoffgehalt macht Eier bei Menschen und Tieren begehrt. Je schwieriger sie zu erhalten sind oder je seltener sie gelegt werden, desto größer ist ihr Reiz, z.B. bei Kaviar (Eier des Störs) oder den Eiern der Meeresschildkröte. Diese Attraktivität bedroht neben anderen Faktoren oft das Überleben dieser Tierarten.

Gerade weil Eier aufgrund ihres Nährwerts so beliebt, aber auch nur aufwändig und unregelmäßig zu finden sind, waren die Domestikation und Zucht von Hühnern mit großer und ganzjähriger Legeleistung für Menschen bedeutsam. Seit den 1960er Jahren wurde die Haltung von Hühnern immer weiter intensiviert. Im Jahr 2011 stammten knapp 93 Prozent der in Deutschland produzierten Eier aus Massentierhaltung, nur etwas mehr als 7 Prozent aus ökologischer Erzeugung mit artgerechter Tierhaltung und artgerechter Fütterung (Statistisches Bundesamt 2012). Neben dem Frühstücksei und eihaltigen Backwaren im Privathaushalt werden sehr viele der Eier in industriell verarbeiteten Nahrungsmitteln, meist als Lockerungs- oder Bindemittel, verwendet. Der ganzjährige Verzehr relativ großer Mengen einer einzigen Vogeleisorte ruft auch gesundheitliche Probleme hervor. Hühnerei zählt zu den 14 wichtigsten Allergieauslösern und ist auf verarbeiteten Nahrungsmitteln kennzeichnungspflichtig.

Aus Jäger-und-Sammler-Sicht sind Eier eine wertvolle Nahrungsquelle – je vielfältiger ihre Herkunft, desto mehr Nährstoffe und unterschiedliche Geschmackserlebnisse stehen zur Verfügung. Wer auf eine saisonale Verwendung achtet und Eier von Tieren mit artgerechter Haltung und Fütterung nutzt, der reduziert das Allergiepotential und andere ungünstige Auswirkungen auf die Gesundheit. Wer seine Eimenge variieren möchte, hat eine Vielzahl an sehr leckeren Alternativen zur Verfügung. Übrigens: «kein Ei» funktioniert oft ebenso. Gerade in Backwaren ist ein Ei für das Gelingen meist nicht notwendig und kann durch etwas Wasser ersetzt werden, sofern es keine Hauptzutat darstellt.

PaläoPower-Fazit zum Thema Eier

- Eier stehen Jägern und Sammlern in der Brutsaison der Vögel zur Verfügung, das heißt saisonal viele Eier, in manchen Regionen (z.B. in Äquatornähe) gelegentlich auch ganzjährig in geringerer Menge, wenn einige Vogelarten durchgängig brüten. Eier sollten daher von verschiedenen Vogelarten und eher mit saisonalem Schwerpunkt (natürliche Brutsaison der jeweiligen Vögel) verwendet werden.
- Eier sind wertvolle Nährstoffquellen und kommen als Hauptbestandteil einer Mahlzeit zur Geltung, z.B. als gekochtes Ei, Spiegelei, Rührei etc. in Verbindung mit Gemüse oder Salat, vergleichbar mit einem Stück Fleisch oder Fisch. Als Bindemittel lassen sich andere Nahrungsmittel bestens verwenden.
- Der ganzjährige Einsatz von Eiern einer einzigen Vogelart (Hühnerei) kann zu gesundheitlichen Problemen führen und entspricht nicht der paläolithischen Ernährung. Es empfiehlt sich daher, häufig auf genussvolle Alternativen zurückzugreifen.

Service: Natürliche Ei-Alternativen (vor allem als Bindemittel)

Agar-Agar: Vielfachzucker aus den Zellwänden einiger Algen, der als pflanzliches Geliermittel verwendet wird. In Japan, China und Südostasien ist Agar-Agar typischer Bestandteil bei der Zubereitung von Süßspeisen, da er geschmacksneutral ist.
Apfelmus: verliert beim Backen fast vollständig seinen Geschmack, ist aber leicht säuerlich und passt als Eiersatz sehr gut zu süßem Gebäck wie Muffins (ca. 80 g pro Ei).
Avocado: als Ei-Alternative vor allem für würzige Speisen geeignet, z.B. als Avocado-Mayonnaise.

Banane: eignet sich, wenn sie reif ist, aufgrund ihres Geschmacks vor allem als Ei-Alternative beim Backen von Kuchen, Muffins und Früchteriegeln (ca. ½ Banane pro Ei).

Chiasamen: Bereits Azteken und Maya verwendeten diese mineralstoffreichen Samen. Nach Zugabe von Wasser bildet sich eine Gallerthülle, die gut bindet. Ausgezeichnet zu verwenden in Pfannkuchen, Hackbraten, Gebäck und Desserts (1 EL pro Ei).

Guarkernmehl: wird aus den Samen der Guarbohne gewonnen und enthält Guaran, ein Polysaccharid, das als Schleimstoff in Flüssigkeit aufquillt. Guarkernmehl ist geschmacksneutral und wird zum Verdicken von Desserts verwendet.

Johannisbrotkernmehl: Die Frucht des Johannisbrotbaums liefert ein kakaoähnliches Fruchtfleisch (Carob), die Samen enthalten einen Mehrfachzucker, der im Vergleich zu Stärke ein Vielfaches an Wasserbindekraft hat. Johannisbrotkernmehl werden verschiedene gesundheitsförderliche Eigenschaften zugeschrieben. Es lässt sich gut zum Andicken von Flüssigkeiten, vor allem Desserts und Saucen, verwenden.

Kartoffelmehl oder eine rohe geriebene Kartoffel: eignen sich für herzhafte Bratlinge oder Brote.

Kürbispüree: für herzhaftes Gebäck (ca. 70–80 g).

Leinsamen: am besten geschrotet zu verwenden für herzhafte Brote (ca. 2 EL pro Ei). Die Schleimstoffe binden den Teig.

Pfeilwurzelstärke: aus der Wurzel der Pfeilwurz gewonnene feine, geschmacksneutrale Stärke zum Andicken von Flüssigkeiten.

Tapioka: eine geschmacksneutrale Stärke aus der getrockneten Maniokwurzel (Kassave), die meist als kleine Stärkekügelchen erhältlich ist. Verwendung als Soßenbinder und in Westafrika und Südostasien häufig für Süßspeisen.

Rezept-Tipps:
mit Ei: 4, 8, 25, 28, 30, 34, 69, 84, 94
ohne Ei: 7, 9, 29, 30, 79, 95, 99, 100, 118

PaläoPower-Genussthemen rund ums Jahr

Wilde Würze und das Salz in der Suppe

Tansania, am Lake Eyasi im Oktober 2013. Das Fleisch zischt leise auf dem gerade errichteten Holzfeuer. Die Hadza stehen mit zufriedenen Gesichtern um das Feuer herum und warten darauf, dass ihre frische Beute fertig gegrillt ist. Nach gut zwei Stunden intensiver Jagd haben sie einen Pavian mit Pfeil und Bogen zur Strecke gebracht, gehäutet, zerteilt, ein Feuer aus dem umliegenden Holz entzündet und die Pavianstücke darauf verteilt. Das Fleisch wurde weder eingeölt noch gewürzt. Wird es auch so gegessen werden?

Bald darauf ist das Feuer zur Glut geworden, die Fleischstücke garen darin, werden gelegentlich gewendet, leichter Rauch steigt auf. Und dann ist es so weit: Das Fleisch wird unter den Jägern verteilt und mit Genuss verzehrt. Für europäische Zungen könnte die

Überraschung nicht größer sein: Der Pavian schmeckt herzhaft, leicht geräuchert – das in der Asche gegarte Fleisch kommt ganz ohne zusätzliche Würzstoffe aus. Dennoch ist es nicht salz- oder gewürzfrei, denn die Salze der Asche und andere Substanzen des Feuerholzes haben ihre Spuren – und ihren Geschmack – hinterlassen.

Einige Jäger greifen zwischendurch hinter sich an einen Busch und pflücken kleine Früchte ab. Die Schale wird zwischen den Handflächen abgerieben, dann werden die Früchte gegessen. Sie sind erstaunlich süß.

Mittags graben die Frauen mit einem langen Grabstock Wurzelknollen aus dem trockenen Erdboden. Sie sind damit mehr als zwanzig Minuten beschäftigt. Schließlich ziehen sie mit einer letzten Kraftanstrengung die Knollen heraus, klopfen die Erde ab und zerteilen sie. Sie werden, wie das Fleisch am Vormittag, nicht weiter gewürzt und mit allen Anwesenden geteilt. Die Knollen sind relativ saftig und haben einen leicht scharfen Geschmack (Hadza 2013; Marlowe 2010, S. 113).

***

Viele Früchte, die die Hadza direkt vom Baum oder Strauch abernten, sind überraschend süß und haben ein intensives Aroma. Weiteres Süßen oder eine Geschmacksverstärkung sind überflüssig. Wurzelknollen schmecken oft frisch und haben roh einen typischen Geschmack. Viele werden zusätzlich geröstet und erhalten so ein besonderes Aroma.

Fleisch wird auf zweifache Weise gewürzt. Zum einen durch die Salze der Holzasche, in denen das Fleisch gegrillt wird, zum anderen durch den Rauch der verwendeten Hölzer. Die Hadza nutzen Laubholz oder Holz von früchtetragenden Sträuchern und Bäumen. Ganz analog wird bei uns Holz ausgewählt: Buche, Birke, Erle, Esche, Ahorn bzw. Apfel, Kirsche, Birne, Pflaume, Aprikose, Mandel, Walnuss, Weinrebe, Wacholder und Flieder sind beliebte Holzsorten für das Kochen am offenen Feuer oder das Räuchern von Fleisch und Fisch. Ganz einfach können Sie dies auch selbst mit Rosmarinspießen ausprobieren: Legen Sie die Stängel von Rosmarinzweigen bis zum nächsten Grillvergnügen beiseite. Spießen Sie dann leicht geölte Gemüsestücke (Zucchini, Aubergine, Zwiebel, kleine Tomaten) auf die trockenen Rosmarinzweige und grillen Sie das Gemüse. Wer mag, kann später noch salzen oder pfeffern – aber das intensive Rosmarinaroma macht dies nahezu überflüssig, sofern das Gemüse von guter Qualität ist.

Es ist nur schwer nachzuweisen, wann Jäger und Sammler in der Vergangenheit begonnen haben, Kräuter oder andere Zutaten zum Würzen von Speisen zu verwenden: Kräuter bleiben nicht lange erhalten, bilden sehr selten Fossilien, und die konkrete Verwendung im Zusammenhang mit der Speisenzubereitung ist schwierig zu ermitteln. Der bislang älteste Nachweis sind ca. 8000 Jahre alte versteinerte Pflanzenreste in alten Kochgefäßen, die europäische Jäger und Sammler als Gewürze verwendet haben (Saul 2013). Es ist unbestritten, dass viele Pflanzen nicht nur zum Verfeinern des Geschmacks verwendet werden, sondern auch aufgrund ihrer gesundheitsförderlichen oder heilenden Wirkung. Menschenaffen und heutige Menschen nutzen bei bestimmten gesundheitlichen Problemen die gleichen Pflanzen (Halberstein 2005). Wir können daher davon ausgehen, dass auch frühere Jäger und Sammler um den Geschmack und die Wirkung vieler Pflanzen wussten und diese gezielt bei der Speisenzubereitung einsetzten. Heutige Jäger und Sammler verwenden verschiedene grüne Blätter entweder als aromatisches Gemüse (bei den !Kung z.B. Amaranthblätter mit spinatähnlichem Geschmack) oder für schmackhafte Salate. Einige der Blätter haben auch eine nachgewiesene medizinische Wirkung, z.B. *Mukia maderaspatana*, ein Kürbisgewächs, dessen antioxidative Phenolverbindungen blutdruck- und blutzuckersenkend wirken, entzündungshemmend und antibakteriell sind und das Immunsystem stimulieren (Lee 1979, S. 165–167; Petrus 2012). Viele der medizinisch wirksamen Substanzen sind als Aromaträger und damit als würzende Substanzen bekannt, z.B. Senföle oder Phenole in Gewürzen wie Thymian, Oregano, Zimtrinde.

Wer sich nach dem Vorbild der Jäger und Sammler ernährt, ach-

Würzen und Salzen

tet beim Kauf auf bestmögliche Qualität und größtmögliche Vielfalt seiner Gemüse-, Salat- und Kräutersorten. Fast in Vergessenheit geraten ist aber, dass Wildpflanzen der paläolithischen Ernährungsweise am nächsten kommen und, verglichen mit gezüchteten Sorten, ein Vielfaches an Vitaminen, Mineralstoffen, Proteinen und sekundären Pflanzenstoffen bieten. Wildpflanzen sind hocharomatisch und damit zugleich Nahrungs- und Würzmittel. Auf Kräuterwanderungen und Wildpflanzen-Bestimmungskursen können Sie dieses alte Wissen wiederentdecken. Sammeln Sie auf ungedüngten Streuobstwiesen, an Waldrändern, ruhigen Waldwegen, verwilderten Wiesen und Gebüschen Ihre eigene Kraftnahrung.

Wer keine oder kaum Gelegenheit hat, selbst zu sammeln, kann im Garten oder auf dem Balkon Wildpflanzen kontrolliert auswildern oder in «Urban Gardening»-Projekten Wildpflanzen vor der eigenen Haustür ansiedeln.

Einfach zu erkennen und zu verarbeiten sind beispielsweise folgende Wildpflanzen:

- **Bärlauch:** von März bis Mai großflächig auf Waldböden; Blätter mit knoblauchartigem Geruch (nicht mit den hochgiftigen Maiglöckchen verwechseln!); belebendes Frühjahrskraut, verwendbar in Paläo-Pesto, Saucen, Salaten.
- **Breitwegerich:** von April bis Oktober auf ruhigen Wegen ernten; Blätter und Blütenknospen wirken vitalisierend und darmregulierend (als Gemüse, Salat, Kapern); die Samen schmecken nussig.
- **Brennnessel:** Blätter von März bis August, Samen im September und Oktober von Pflanzen an Feld- und Waldwegen; für Frühjahrskuren und bei Harnwegserkrankungen; schmeckt gut als Gemüse, Suppe, Chips und in Smoothies; auch als Tee zu verwenden.
- **Gänseblümchen:** ganzjährig die Blattrosette, von Frühling bis Herbst auch die Blüten nutzen; stoffwechselanregend; auf Wiesen häufig großflächig zu finden; als Gemüse, im Salat oder als Kapern.
- **Giersch:** oft als ausdauerndes «Unkraut» im Garten gefürchtet,

aber auch als sehr nährstoffreiches Gemüse und Heilkraut bekannt; Blätter verwendbar wie Spinat, von Februar bis Oktober.

- **Löwenzahn:** weit verbreitet in Wiesen; sehr vitaminreiche Heilpflanze, die Galle und Leber unterstützt; Wurzeln und Blätter fast ganzjährig verfügbar, Stiele und Blüten im April und Mai; Blätter schmecken als Salat, Gemüse, im Paläo-Pesto, die Blüten als Sirup, die Wurzeln als «Kaffee».
- **Wiesenklee (roter):** häufig auf blumenreichen Wiesen; Triebe, Blätter und Blüten von April bis Oktober ernten und als Wildgemüse, in Gemüsepfannen, Smoothies und Salaten verwenden.
- **Spitzwegerich:** Blätter von April bis August auf Wiesen ernten, in Smoothies genießen und getrocknete Blätter für Hustentee in den Herbst- und Wintermonaten verwenden.

Es gibt noch viele weitere spannende Aroma- und Nährstoffquellen in der Natur zu entdecken. Beginnen Sie mit den Ihnen bekannten Wildpflanzen, reichern Sie Ihre Salate und grünen Smoothies damit an, kosten Sie Suppen und Gemüse aus Wildpflanzen. Entdecken Sie essbare Blüten – die auch auf dem Balkon willkommene Nahrung für Bienen und Hummeln sind. Erweitern Sie Jahr für Jahr Ihre Kenntnisse und damit die Auswahl- und Rezeptmöglichkeiten. Diese Kraftspender für Kopf und Körper stärken das Immunsystem und die Leistungskraft und verleihen Gerichten ein intensives Aroma.

Während Kräuter als Gewürze allgemein anerkannt sind, wird in den westlichen Ländern ein anderes Würzmittel kritisch gesehen: Salz. Bei hohem Salzgehalt im Blut strömt Wasser in die Blutbahn und erhöht den Blutdruck. Dadurch soll das Risiko für Herz-Kreislauf-Erkrankungen bis hin zu Schlaganfall und Herzinfarkt steigen (Yang 2011; Strazzullo 2009). Zusätzlich könnte Salz durch Hemmung des Enzyms NOS (Stickstoffmonoxid-Synthase) zu einer Gefäßverengung beitragen und somit Bluthochdruck fördern (Li 2009).

In den letzten Jahren mehren sich jedoch die Hinweise aus klinischen Studien, dass Tafelsalz (Natriumchlorid, NaCl) zwar den Blutdruck nach Aufnahme kurzfristig erhöhen kann – jedoch kein erhöhtes Risiko für Herz-Kreislauf-Erkrankungen mit sich bringt (Taylor 2011). Zudem sind nur etwa 15 Prozent der Personen mit Bluthochdruck «salzsensitiv», d.h., eine Verringerung der Salzaufnahme über die Nahrung hat bei ihnen nach mehreren Monaten einen blutdrucksenkenden Effekt. In anderen Situationen zeigt sich darüber hinaus, dass Salzaufnahme förderlich ist: z.B. in der Schwangerschaft, in der durch Salz der Blutdruck und dadurch das Risiko einer Schwangerschaftsvergiftung gesenkt wird (Mohaupt 2014). *Zu geringe* Natriumlevel im Körper scheinen sogar einen negativen Effekt auf den Stoffwechsel von Gehirnbotenstoffen und Fetten zu haben (DiNicolantonio 2013).

Die Aufnahme von Salz über den Salzstreuer zu Hause ist vergleichsweise gering. Das meiste (ca. 75%) des in Industrieländern aufgenommenen Salzes stammt aus Fertiggerichten (Pastasaucen), Fastfood, Convenience-Food (Salatsaucen), Außer-Haus-Verpflegung (Kantinen, Catering), Brot, Frühstückscerealien, Wurst, Käse und Mineralwasser (Lee 2010). Salz erhöht die Haltbarkeit und wird daher gern in industriellen Produkten eingesetzt. Auch gleicht die Lebensmittelindustrie den Trend zu fettreduzierten Speisen mit erhöhter Salzzugabe aus – eine zunächst unauffällige Maßnahme, damit der Geschmack weiterhin stimmt.

Salz als Würze zu den täglichen Speisen entspricht der Jäger-und-Sammler-Lebensweise: Es wird fast täglich zusammen mit Fleisch oder Knollen über die Asche der Holzfeuer aufgenommen – und das in einer vielfältigeren Zusammensetzung als im typisch aufgereinigten Salz der Industrieländer. Holzasche enthält je nach Holzart unterschiedliche Mengen an Natrium, Kalium, Calcium, Magnesium, Phosphor und Spurenelemente wie Silicium, Eisen und Mangan (Kölling 2008; Zollner 1997). Auch das frische Blut der gejagten Tiere ist eine Salzquelle. Je nach Lebensraum gibt es auch Zugang zu Meerwasser und seinem Salz bzw. natürliche Salzvorkommen, etwa ein Salzsee in der Wüste Kalahari, in der die !Kung als Jäger und Sammler leben.

Salz ist lebensnotwendig. Es steuert den Blutdruck, sorgt für den

Transport von Wasser und Nährstoffen im Körper und die Reizweiterleitung der Nervenzellen. Der Salzgehalt im Körper wird durch Hormone gesteuert und durch die Nieren in Balance gehalten, so dass im Blut üblicherweise ca. 0,9 Prozent Salz zu finden sind. Überschüssiges Salz wird mit dem Urin ausgeschieden oder geht über andere Körperflüssigkeiten wie Speichel, Nasenschleim, Tränen und Schweiß verloren – besonders viel bei starkem Schwitzen oder Durchfall. Aus diesem Grund muss Salz täglich neu aufgenommen werden. Die offiziellen Angaben gehen von 2 bis 3 Gramm aus, empfohlen wird, nicht mehr als 5 bis 6 Gramm pro Tag aufzunehmen. Häufig werden aber 8 bis 12, in Einzelfällen weit über 20 Gramm Salz verwendet. Diese überhöhte Aufnahme kommt in der Regel durch Fertiggerichte, Fastfood, Brot, Käse und verarbeitete Wurst zustande, die ohnehin nicht zur paläolithischen Lebensweise gehören.

Würzen Sie also Ihre Jäger-und-Sammler-Speisen mit Salz – am besten mit Meersalz oder Steinsalz. Sie sind im Gegensatz zum industriellen Siedesalz in der Regel naturbelassen, enthalten einen höheren Anteil weiterer Mineralstoffe und kommen damit dem steinzeitlichen Holzfeuer am nächsten. Es gibt Hinweise darauf, dass die zusätzlichen Mineralien zu einer besseren Nährstoffbalance im Körper beitragen, als wenn reines Natriumchlorid in Form von Tafelsalz gegessen wird, und dass dadurch der Blutdruck besser reguliert und die Nieren gesünder erhalten werden. Die im Industriesalz enthaltenen Rieselhilfen benötigt niemand.

Testen Sie Salzsorten unterschiedlicher Herkunft (Sylter Meersalz, Fleur de Sel aus Frankreich, Steinsalz aus den Alpen, Sel Gris aus der Bretagne – oder gar Kalahari-Salz). Sie werden wahrscheinlich überrascht sein, dass die scheinbar kleinen Unterschiede in der Zusammensetzung deutliche Geschmacksnuancen vermitteln (achten Sie darauf, dass keine Farbstoffe oder andere Fremdstoffe zugesetzt werden, wie bei «Hawaii-Salz»). Individuell zusammengestellte Salzmischungen mit verschiedenen Kräutern oder Blüten vergrößern die Einsatzmöglichkeiten zusätzlich.

Würzen und Salzen

PaläoPower-Fazit zum Thema Würzen und Salz

- Die frischen und reifen Nahrungsmittel der Jäger und Sammler haben meist von Natur aus ein intensives Eigenaroma. Durch das Rösten oder Braten auf Holzfeuern werden sowohl Fleisch als auch Pflanzen mit Salzen versehen und geräuchert.
- Aus fossilen Funden ist bekannt, dass Jäger und Sammler Kräuter zum Würzen verwendeten. Heutige Jäger und Sammler nutzen aromatische Blätter, die Gemüsen und Salaten Würze verleihen.
- Je frischer, reifer und hochwertiger die Nahrungsmittel sind, desto weniger bedarf es zusätzlicher Würzstoffe. Kräuter verleihen intensive Aromen und haben oft zusätzliche gesundheitsförderliche Effekte. Nutzen Sie frische oder nach der Sommerernte tiefgefrorene bzw. getrocknete Kräuter, keine industriell hergestellten Kräutermischungen. Salz (am besten in naturbelassenem Zustand wie bei Meersalz und Steinsalz) gehört zur modernen Jäger-und-Sammler-Ernährung – allerdings in händisch zugefügten Mengen, nicht aus salzintensiven Fertigprodukten.
- Auch geröstete und leicht geräucherte Speisen entsprechen dem Jäger-und-Sammler-Erbe.

Rezept-Tipps:
1, 11, 22–27, 30, 33–34, 41, 47, 51–52, 55–57, 61, 78, 106, 109, 112, 115–116, 118, 121–123

Sommer

Fleisch: Klasse statt Masse

Südwestliches Afrika, Kalahari, in den 1920er Jahren. Die !Kung-Männer tragen bei der Fleischbeschaffung ein großes Risiko. Das beginnt bereits bei der Giftpfeilherstellung, denn die Dämpfe, die dabei entstehen, und Spuren des Gifts in einem kleinen Hautkratzer sind lebensbedrohlich. Trotz Giftpfeilen bleibt der Jagderfolg ungewiss: Nicht immer sind Tiere in der Nähe, und nicht jedes Tier wird, auch bei täglichem Schießtraining, getroffen. Manch verletztes Tier geht zum Angriff auf die Jäger über. Und schließlich gilt es, die erbeuteten Fleischquellen gegen Raubtiere zu verteidigen. Die !Kung-Frauen stellen die Grundversorgung der Gruppe mit pflanzlichen Nahrungsquellen sicher. Sie nutzen aber auch Fallen zum Fangen von Vögeln, bringen Schildkröten mit, wenn zufällig welche am Wasserloch zu finden sind. Das Jagdfieber steckt schon in jungen Mädchen: Eine von ihnen macht ein von Löwen frisch geschlagenes Weißschwanzgnu ausfindig, jagt an einem anderen Tag einen frisch geborenen Steenbock oder überrascht ein Kudubaby im Schlaf. Der Stolz ist groß, wenn sie diese Fleischquellen in ihre Gruppe bringt (Shostak 1982, S. 50–60).

Fleisch

Tansania, Lake Eyasi im Oktober 2013. Es ist etwa 7 Uhr morgens – und gerade hell geworden. Die Hadza sitzen noch an ihren Lagerfeuern. Aber bald kommt Bewegung in die Gruppe: Bogen und Pfeile werden gegriffen, sieben Männer machen sich auf den Weg zur morgendlichen Jagd. Im Eilschritt geht es auf holprigen Pfaden und über Steine hinweg. Dann immer wieder ein kurzer Halt, das Lesen der Spuren, ein paar Absprachen – und die Gruppe teilt sich auf. Einige treiben jetzt einen Pavian in eine günstige Position. Andere prüfen ihre Pfeile: Sind es die richtigen, sind sie gerade, liegen sie gut am Bogen? Einer der Männer glättet seine Pfeile ein weiteres Mal mit seinen Zähnen. Ein Zweiter spannt seinen Bogen nach. In Windeseile werden die Sehnen abgewickelt, der Bogen straffer gespannt, die Sehnen flink wieder angebracht. Dann wird angelegt – konzentriert gezielt – kraftvoll geschossen – und getroffen. Bald ist ein Feuer entfacht, der Pavian gehäutet, zerteilt, einige Stücke gegrillt und gegessen. Der Rest des Fleischs wird auf Stöcke gespießt und später zum Lager gebracht. Die Gesichter strahlen vor Zufriedenheit: Eine solche Beute gibt es nicht jeden Tag. Aus dem Fell werden Stirnbänder geschnitten. Jeder Jäger erhält eines, schließlich ist die erfolgreiche Jagd ein Gemeinschaftsverdienst. Die Hadza werden ihre Stirnbänder die nächsten ein bis zwei Monate tragen – als Zeichen ihres Jagderfolgs (Hadza 2013).

***

Grillen ist wahrscheinlich die älteste Form des Kochens. Seit mindestens 800 000, sehr wahrscheinlich sogar seit knapp zwei Millionen Jahren erhitzen Menschen ihre Nahrung. Die Vorliebe für Gekochtes gegenüber Rohem lässt sich schon bei Menschenaffen (Schimpansen, Bonobos, Gorillas und Orang-Utans) nachweisen (Wobber 2008). Sofern ein Tier etwa 40 cm Größe hat, wird es bei den Jägern und Sammlern in Tansania sofort zerteilt, gegrillt und die ersten Stücke gleich vor Ort gegessen. Es ist frisches Fleisch von freilaufenden Tieren unterschiedlicher Arten, ohne Marinaden oder Gewürzmischungen – dafür auf schwelenden Hölzern und Asche gegart.

Ein Stück Fleisch, Fisch oder verschiedene Meeresfrüchte zu grillen, dazu Blätter, Wurzeln, Knollen oder Früchte zu essen, ist das Paläo-Gericht schlechthin – je ursprünglicher, desto besser.

Fünf archaische Grilltipps:

1. Bringen Sie **hochwertige Vielfalt und «Exotik»** auf den Grill: heimisches Wild (Wildschwein, Hirsch, Reh, Lamm, Hase, Kaninchen) und besondere Geflügelsorten wie Perlhuhn, zu speziellen Gelegenheiten auch einmal exotisches Wild (Strauß, Springbock, Känguru, Zebra, Krokodil, Elch, Ren, Bison etc.). Die Tiere sollten freilaufend gewesen sein und bestmögliche Qualität haben. Markthallen, Bio-Metzger, Feinkostläden und Internet-Anbieter sind gute Quellen. Übrigens: Vielfalt und «Exotik» bezieht sich auch auf die verwendeten Teile: Nicht nur Steaks, sondern auch Innereien wie gegrillte Leber oder gegrillte Nieren sind sowohl Delikatessen als auch «echt paläo».
2. Verwenden Sie **Rosmarin- oder Lavendelspieße:** ideal für Gemüse-, aber auch Fleischspieße, die dadurch ein duftendes Kräuteraroma erhalten. Einfach Rosmarin- oder Lavendelzweige nach dem Entfernen der Blätter und Blüten luftig aufbewahren (sie trocknen von selbst), beim nächsten Grillen Gemüse- oder Fleischstücke darauf spießen und auf den Rost legen.
3. Grillen Sie **Geflügel im Erlenspan oder Lachs auf der Zedernplanke:** Ähnlich wie Jäger und Sammler können wir bestimmte Hölzer verwenden, die ein leichtes Räucheraroma vermitteln, z. B. Holz von Zeder oder Erle. Am einfachsten ist es, sich eine unbehandelte Zedernplanke zu besorgen und darauf Fisch zu garen. Statt der typischen Grillstreifen erhält man saftige, würzig-rauchige Fischstücke. Als zweite Möglichkeit kann man papierdünnes Zedern- oder Erlenholz verwenden, Geflügel oder Fisch darin einwickeln und dann auf dem Grill garen – diese Variante hat etwas weniger Raucharoma, dafür werden Fisch und Fleisch besonders saftig.
4. Nutzen Sie Ihren Grill **ganzjährig:** Jäger und Sammler sind in

jeder Saison unterwegs – und rösten bzw. grillen ihre Nahrung. Auch bei uns kann ein Grill ganzjährig verwendet werden, angefangen bei der Grillfunktion des Backofens über den Grill auf Balkon oder Terrasse bis hin zum Herbst- oder Wintercamp mit Lagerfeuer im Freien.
5. Verwenden Sie **Blätter statt Alufolie** – zu Hause oder in der «Wildnis». Darin lassen sich gewürzte Hackfleischbällchen oder Fischstücke einwickeln. Das Ganze wird mit Stücken von Schaschlikspießen – oder Rosmarinstängeln wie bei einer Roulade fixiert und dann auf dem Grill gegart. Richtwert für Fleisch in handtellergroßen Huflattichblättern: insgesamt ca. 10–15 Minuten, mehrfach zwischendurch wenden. Zum Abschluss: Spieße entfernen – und genießen. Geeignet sind folgende essbaren Blätter: Huflattichblätter (wachsen an Wegrändern und sind gut an ihrer silbrig-weichen Unterseite und leichten Schwarzfärbung an den Blattzacken zu erkennen. Da Huflattich viele Mineralien enthält, liefert er neben dem Aroma einen würzigen Salzersatz), Ahornblätter (Ahornbäume sind in Gärten und Parks zu finden), Lindenblätter (Lindenbäume sind typisch in Gärten, Parks und an Waldrändern), Kohlblätter (die Alternative für den Winter).

Seit knapp zwei Millionen Jahren ist das Zerlegen von Tieren und damit der Fleischverzehr von Menschen belegt. In Kenia wurde nachgewiesen, dass Jäger und Sammler nicht nur Fleisch und Mark von Landtieren wie Antilopen, Schweinen, Büffeln, Giraffen bis hin zu Nilpferden und Nashörnern, sondern auch von Wassertieren wie Fischen, Wasserschildkröten und Krokodilen zu sich nahmen. Diese Auswahl an tierischen Nahrungsquellen ist reich an Nährstoffen wie langkettigen mehrfach ungesättigten Fettsäuren, die für die weitere Gehirnentwicklung in der Menschheitsgeschichte notwendig waren (Braun 2010; Stiner 2009).

Isotopenanalysen an Knochen unserer Vorfahren geben Auskunft über den Anteil an Proteinen und tierischen Quellen in ihrer Nahrung. Die Ernährung der Neandertaler in Europa vor 120 000 bis 70 000 Jahren wies einen sehr hohen Proteinanteil auf, vor allem durch den Verzehr von Pflanzenfressern wie Rentieren. Moderne Menschen haben in der Zeit vor 40 000 bis 27 000 Jahren zusätzlich zu Landtieren auch größere Mengen an Wassertieren, vor allem Fisch, gegessen (Richards/Trinkaus 2009). Auch unsere nächsten lebenden Verwandten im Tierreich, die Schimpansen, sind Fleischesser. Sie nutzen Holzwerkzeuge, um Termiten zu angeln. Kleinere Affen, wie Rote Stummelaffen oder Buschbabys, werden mit selbstgefertigten Speeren gefangen – vorwiegend von weiblichen und jugendlichen Schimpansen (Pruetz 2007). Ethnographische Daten zeigen: Kein uns bekanntes Naturvolk lebte oder lebt vegetarisch oder vegan. Der Anteil an tierischen Nahrungsquellen ist allerdings variabel und reicht von mindestens 5 bis zu fast 100 Prozent. Je weiter vom Äquator entfernt Menschen leben, desto größer ist der Anteil tierischer Nahrung, da die verfügbare Pflanzenkost abnimmt. Ab dem 40. Breitengrad (z.B. nördlich von Madrid, Neapel, Istanbul, Peking und New York) beträgt bei Jägern und Sammlern der Anteil tierischer Nahrungsquellen mehr als zwei Drittel (Cordain 2000). Dies zeigt, wie variabel die Fleisch- bzw. Fischaufnahme bei Menschen ist – aber auch, dass sie in Jäger-und-Sammler-Gesellschaften grundsätzlich immer vorhanden war. Sehr stark pflanzenbasiert hat sich der als «Nussknacker-Mensch» bekannte *Paranthropus boisei* vor ca. 2 Millionen Jahren ernährt. Anders als alle bekannten fossilen und lebenden Menschenaffen nahm er überwiegend Gräser der Savanne zu sich, vor allem Riedgras und Süßgräser, zu denen die heutigen Getreide zählen. Seine Lebensweise führte in eine Sackgasse: Dieser «vegetarische Cousin» des Menschen starb vor etwa einer Million von Jahren aus (Cerling 2011).

Bei Jägern und Sammlern haben Männer kein Monopol auf Fleisch – alle Nahrungsmittel, die in größerer Menge vorhanden sind, werden geteilt. Der Jagderfolg bringt zwar Anerkennung und Bewunderung, berechtigt aber nicht zur Dominanz in der Gruppe. Verschiedene Mechanismen stellen sicher, dass ein erfolgreicher Schütze bescheiden bleibt. Bei den !Kung gehört beispielsweise das Fleisch derjenigen Person, von der der Pfeil stammt, mit dem das

Tier getötet wurde. Sie verteilt das Fleisch an die Übrigen. Da Pfeile ständig untereinander getauscht und geliehen werden und sowohl Männer als auch Frauen Pfeile besitzen, kann nahezu jede/r in der Gruppe Fleischbesitzer werden.

Auch Frauen jagen. Häufig wird dies nicht so benannt, sondern als «sammeln» bezeichnet. Frauen beschaffen Fleisch nach zwei unterschiedlichen Strategien. Einerseits sind sie «Gelegenheitsjägerinnen»: Wenn sie zufällig auf Wasserschildkröten treffen, auf frisch geborene oder kleinere schlafende Antilopen, dann greifen sie zu. Andererseits sind sie in vielen Jäger-und-Sammler-Gruppen auch an der gezielten Großtierjagd beteiligt – meist haben sie dann die Funktion der «Treiberin»: Mit Rufen, Stock- oder Steinwürfen wird das Tier in eine für den Schuss günstige Richtung getrieben. Sie sind quasi die Mittelfeldspielerinnen, die das Tor vorbereiten (Lee 1999).

Warum sind Fleisch und Fisch so wichtig? Tierische Nahrungsquellen liefern vor allem Proteine. Deren Bausteine, die Aminosäuren, werden benötigt, um Muskeln aufzubauen, einen Fötus in der Schwangerschaft zu versorgen und um Gehirnbotenstoffe zu produzieren. Sie sind Bestandteile der Körperzellen und machen die Hälfte der Gehirnmasse aus. Auch für Mineralstoffe wie Eisen ist Fleisch ein wichtiger Lieferant – und daher für Frauen, die über die Menstruation Eisen verlieren, von Bedeutung. Manche Vitamine, wie Vitamin B_{12}, kommen in Pflanzen nur in Spuren vor. Daher ist die Versorgung mit Fleisch und Fisch entscheidend, um ausreichend Vitamin B_{12} für Blutbildung, Zellregeneration und die reibungslose Funktion des Nervensystems zu erhalten.

Aber macht zu viel Fleisch oder Fisch nicht krank? Fleisch, vor allem «rotes» und verarbeitetes Fleisch, wird mit Krebserkrankungen in Verbindung gebracht. Auch schädige «zu viel Protein» aufgrund eines hohen Fleisch- und/oder Fischgenusses die Nieren. Was sagt die Wissenschaft dazu? Ein Vergleich von Fleischessern mit Fischessern und Vegetariern zeigte, dass Fischesser ein verringertes Risiko für bestimmte Krebsarten haben, jedoch für andere ein erhöhtes Risiko. Auch bei Vegetariern verringern sich bestimmte

Krebsrisiken (andere als bei Fleisch- und Fischessern), und wiederum andere erhöhen sich (Key 2009). Die wissenschaftlichen Daten können bislang keinen klaren Beleg dafür geben, dass Fleisch oder Fisch grundsätzlich das Krebsrisiko erhöhen. Lediglich für Dickdarmkrebs gibt es Hinweise, jedoch keine Belege, dass rotes und verarbeitetes Fleisch das Risiko steigern könnten. Diskutiert wird, ob nicht das Fleisch an sich, sondern ein Obst- und Gemüsemangel der Risikofaktor ist, da bei einer solchen Ernährungsform weniger schützende Inhaltsstoffe wie Polyphenole und Fasern gegessen werden. Auch die Zusammensetzung der Mahlzeiten kann entscheidend sein, da sich Inhaltsstoffe gegenseitig beeinflussen. So gibt es Anhaltspunkte dafür, dass die Kombination von Fleisch und Pflanzenfasern (z.B. Kartoffel) die Darmflora positiv beeinflusst. Alleinige Pflanzenkost kann problematisch sein. Vegetarier gaben bei Erhebungen signifikant häufiger an, von Allergien, Krebs, chronischen und psychischen Erkrankungen betroffen zu sein, als Menschen, die Mischkost zu sich nehmen. Möglicherweise wenden sich aber auch Menschen mit solchen Gesundheitsproblemen überproportional oft einer vegetarischen Ernährung zu. Insgesamt schätzt man, dass Ernährungsfaktoren zu 30 bis 35 Prozent an der Entstehung von Krebs beteiligt sind (bei Dickdarmkrebs bis zu 90 Prozent). Weitere Lebensstilfaktoren wie Rauchen und Bewegungsmangel spielen offensichtlich ebenfalls eine große Rolle (Paturi 2012; Baena 2013; Kim 2013; Pericleous 2013; Birt 2014; Burkert 2014; Oostindjer 2014).

Ein weiterer Aspekt verdient Beachtung: Die Studien zur gesundheitlichen Wirkung des Fleischverzehrs beziehen sich auf Fleisch aus Massentierhaltung. So ist kaum verwunderlich, dass negative Auswirkungen gefunden werden. Die Zusammensetzung dieses Fleisches unterscheidet sich grundlegend von der Fleischqualität, die Jägern und Sammlern zur Verfügung steht. Dies fängt beim nicht artgerechten Futter an, geht über den Zusatz von Medikamenten, Wachstumsförderern etc. und endet bei der licht- und bewegungsarmen Haltung. Es ist sehr wahrscheinlich, dass Studien mit Fleisch- und Fischliebhabern, die zu Weidetieren bzw. nachhaltig gezogenen Fischen greifen, bessere Gesundheitseffekte messen werden.

Das Thema Fütterung spielt auch im Zusammenhang mit der Klimadebatte eine Rolle: Kraftfutter aus Getreide, Soja und Mais ist nicht artgerecht für Rinder und führt zur Freisetzung klimabeeinflussender Gase. Der Anbau dieses ungeeigneten Futters in Monokultur mit synthetischer Düngung trägt ebenfalls zur Problematik des Ausstoßes klimaschädlicher Gase bei. Artgerechte Weidehaltung, auch auf erosionsgefährdetem Gelände, ermöglicht andererseits das Speichern von Kohlenstoff im Humus (Idel 2010).

Der Verzehr von tierischen Nahrungsquellen wie Fleisch, Fisch, Meeresfrüchten ist seit zwei Millionen Jahren Teil der artgerechten Ernährung der Menschen. Eine regelmäßige, selbst deutlich über den Empfehlungen der Deutschen Gesellschaft für Ernährung liegende Fleischaufnahme ist für den Körper unproblematisch.

Das Standardwerk der Ernährungsmediziner bewertet eine Proteinaufnahme bis zu 200 Gramm pro Tag als unbedenklich für Gesunde. Das entspricht in etwa einem Kilogramm Fleisch – eine Menge, die die wenigsten zu sich nehmen dürften (Biesalski 2010, S. 122).

Wie sieht die Zukunft des Fleischverzehrs aus? Wichtig sind vor allem die Faktoren Menge und Qualität. Der erste Hamburger aus Laborfleisch wurde Journalisten bereits zum Testessen angeboten. Die Begeisterung hielt sich in Grenzen. Ob sie sich darüber im Klaren waren, dass die wabbeligen Fleischzellen aus dem Labor zerkleinert, mit Geschmacksstoffen, Eisen- und Vitaminzusätzen versehen werden, damit sie eine fleischähnliche Zusammensetzung erhalten und dann weiterverarbeitet werden können (Jones 2010)? Fraglich ist, ob mit Laborfleisch jemals der Nährwert und die Genussmomente von Fleisch eines echten Weide- oder Wildtieres erreicht werden können. Setzen wir doch besser auf Klasse statt Masse.

PaläoPower-Genussthemen rund ums Jahr

PaläoPower-Fazit zum Thema Fleisch

- Fleisch und Fisch gehören zur artgerechten Ernährung der Menschen. Es gibt kein Naturvolk, das vegetarisch oder vegan lebt.
- Der Anteil an tierischen Nahrungsquellen ist variabel und abhängig von der Fülle der zur Verfügung stehenden pflanzlichen Ressourcen.
- Sowohl Männer als auch Frauen sind für die Fleischbeschaffung in Jäger-und-Sammler-Gruppen zuständig. Die Jagd auf Großwild erfolgt meist durch Männer; Frauen sind oft als Treiberinnen dabei und jagen bei Gelegenheit kleinere Tiere.
- Fleisch wird, wie alle anderen Nahrungsmittel, in der Gruppe geteilt und hat neben wichtigen Nährstoffen auch eine soziale Funktion für die Gruppe.
- Fleisch, Fisch oder Meeresfrüchte zu grillen, dazu Blätter (Salat), Wurzeln und Knollen (Möhren, Pastinaken etc.) oder Früchte zu essen, ist das Paläo-Gericht schlechthin – je ursprünglicher, desto besser.
- Fleisch und Fisch von artgerecht gefütterten und gehaltenen Tieren können unbedenklich, auch über die üblicherweise empfohlenen Mengen hinaus, gegessen werden.
- Klasse statt Masse bzw. Retorte ist die Empfehlung für den Fleisch- und Fischverzehr aus PaläoPower-Sicht.

Rezept-Tipps:
6, 23, 27, 31–33, 55–56, 59–60, 62, 75–76, 78–80, 106, 109–114

Milchalternativen

Muntermacher Milch?

Südwestliches Afrika, Kalahari in den 1920er Jahren. Nisa brüllt. Sie findet es absolut nicht in Ordnung, dass sie ab jetzt auf die Milch ihrer Mutter verzichten soll – nur weil ein neues Baby heranwächst. Sie versucht es mit Trotz, mit Betteln, mit Überreden. Aber ihre Mutter bleibt hart, es gibt keine Milch mehr für die Tochter. Ihr Vater verwöhnt sie mit Perlhuhn und Springhasen aus dem Busch. Und doch: Nisas Sehnsucht nach der süßen Milch und der Wärme ihrer Mutter bleibt groß. Ihre Eltern versuchen es ihr zu erklären: Die Milch ist für das neue Baby, sie wird ihr auch nicht mehr schmecken – und wenn sie doch versuchen würde, an die Milch heranzukommen, würde sie vor Schmerzen ächzen und sich übergeben. Nisa tobt in den nächsten Wochen weiter, ist unglücklich, lebt aus Protest vorübergehend bei ihrer Großmutter. Erst einige Zeit nach der Geburt ihres Bruders akzeptiert sie ihre neue Rolle als ältere !Kung-Schwester. Milch ist nicht mehr wichtig für sie (Shostak 1982, S. 9–22).

***

Jäger und Sammler leben halbnomadisch und kennen keine Tierzucht. Daher stehen auch keine Tiermilch oder daraus hergestellte Produkte wie Butter, Joghurt, Quark oder Käse in der paläolithischen Ernährung zur Verfügung. Über zwei Millionen Jahre Menschheitsgeschichte war Muttermilch die einzige Tiermilch, mit der Jäger und Sammler in Berührung kamen. Kinder werden etwa drei Jahre gestillt, bis die Mutter erneut schwanger wird. Das letztgeborene Kind erhält bis zu fünf Jahre Muttermilch. Nach dem Abstillen ernähren sie sich milchfrei. Daher wird das Enzym *Laktase*, das den *Milchzucker (Laktose)* spaltet und verdaulich macht, allmählich abgeschaltet. Das bedeutet, dass Milch mit zunehmendem Alter zu teils heftigen Magen- und Darmproblemen führt, die als **Milchzuckerunverträglichkeit** oder **Laktoseintoleranz** bekannt sind. Vielleicht ist es Zufall, dass !Kung ihren heranwachsenden Kinder sagen,

PaläoPower-Genussthemen rund ums Jahr

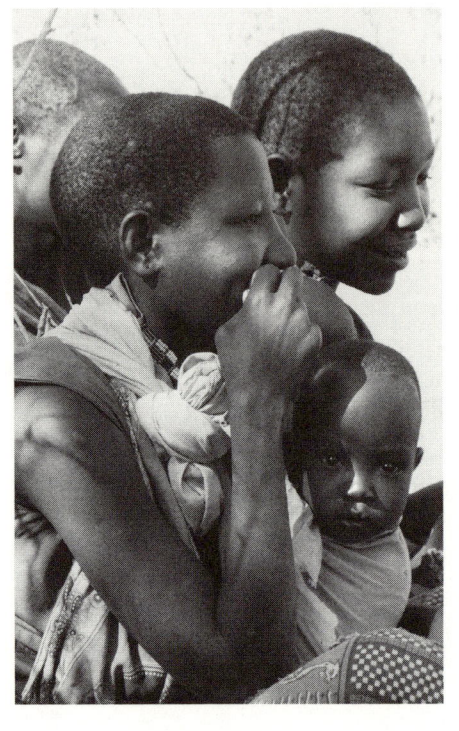

dass sie Muttermilch nicht mehr vertragen, Schmerzen empfinden und sich erbrechen werden. Vielleicht wird auch absichtlich ein unangenehmes Szenario beschrieben, um die Milchressourcen für den neuen Nachwuchs zu sichern und das Abstillen des älteren Kindes zu erleichtern. Möglicherweise wissen die !Kung aber auch direkt oder indirekt, dass älter werdende Kinder laktoseintolerant werden.

Aber warum trinken heute viele Menschen in den westlichen Ländern Milch und essen Milchprodukte – scheinbar problemlos? Mit dem Ende der letzten Eiszeit, vor weniger als 10 000 Jahren, veränderte sich die Vegetation und damit auch die pflanzlichen und tierischen Nahrungsquellen. Die Menschen gingen allmählich zu Ackerbau und Viehzucht über. Das Halten und Züchten von Tieren ermöglichte nicht nur den Zugang zu Fleisch, sondern erstmals auch zu Tiermilch. Sie war allerdings aufgrund der Laktoseunverträglichkeit der Jugendlichen und Erwachsenen zunächst nicht gut bekömmlich.

Menschen sind gute und mutige Beobachter. Daher war die Erfahrung, dass Milch gerinnt und sich in feste und flüssige Bestandteile auftrennt, ein erster wichtiger Schritt zur Nutzung von Milchprodukten. In der wässrigen Molke befindet sich Laktose, der feste Bruch ist weitgehend laktosefrei. Presst man den Bruch und lässt ihn reifen, so entsteht durch Entwässern und Milchsäuregärung ein Käse. Diesen können laktoseintolerante Menschen essen, er ist leicht zu transportieren und verdirbt nicht so schnell wie frische Milch. Diejenigen unserer Vorfahren, die den Mut hatten, die Verträglichkeit von Molke und Käse zu testen, entdeckten, dass Käse im Gegensatz zu Milch und Molke für sie verdaulich sein kann – und so stand vor ca. 7000 Jahren eine neue Nahrungsquelle zur Verfügung. Aus dieser Zeit stammt der bislang älteste Nachweis der Käseherstellung in Europa: durchlöcherte Schalen (wie man sie zur Käseproduktion nutzt) mit Milchfettresten (Salque 2013).

Eine zweite Entwicklung verhalf der Tiermilch bei Menschen zum Durchbruch. Unter den Hirten im Fruchtbaren Halbmond des Vorderen Orients entstand vor ca. 8000 Jahren zufällig eine genetische Veränderung, die dafür sorgte, dass die Produktion der Laktase bis ins Erwachsenenalter erhalten blieb. Jugendliche und Erwachsene, die auf diese Weise über die Säuglingszeit hinaus laktosetolerant blieben, hatten einen Selektionsvorteil, denn sie konnten die zusätzlichen Nährstoffe der Milch nutzen. Die Kindersterblichkeit sank – und so breitete sich diese genetische Veränderung verhältnismäßig schnell aus.

Je weiter sich die Bauern nach Norden ausbreiteten, desto wichtiger wurde es, Milch trinken zu können, denn zwei andere Ressourcen wurden immer knapper – das Sonnenlicht und dunkelgrüne Gemüse. Mit dem Übergang zu Ackerbau und Viehzucht stellten sich die Bauern von calciumreichen, aber energiearmen grünen Pflanzen auf calciumarmes, aber energiereiches Getreide um. Ihren Calciummangel konnten sie durch die neu hinzugewonnene Nahrungsquelle Milch ausgleichen. Aber um Calcium in Knochen und Zähne schleusen zu können, wird ein Transportmolekül benötigt. Jäger und Sammler nutzen dafür Vitamin D, das in der Haut bei Sonnenlichteinstrahlung gebildet wird. In Nordeuropa ist die UV-Strahlung jedoch sehr gering, und damit verringert sich die Vitamin-D-Bildung. Dadurch wird der Einbau von Calcium in das Skelett und die Zähne erschwert. Nun wurde ein zweiter Bestandteil der Milch wichtig: Laktose, welche ähnlich wie Vitamin D als Calciumtransporter funktioniert. So erklärt sich, warum der höchste Anteil laktosetoleranter Menschen in Nord- und Mitteleuropa zu finden ist, während in Südeuropa und anderen sonnenverwöhnten Regionen wesentlich mehr Menschen laktoseintolerant geblieben sind.

Dies spiegelt sich in vielen traditionellen Ernährungsformen wider. Chinesen, die viel Blattgemüse, Kohl, Salat oder Hülsenfrüchte als Calciumquelle nutzen und ausreichend Sonnenlicht erhalten, kommen bestens ohne Milch aus (viele haben sogar eine starke Abneigung) und sind weitgehend laktoseintolerant. Inder bilden aufgrund ihrer dunklen Haut weniger Vitamin D und greifen gerne zu halbvergorenen Milchprodukten, die noch etwas Laktose enthalten. Daher ist in Indien das Joghurtgetränk Lassi beliebt, in Anatolien Ayran.

Trotz aller Vorteile der Milch sind **zwei Drittel der Weltbevölkerung laktoseintolerant** – also noch im Urzustand der Jäger und Sammler. In Asien und Afrika sind dies bis zu 100 Prozent der Bevölkerung, in Mitteleuropa bis zu 20 Prozent, in Deutschland ca. 15 Prozent. Für die Betroffenen ist wichtig zu wissen: Wer statt auf Gemüse und Salate auf Käse oder laktosefreie Milch als Calciumquelle setzt und sich nicht ausreichend im Tageslicht bewegt, wird das aufgenommene Calcium nicht nutzen können, da weder Laktose noch Vitamin D als Transportmoleküle zur Verfügung stehen. Laktosefreie Milch und laktosefreier Käse machen also nicht per se starke Knochen, sondern nur in Verbindung mit viel Tageslicht.

Neben der Unverträglichkeit des Milch*zuckers* können noch andere Bestandteile der Milch Probleme bereiten, z.B. Milch*proteine*. Etwa vier Prozent der Säuglinge und Kleinkinder haben Nahrungsmittelallergien. Darunter ist die **allergische Reaktion auf das Milchprotein** besonders stark vertreten und wird oft begleitet von **Neurodermitis** oder **Schuppenflechte**. Milchproteine kommen in Tiermilch und daraus hergestellten Produkten vor, z.B. Joghurt, Quark, Sahne, Frischkäse, Butter, Wurst, einige Margarinesorten, Brot, Backwaren, Schokolade mit Milchanteil, Süßigkeiten, Pudding, Speiseeis etc. Milchallergiker müssen schon geringe Mengen dieser Speisen meiden.

Mit Milch werden weitere Gesundheitsprobleme in Verbindung gebracht:
- **Entzündliche Darmerkrankungen** (Davkota 2012), die zu Darmkrebs führen können (van der Pols 2007)
- **Prostatakrebs,** vor allem bei fettreduzierter Milch (Tseng 2005)
- **Brustkrebs:** Sterberisiko steigt mit der Menge der verzehrten Vollfett-Milchprodukte (Kroenke 2013)
- **Grauer Star** bei Menschen mit einer Störung im Galaktose-Stoffwechsel (Couet 1991)
- Einige Formen von **Autismus, Schizophrenie** und des **Aufmerksamkeits-Defizit-Syndroms (ADS, ADHS)** aufgrund morphinähnlicher Substanzen, die bei der Verdauung aus Milch entstehen (Exorphine, Casomorphine). Diese sedierenden Proteinbestandteile können auch suchtartiges Verlangen nach Milch auslösen (Hazum 1991; Gardner 1985; Teschemacher 1997; Stevens 2011; Reichelt 2012; Severance 2012; DeMagistris 2013).

Milch ist heute ein **industrielles Massenprodukt**, das mit einem ländlichen Idyll und glücklichen Tieren auf der Weide fast nichts mehr zu tun hat. Hochleistungskühe produzieren teilweise über 40 Liter Milch pro Tag (etwa 6–8 Liter sind für ein Kalb notwendig) – die meisten ohne artgerechte Fütterung, dafür mit Futterzusätzen wie Wachstumsförderern und Antibiotika und ohne jeden Zugang zur Weide. Die persönliche Beziehung der Bauern zu den Tieren wird oft durch Melkroboter ersetzt. Erkrankungen der überdimensionierten Euter sind häufig und verringern die Lebenszeit. Die industrielle Bearbeitung der Milch setzt sich nach dem Melken fort. Rohmilch direkt vom Bauern gibt es nur noch sehr selten. Aber in vielen Supermärkten fehlt inzwischen auch die «Frischmilch». Stattdessen gibt es stark erhitzte oder mikrofiltrierte ESL-Milch («extended shelf life – verlängerte Haltbarkeit) und H-Milch, welche sich im Vitamingehalt, dem Aufbau der Milchproteine und des Milchfetts sowie dem Geschmack von der Frischmilch deutlich unterscheiden. Der Trend zu stark verarbeiteten Milchprodukten steigt: Nie war die Auswahl an Joghurtvarianten, Milchmischgetränken und milchbasierten Desserts so groß wie heute. Über zwei Millionen Jahre haben sich Menschen ohne Tiermilch ernährt, die Mehrheit der Weltbevölkerung tut es heute noch. Milch ist, auch wenn es bei dem heutigen umfangreichen Angebot überrascht, **weder ein notwendiges Nahrungsmittel noch in besonderer Weise gesund.** Auch davon, dass «Milch müde Männer munter macht», kann kaum die Rede sein. Eher das Gegenteil: Milch führt bei einigen Menschen zu Konzentrationsschwäche und Müdigkeit, vermutlich durch die Bildung von morphinähnlichen Substanzen. Wer sich daher lieber wieder auf Nahrungsquellen der Jäger und Sammler verlassen möchte, ersetzt Milch und Milchprodukte beispielsweise durch Nüsse und Samen. Sie liefern konzentrierte Nährstoffe und lassen sich zu vielfältigen Milchalternativen verarbeiten, z. B. **Cashewkern, Erdmandel, Haselnuss, Kokosnuss, Mandel, Sesamsamen.** Kombiniert mit Trockenfrüchten oder frischen Früchten, entstehen daraus auch Joghurts, Saucen, Kekse und Desserts sogar «Frischkäse»-Varianten und Paläo-Parmesan (siehe Rezeptteil). Eines muss man allerdings zugeben: Für einen typischen Camembert oder Hartkäse gibt es keinen paläolithischen Ersatz – Geschmack und Konsistenz lassen sich, zumindest bis jetzt, nicht durch Nahrungsmittel ersetzen, die aus der Welt der Jäger und Sammler stammen. Die meisten Paläo-Anhänger empfinden dies als nicht so entscheidend – denn andere köstliche Lebensmittel verwöhnen die Geschmacksnerven vielfältig.

Aber was ist mit Calcium?

Milch- und Milchprodukte sind gute Calciumquellen und werden daher zum Aufbau der Knochensubstanz bei Kindern und Jugendlichen und als Schutz vor Osteoporose in und nach den Wechseljahren empfohlen. Jäger und Sammler hatten durch
- gute Calciumquellen in Form von Wildpflanzen
- viel Bewegung (stärkt die Knochensubstanz)
- Aufenthalt im Freien (liefert das UV-Licht für die Vitamin-D-Bildung)

Milchalternativen

eine optimale Calciumversorgung und Knochendichte. Weltweit leben die meisten Menschen heute ebenfalls ohne Milch und Milchprodukte. Kein Säugetier nimmt nach dem Abstillen Milch zu sich. Dies ist möglich, weil Milch und Milchprodukte nicht die einzigen Calciumquellen sind. Einem 200 ml Glas Kuhmilch mit 240 mg Calcium entsprechen 400 g **Brokkoli**, 250 g **Lauch**, 250 g **Fenchel** oder 125 g **Grünkohl**.

Wenn Sie nach Vorbild der Jäger und Sammler Milchprodukte durch andere ergiebige Calciumquellen ersetzen möchten, dann sind folgende Nahrungsmittel empfehlenswert:

Referenzwerte (Calciumgehalt pro 100 g):
Muttermilch: 31 mg
Kuhmilch: 120 mg
Andere Tiermilch (Büffel, Kamel, Schaf, Stute, Ziege): 110–195 mg

Alternativen (mg Calciumgehalt pro 100 g):
- **Nüsse und Samen:** Mohn (1460), Sesam (783), Mandel (252), Haselnuss (225), Leinsamen (198), Pistazie (130), Paranuss (130), Kakaopulver (114)
- **Gemüse, Salat:** Brennnessel (713), Grünkohl (212), Rucola (160), Löwenzahn (158)
- **Früchte:** Hagebutte (257), getrocknete Feige (190)
- **Kräuter:** Thymian (630), Salbei (600), Breitwegerich (412), Rosmarin (370), Basilikum (369), Majoran (350), Petersilie (245)

Eine ausreichende Calciumaufnahme ist gut, eine zu hohe kann schädlich sein. Frauen, die über die Nahrung und/oder Calciumpräparate mehr als 1400 mg Calcium pro Tag zu sich nehmen, erhöhen ihr Sterblichkeitsrisiko um 40 Prozent und verdoppeln ihr Herzinfarktrisiko (Michaelsson 2013).

Verwenden Sie besser keine Calciumpräparate (auch keine mit Vitamin D). Zwar verhindern sie Knochenbrüche (drei pro 1000 Menschen), erhöhen jedoch bei noch mehr Menschen das Herzinfarktrisiko (sechs Herzinfarkte je 1000 Menschen) (Bolland 2011). Lassen Sie sich lieber frisches grünes Gemüse, Nüsse, Wildpflanzen und Kräuter schmecken. Eine Überdosierung ist kaum möglich – die optimale Versorgung in ausgeglichenem Verhältnis mit anderen Nährstoffen ist sehr wahrscheinlich.

PaläoPower-Fazit zum Thema Milch

- Milch und Milchprodukte gehören nicht zur Jäger-und-Sammler-Ernährung. Es steht eine Vielzahl an köstlichen Alternativen zur Verfügung.
- Verschiedene Gesundheitsprobleme im Zusammenhang mit Milch sind bekannt, z. B. Milchzuckerunverträglichkeit (betrifft die Mehrheit der Weltbevölkerung), Milchproteinallergie, erhöhtes Risiko für Prostatakrebs, negativer Einfluss bei Brustkrebs, Darmkrebs, einigen Formen von Autismus, AD(H)S und Schizophrenie.
- Milch und Milchprodukte sind für eine gute Calciumversorgung und starke Knochen nicht notwendig. Der Bedarf kann durch verschiedene Gemüse, Nüsse und Kräuter gedeckt werden. Von zu hoher Calciumaufnahme und Calciumpräparaten wird abgeraten, da sich in klinischen Studien ein erhöhtes Herzinfarktrisiko abzeichnet. Wichtige Komponenten für eine hohe Knochendichte sind neben Calcium viel Bewegung und ausreichend Zugang zu Tageslicht, damit Calcium in die Knochensubstanz transportiert werden kann.

Rezept-Tipps:
3, 11, 18–21, 34, 36–48, 61, 78, 85–93, 96–102, 115, 118–120

Farbenfrohe Früchtchen

Tansania, am Lake Eyasi im Oktober 2013. Ein ereignisreicher Vormittag liegt hinter den Hadza. Sie haben einige Tiere gejagt und zur Mittagszeit die Stelle erreicht, an der die Wüstenrose wächst. Aus ihrem Saft haben sie das hochwirksame Pfeilgift gekocht, mit dem Pfeilspitzen für größere Tiere präpariert werden, und die gummiartige Giftmasse gut verstaut, damit niemand zu Schaden kommt. Nun sind sie auf dem Rückweg, und ihnen knurrt der Magen. Ihre Blicke schweifen umher – auf der Suche nach etwas Essbarem. Die Bäume sind noch weit weg, aber die Hadza haben die orangefarbenen Früchte schnell entdeckt und steuern zügig darauf zu. Flink lesen sie die kleinen Früchte ab, essen eine Handvoll und wechseln zum nächsten Zweig. Schließlich sind sie satt und werfen fröhliche Blicke in die farbenreiche Landschaft. Wahrscheinlich ist ihnen genauso wenig wie Menschen andernorts bewusst, dass sie die Welt nur deshalb in den schönsten Farben sehen, weil sie tagaktive Jäger sind – und weil sie Früchte lieben ... (Hadza 2013).

***

Das Farbensehen ist in der Evolution mehrfach unabhängig und in unterschiedlicher Ausprägung entstanden. Menschen und andere Menschenaffen unterscheiden sich von vielen Säugetieren in ihrem Farbensehen: Sie haben drei Zapfentypen in der Netzhaut des Auges (trichromatisches Sehen) und können dadurch gut zwischen grünen, gelben, orangefarbenen und roten Objekten unterscheiden. Das ist für Früchteliebhaber ein großer Vorteil, da gelbe, orange und rote Früchte besser zwischen grünem Laub zu erkennen sind. Auch sind reife von unreifen Früchten einfacher zu unterscheiden. Trichromatisch sehende Affen sind bei der Futtersuche besonders effizient. Viele Säugetiere wie Katzen und Hunde haben nur zwei Zapfentypen (dichromatisches Sehen) und damit ein eingeschränktes Farbensehen, vergleichbar mit Menschen, die eine Rot-Grün-Sehschwäche haben und weniger Farbnuancen unterscheiden können. Tiere, die (fast) nur Stäbchen besitzen, nehmen die Welt schwarz-weiß wahr – das ist bei Dämmerungstieren wie Fledermäusen, Igeln und Tiefseefischen der Fall. Im Dunkel der Nacht sind auch bei trichromatischen Tieren hauptsächlich die Stäbchen aktiv – daher sind für uns «bei Nacht alle Katzen grau». Wären Menschen dämmerungs- oder nachtaktive Lebewesen, sähen sie ihre Umwelt stets schwarz-weiß. Und wären wir nicht begeisterte Früchteesser, könnten wir Farben nicht so differenziert sehen, reife Früchte zwischen Blättern würden uns kaum auffallen (Jacobs 2004).

Die Farbe der Früchte signalisiert auch, dass sich ganz besondere Nährstoffe in ihnen verbergen: die *sekundären Pflanzenstoffe*. Sekundär bedeutet, dass sie nicht am Energiestoffwechsel oder am Auf- und Abbau von Zellstrukturen beteiligt sind. Sie haben andere Aufgaben: z.B. die Abwehr von Fressfeinden und Krankheitserregern, Schutz gegen UV-Strahlung und Verdunstung – oder sie locken Bestäuber und samenverbreitende Früchtefresser an. Da sekundäre Pflanzenstoffe häufig Abwehrstoffe sind, wurden sie lange nur als «Antinährstoffe» eingestuft. In der Tat gibt es einige Substanzen, die für Menschen schädlich sind (Alkaloide wie Nikotin), oder Gifte, die in geringer Konzentration medizinisch eingesetzt werden (Alkaloide des Schlafmohns wie das Schmerzmittel Morphin oder Diterpenoide aus der Eibe für die Krebstherapie). Viele Tiere haben Anpassungen entwickelt, um die Abwehrstoffe der Pflanzen zu neutralisieren oder sie sogar für sich nutzbar zu machen.

Zunehmend rücken die gesundheitsförderlichen Eigenschaften der sekundären Pflanzenstoffe ins Blickfeld. In Früchten überwiegen Carotinoide und Polyphenole. **Carotinoide** sind «Radikalfänger» oder «Antioxidantien», d.h., sie fangen sehr reaktive Stoffe im Körper ab und verhindern so Schäden an Zellen und der Erbsubstanz, schützen das Immunsystem, verringern das Risiko für Herz-Kreislauf-Erkrankungen und Tumorbildung. Bekannte Carotinoide sind *Lycopin* (roter Farbstoff in Tomate und Hagebutte), *Carotin* (gelb-oranger Farbstoff in Aprikosen, Mangos, Pfirsichen, Birnen und Sanddorn), Lutein (gelber Farbstoff in Pflaume und Johannisbeere).

Polyphenole sind ebenfalls Antioxidantien. Häufig haben sie eine violette Farbe (Anthocyane) und finden sich beispielsweise in Aronia-Beere, Granatapfel, Cranberry, Heidelbeere, Kirsche, Holunder, Blutorange und blauer Traube (Carle 2010).

Unter den 14 wichtigsten Nahrungsmitteln der !Kung sind die Hälfte Früchte bzw. Beeren, von denen insgesamt etwa 30 zur typischen Ernährung der !Kung zählen (Lee 1979, S. 159–164, 480). Beeren gehören auch zu den fünf wichtigsten Nahrungsquellen der Hadza, mehr als 26 Sorten sind bekannt, weitere Früchte kommen hinzu. In der Beerensaison werden sie zum Hauptnahrungsmittel (Marlowe 2010, S. 114 bis 115).

Sekundäre Pflanzenstoffe ergänzen sich und liegen in Früchten und Gemüsen in einem ausgeglichenen Verhältnis vor. Mit isolierten Präparaten oder einseitig angereicherten Nahrungsmitteln sind die gesundheitsförderlichen Effekte meist nicht zu erreichen. Möglicherweise wird in einigen Fällen durch Überdosierung der Präparate auch mehr Schaden angerichtet als Nutzen bewirkt. Am besten ist also die Originalfrucht.

Messwert für das antioxidative Potential von Nahrungsmitteln ist der ORAC-Wert (Oxygen Radical Absorption Capacity). Dabei sollte man beachten, dass es sich um einen Laborwert handelt und ein hoher Wert nicht bedeutet, dass eine entsprechend hohe Wirkung auch im Körper entfaltet wird. Lassen Sie sich von der Intensität der Farbe und dem Geschmack leiten. Vielleicht genießen Sie unter diesem Aspekt sogar die Herbheit von Aronia-Beeren und blauen Trauben als Hinweis auf wertvolle Inhaltsstoffe. Es wäre schade, wenn diese gesundheitsförderlichen Stoffe weggezüchtet würden – besser ist es, ihre positive Wirkung in Kombination mit süßeren Komponenten zur Geltung zu bringen, etwa in Roter Grütze, Kompott oder anderen Desserts. Ähnliches gilt auch für die **Bitterstoffe** einiger Früchte, dunkelgrüner und dunkelroter Gemüse und Salate sowie Kräuter (Grapefruit, Pomelo, Artischocken, Radiccio, Basilikum, Kurkuma). In Verbindung mit anderen Zutaten verleihen sie vielen Gerichten einen besonderen Pfiff. Übrigens: Sekundäre Pflanzenstoffe werden vor allem kurz vor der Reife gebildet. Daher bringt die Ernte zur Reifezeit (Saison) die beste Ausbeute.

So umfangreich die Fähigkeit des Farbensehens bei den trichromatischen, früchtefressenden Menschenaffen ausgebildet ist, so sehr haben sie die Funktion ihrer Riechgene verloren. Menschen haben nur noch etwa 40 Prozent funktionale Riechgene, dichromatische Hunde dagegen 80 Prozent (Gilad 2004). Menschenaffen sind also besondere Farbenseh-Spezialisten, Hunde und Katzen Riechexperten. Früchteesser sind aber nicht nur auf «sehen statt riechen», sondern auch auf «bunt und süß» programmiert: Sie reagieren stark auf Reize im gelb-orange-roten Bereich und erwarten, dann auf reife, d. h. süße Nahrungsquellen zu stoßen. Diese genetischen Programme laufen unbewusst ab – und sind im modernen Leben anfällig für Irreführung, wenn Nahrungsmittel gefärbt und gesüßt werden. Der Reiz dieser «optimierten» Produkte ist größer als der Reiz des Originals. In der Verhaltensbiologie spricht man von «supernormalen Reizen». Dies ist der Grund, warum nicht nur Kinder mit knallbunten Farben, großer Süße und intensiven Aromastoffen angelockt werden können, auch wenn in den Nahrungsmitteln selbst kaum Nährstoffe enthalten sind. Nicht zufällig bestehen Gummibärchen (neben dem neutralen Trägerstoff Gelatine) aus Zucker-, Farb- und Geschmacksstoffen – und ebenso wenig ist es Zufall, dass die roten Gummibärchen die begehrtesten sind. Katzen lässt ein solches Angebot übrigens kalt: Sie sehen weder die rote

Farbe besonders intensiv, noch können sie Zucker schmecken. Sie haben als Fleischfresser ihren Geschmacksrezeptor für Süßes im Lauf der Evolution verloren (Li 2005).

Auch viele der bei uns inzwischen «eingebürgerten» exotischen Früchte fallen durch ihre intensive Farbe und Geschmack auf und sind entsprechend beliebt: dunkelgrüne Avocados und leuchtend grüne Limetten, süße Ananas und Feigen, sattgelbe Bananen und Mangos, tiefrote Cranberries und Granatäpfel, orange schimmernde Physalis und Sharonfrüchte. Noch fremdländischer als die Exoten aus Übersee sind für die meisten von uns aber Wildfrüchte. Nicht nur die Unkenntnis und Unsicherheit, was genießbar und was schädlich ist, sind Hemmschuhe. Auch das Vorurteil, Wildfrüchte seien hart und sauer, hält viele davon ab, sie zu kosten. Wildfrüchte sind jedoch oft *hocharomatisch* (man denke nur an Walderdbeeren im Sommer) und zudem *reich an Nährstoffen* – meist um ein Vielfaches mehr als kultiviertes Obst. Und sie sind mindestens so *vielfältig nutzbar*: frische Blüten und Früchte für Getränke (Tee, Bowle, Sirup), frisch und getrocknet in Saucen, Hauptgerichten, Desserts, Chutneys, eingekocht als Fruchtmus, Konfitüre oder Kompott, Blätter für Tee oder Smoothies. Viele der Wildfrüchte werden auch schon lange als *Heilmittel* eingesetzt.

Wildfrüchte können Sie unter fachkundiger Anleitung neu- und wiederentdecken. Danach stehen Hecken und Sträucher zur Ernte bereit – auch in Städten. Erntekalender für Wildpflanzen helfen bei der Wahl der passenden Früchte – im Internet gibt es die Möglichkeit, Standorte von Wildobst in der näheren Umgebung ausfindig zu machen (Details im Anhang). Probieren Sie verschiedene Standorte und unterschiedliche Pflanzen an jedem Standort aus – die Reife und der Geschmack können sehr variieren. Viele der Wildobstsorten können auch im eigenen Garten angepflanzt werden. Sie sind robust und daher pflegeleicht, ein guter Wind- und Sichtschutz, meist haben sie hübsche, volle Blüten, einen intensiven Duft – und liefern leckere Früchte. Auch auf Balkonen findet Wildobst einen Platz: An Rankhilfen, in Beerenampeln und Balkonkästen fühlen sich diverse Sorten wohl.

Probieren Sie, neben den Klassikern wie Heidel-, Him-, Johannis-, Stachel- und Preiselbeere, doch einmal folgende Wildfrüchte aus (die Übergänge zu Kulturformen sind fließend):

- **Aronia (Apfelbeere)**: Nordamerikanische Pflanze, inzwischen in Europa heimisch; dunkelviolette Beeren mit sehr hohem Polyphenolgehalt, die ab Ende August reif sind; frisch, getrocknet, als Saft und Fruchtpraline (gemeinsam mit anderen Trockenfrüchten) zu genießen.
- **Berberitze (Sauerdorn)**: Früher anstelle von Essig und Zitronen verwendet, da der säuerliche Saft besonders viel Vitamin C enthält. Die Sträucher sind an sonnigen Plätzen zu finden, die dunkelroten Beeren ab Mitte/Ende September reif. Auch als Trockenfrüchte in Saucen, Reis, zu Fleisch, Fisch sowie als Tee, Snack und Studentenfutterzutat verwendbar.
- **Brombeere, wilde**: An sonnig bis halbschattigen Plätzen lassen sich die Sträucher im August und September abernten. Brombeeren schmecken frisch, in Desserts, Konfitüren, Roter Grütze.
- **Cranberry (Großfrüchtige Moosbeere)**: Heidelbeergewächs; frische und getrocknete Früchte zu Fleisch, als Kompott, Saft und Zutat für Studentenfutter oder Kekse.
- **Erdbeere, Walderdbeere**: Neben dem Ziehen von aromatischen Gartenerdbeeren ist das Abpflücken von Walderdbeeren den gesamten Sommer bis in den Herbst hinein ein besonderer Genuss.
- **Felsenbirne**: Strauch mit schönen Blüten und köstlichen, dunkelvioletten Früchten, oft in öffentlichen Grünanlagen an warmen Standorten zu finden; verwendbar als Kompott, «Brot»-Aufstrich, Konfitüre und Sorbet.
- **Hagebutte, z. B. der Hundsrose (Heckenrose)**: Alle Blüten und Früchte der heimischen Rosen sind essbar, die Früchte sind als Hagebutten bekannt. Die Blütenblätter werden von Ende Mai bis Juni geerntet und verfeinern Pestos ebenso wie Desserts oder schmecken getrocknet in Tees. Hagebutten werden im September und Oktober vor dem ersten Frost geerntet und behalten auch unter Einfluss von Hitze ihren sehr hohen Vitamin-C-Ge-

Früchte

halt. Sie lassen sich als Tee, Fruchtmark, Konfitüre und zur Abrundung von Saucen verwenden.

- **Holunder, schwarzer:** Eine der ältesten Nutz- und Heilpflanzen, heimisch in Auwäldern, Waldrändern, in der Nähe menschlicher Siedlungen. Die Blüten werden im Juni und Juli geerntet, zu Limonaden und Sirups verarbeitet – Holunderblütentee ist ein bewährtes Hausmittel bei Erkältungen; die vollreifen Beeren gibt es im September und Oktober. Sie können nach Hitzebehandlung (Kochen) verzehrt werden als Saft, Konfitüre und Kompott.
- **Sanddorn:** Wegen des hohen Vitamin-C-Gehalts auch «Zitrone des Nordens» genannt; guter Bodenbefestiger durch starke Wurzeln, daher an Böschungen, auf Schotter und sandigen Böden (Küste) zu finden; Ernte der tieforangen Beeren im September und Oktober – dabei auf die Dornen und das schnelle Zerplatzen der Sanddornbeeren achten und nicht mit den roten Beeren des giftigen Seidelbast verwechseln (meist an anderen Standorten zu finden); Zubereitung als Fruchtmus, Saft, in Desserts.
- **Schlehe (Schwarzdorn):** An sonnigen Weg- und Waldrändern zu finden; die Rinde am alten Holz ist sehr dunkel (daher der Name Schwarzdorn); stark duftende weiße Blüten im März/April, violette Früchte, die Ende Oktober und im November – vor allem nach dem ersten Frost – ein schönes Aroma haben; für Desserts, Konfitüren.
- **Vogelbeere (Eberesche):** Nicht giftig, jedoch roh sehr bitter und nicht genießbar – nach dem ersten Frost und dem Aufkochen süß-säuerliches Bittermandelaroma in reifen Früchten. Verwendung als Beigabe zu Desserts, Kompott, Chutneys.

Als weitere wilde Entdeckungen warten: Andenbeere (Physalis, Kapstachelbeere; auch als Balkon-/Gartenpflanze), Elsbeere, Goji-Beere (Wolfsbeere), Holzapfel (Europäischer Wildapfel), Holzbirne (Wildbirne), Kornelkirsche, Mehlbeere, Mispel, Speierling, Vogelkirsche (Wildform der Süßkirsche), Wacholder, Waldhimbeere – und einige mehr.

PaläoPower-Fazit zum Thema Früchte

- Früchte machen einen wichtigen Bestandteil der Jäger-und-Sammler-Nahrung aus. Das evolutionäre Erbe der früchtefressenden Menschenaffen hat zu einer besonders guten Fähigkeit des Farbensehens geführt.
- Die Farbstoffe der Früchte haben nicht nur Signalwirkung, sondern auch eine Vielzahl gesundheitsförderlicher Eigenschaften. Ihr Gehalt ist zur Reifezeit am höchsten, daher sollten möglichst reife Früchte gewählt werden.
- Früchteesser reagieren stark auf die Reizkombination «farbig und süß» und sind daher auch anfällig für «supernormale Reize» industrieller Produkte, die zusätzlich gefärbt und gezuckert sind. Anstelle solcher supernormalen und meist nährstoffarmen Industrieprodukte empfehlen sich natürlich intensiv gefärbte Fruchtsorten, z. B. Beeren.
- Viele Wildfruchtsorten warten darauf, wiederentdeckt zu werden. Sowohl Blätter als auch Früchte sind von Sommer bis Winter für eine Vielzahl an Zubereitungen nutzbar und bieten besondere Geschmackserlebnisse.

Rezept-Tipps:
1–3, 5, 9–10, 13–15, 17, 19–22, 45, 72, 81–83, 86, 88, 90–93, 100, 102–104, 106, 109, 111, 117, 123

Nüsse

Herbst

Wer knackt die Nuss?

Gesher Benot Ya›akov, heutiges Israel, vor ca. 780 000 *Jahren.* Von Sommermitte bis zum frühen Winter warten nussige Köstlichkeiten auf die Jäger und Sammler. Aber vor dem Preis steht der Schweiß, denn: Alle fünf Nussarten und zwei nussähnliche Früchte tragen eine harte Schale, die nicht ohne Werkzeug geknackt werden kann.

In den Wäldern sammelt eine Gruppe Mandeln, zwei Pistaziensorten und Eicheln der Stech- und der Tabor-Eiche. Aus Teichen und Seen der Umgebung stammen die Samen der Stachelseerose, die in einer Beere mit harter Schale liegen. Auch der Kern der dornigen Wassernuss ist dort zu finden. Die Jäger und Sammler halten ein waches Auge auf die Reife der Eicheln und Wassernüsse, denn die Schweine der Umgebung lieben diese ebenfalls – und deshalb werden reife Nüsse möglichst sofort eingesammelt, bevor die Schweine die Nase vorn haben können. Dann kommen die Nussknacker zum Einsatz: Mit Steinwerkzeugen brechen die Frauen und Männer die Nüsse auf, und dem Genuss der nährstoffreichen Leckerbissen steht nichts mehr im Wege (Goren-Inbar 2002).

Duvensee, nahe dem heutigen Hamburg, vor etwa 11 000 *Jahren.* In dieser Region siedeln Jäger und Sammler für etwa zwei Wochen, von Ende August bis Anfang September. Es ist Erntezeit für Haselnüsse. Die Gruppe muss sich beeilen – denn die Eichhörnchen warten schon auf die reifen Strauchfrüchte. Und so lesen sie nicht nur reife Haselnüsse von den Sträuchern ab, sondern auch unreife, denn diese sind bei Eichhörnchen nicht beliebt. Durch Rösten lassen sich daraus leckere Nahrungsquellen für die Menschen bereiten.

In einer flachen Grube mit Sand entzünden einige Gruppenmitglieder ein Feuer. Sobald die Holzkohle glüht, wird sie mit dem umgebenden Sand gemischt. Dann streuen sie die Haselnüsse hinein. Nur wenige Minuten dauert es, bis sie im heißen Sand geröstet und damit länger haltbar, schneller zu knacken und zu reiben sind.

In der Zwischenzeit haben andere begonnen, mehrere Nussknacker zu präparieren. In der Mitte von Sandstein- oder Granitgeröllen legen sie Mulden an und suchen nach passenden Steinen, die sie als Klopfer verwenden können – und dann geht es ans Haselnussknacken. Während ein Teil als Vorrat beiseitegelegt wird, werden andere Nüsse zu Haselnussmehl weiterverarbeitet.

Nach zweiwöchiger intensiver Haselnussernte sind fast 100 000 Nüsse verarbeitet – knapp 90 Kilogramm essbare Kerne, und sie ziehen weiter zum nächsten Lagerplatz – mit duftendem Haselnussvorrat im Gepäck. Die Nussknacker bleiben allerdings zurück, sie sind zu schwer und zu unhandlich. Wenn die Gruppe im nächsten Jahr zur Haselnusszeit in diese Region zurückkommt, wird sie diese aber wieder verwenden (Holst 2009).

***

Wir wissen nicht, ob unsere Vorfahren Haselnussschnitten oder Haselnusscreme zubereitet haben. Aber Nussliebhaber waren sie auf jeden Fall, und der attraktive Haselnussplatz am Duvensee wurde fast 2500 Jahre lang von Jägern und Sammlern genutzt. Auch Schimpansen lieben Nüsse. Sie verwenden Stein- und Holzhämmer zum Nüsseknacken – Baumwurzeln oder Steine dienen als Amboss. Beliebt sind Afrikanische Walnüsse, Pandanüsse und Sacoglottisnüsse sowie Nüsse von *Detarium senegalense* (Johannisbrotgewächs) und *Parinari excelsa* (Goldpflaumengewächs). Einige Schimpansen wechseln sogar die Art ihrer Werkzeuge abhängig von der Härte der Nüsse, z. B. Steinwerkzeuge zu Beginn der Saison, wenn die Nüsse härter sind, Holzwerkzeuge gegen Ende der Saison, wenn sie weniger hart sind (Goren-Inbar 2002; Luncz 2012).

Bei heutigen Jägern und Sammlern sind Nüsse ein wichtiger Bestandteil der Ernährung. Bei den !Kung machen Mongongonüsse durchschnittlich 40 Prozent der Ernährung aus, je nach Saison und Verfügbarkeit zwischen 5 bis 10 und bis zu 90 Prozent. Marulanüsse kommen oft noch hinzu und werden mit Steinwerkzeugen geknackt, die Mongongonüsse darüber hinaus geröstet (Lee 1979, S. 158–175, 203).

Nussgenuss zieht sich durch die Menschheitsgeschichte wie ein roter Faden: Die nussähnlichen Früchte der Stachelseerosen, die schon vor 780 000 Jahren im heutigen Israel verwendet wurden, fand man auch in altsteinzeitlichen Grabungsstellen in Polen und Großbritannien. Die Pflanze wächst heute noch wild in Indien und China, und ihre Samen werden sowohl roh als auch geröstet gehandelt. Auch die Wassernuss ist in Asien, Afrika und Zentral- wie Südosteuropa bis heute beliebt. Eicheln der Tabor-Eiche wurden bis in die erste Hälfte des 20. Jahrhunderts in der Region rund um Israel gegessen. Amerikanische Indianer verwenden eine Vielzahl an Nüssen, darunter Kastanie, Zwergkastanie, Pekannuss, Walnuss und verschiedene Eicheln (Goren-Inbar 2002).

Nüsse sind essbare Samen von Früchten, die eine *harte Schale* tragen. Sie sind meist sehr reich an essentiellen Fettsäuren (die der menschliche Körper nicht selbst herstellen kann), Proteinen, einer Vielzahl an Mineralstoffen, Ballaststoffen, sekundären Pflanzenstoffen. Sie sind sowohl in der Schale als auch geröstet gut lagerfähig und aromatisch. Das alles macht sie zu einer begehrten Nahrungsquelle für viele Tiere und für Menschen.

Ihr gesundheitlicher Nutzen ist vielfältig: Sie senken den Cholesterinspiegel, verringern die Insulinresistenz, schützen die Blutgefäße und sind trotz ihres hohen Fettgehalts gewichtsneutral oder sogar gewichtsreduzierend. Diese und andere gesundheitsförderliche Eigenschaften wie Schutz vor Darmkrebs, entzündlichen Darmerkrankungen und Parkinson sowie Abfangen von Schwermetallen werden interessanterweise den als «Antinährstoffen» in Verruf geratenen Phytinen zugeschrieben (Graf 1990; Graf 1993; Zittlau 2010; Prynne 2010; Wawszczyk 2012; Mohammed 2013; Tan 2013). Nüsse haben einen sehr hohen Gehalt an Mineralstoffen, die das Immunsystem stärken – Vitamin E, Selen und Zink – und sind daher gerade im Herbst und Winter ein natürlicher Immunschutzschild. Viele Nüsse enthalten so viel Glutaminsäure und Tryptophan, dass sie als Stressdämpfer Wirkung entfalten können. Auch sind die meisten von ihnen reich an Tyrosin, Vitamin B_6, Vitamin B_{12}, Kupfer, Magnesium und liefern damit die entscheidenden Komponenten für die Bildung der Gehirnbotenstoffe, die für eine gute Konzentration sorgen. Dass Nüsse Bestandteil des berühmten «Studentenfutters» sind, hat also durchaus seine Berechtigung (Souci 2008).

Manche Nussfrüchte müssen vor dem Verzehr aufbereitet werden, z.B. die *Eichel*, die einen hohen Anteil an Bitterstoffen (Tanninen) enthält. Durch Wässern (ein bis zwei Tage in kaltem Wasser, das gelegentlich gewechselt wird) können sie entfernt werden. *Bittermandeln* enthalten das Blausäure abspaltende Amygdalin. Durch Rösten oder Kochen wird dieser hitzeempfindliche Stoff zerstört. Süße Mandeln können unbedenklich roh gegessen werden (Goren-Inbar 2002).

Einige Menschen reagieren allergisch auf Nüsse, daher sind diese auf verpackten Nahrungsmitteln kennzeichnungspflichtig. Neben der Erdnuss spielen in Deutschland Hasel- und Walnüsse eine Rolle. Rund 2 bis 3 Prozent der Erwachsenen zeigen allergische Sofortreaktionen auf verschiedene Allergene, darunter auch auf Nüsse. Meist handelt es sich dabei um sogenannte «Kreuzallergien»: Bei Menschen, die auf Hasel-, Erlen- oder Birkenpollen allergisch sind, entsteht die Nussallergie als Folge der Pollenallergie. Die Beschwerden sind eher mild, sie erzeugen ein Kribbeln und Brennen im Mund. Deutlich weniger Menschen haben eine isolierte Nussallergie mit der Gefahr einer starken allergischen Reaktion (Anaphylaxie) mit Atemnot und Kreislaufkollaps. Die Betroffenen müssen Nüsse, auch in sehr geringen Mengen, meiden. Dies ist nicht immer einfach, denn Nüsse sind hinter vielen Begriffen in Nahrungsmitteln «versteckt», z.B. Krokant, Marzipan, Schalenfrüchte, Nougat. Allerdings können trotz Allergie auf eine Nussart meist noch andere Nüsse gegessen werden.

Die Befürchtung, dass Nussreste zu Entzündungen von Darmausstülpungen (Diverticulitis) führen könnten, scheint unberechtigt zu sein. Eine umfassende, 18 Jahre dauernde klinische Studie zeigte, dass Nüsse keinen Risikofaktor darstellen, im Gegenteil: Je mehr Nüsse gegessen wurden, desto seltener wurde eine Diverticulitis festgestellt. Vermutet wird, dass sich die entzündungshemmenden Inhaltsstoffe der Nüsse günstig auswirken (Strate 2008).

PaläoPower-Fazit zum Thema Nüsse

- Nüsse gehören seit mindestens 780 000 Jahren zur Jäger-und-Sammler-Ernährung und haben oft einen großen Anteil am Ernährungsmix heutiger Naturvölker.
- Verschiedene gesundheitsförderliche Eigenschaften sind für Nüsse nachgewiesen. Sie enthalten in hohen Mengen eine Vielzahl an Vitaminen, Mineralstoffen und Aminosäuren, welche das Immunsystem stärken, als Stressdämpfer wirken und die Konzentration steigern. Am besten verwendet man verschiedene Nusssorten, um die unterschiedlichen Fettsäure- und Mineralstoffprofile zu nutzen.
- Für Nussallergiker gilt: Eine allergische Reaktion auf eine Nussart bedeutet nicht zwangsläufig den generellen Verzicht auf Nüsse. Vor allem Erdmandeln (Wurzelknollen des Erdmandelgrases), Eicheln, Maronen, Kokosnuss und Wassernuss können, ebenso wie Soja (auf welches sonst in der paläolithischen Ernährung eher verzichtet wird), verträgliche Alternativen sein.
- Nüsse schmecken pur als Snack und im Studentenfutter, als Zugabe zu Salaten (salzig und fruchtig) und in Gemüsepfannen, als Grundlage für Milchalternativen inklusive Sahne- und Buttervarianten, als Backzutat und «Brot»-Aufstriche.

Anregungen zur Verwendung von Nüssen und nussähnlichen Früchten:

- **Buchecker**: Kann von Ende September bis November gesammelt werden. Wichtig: vor dem Verzehr rösten! Sie sind ein leckerer Knabberspaß und schmecken auch in Gemüsepfannen oder Salaten.
- **Cashewkern**: Enthält besonders hohe Mengen der Aminosäure Tryptophan, der Ausgangssubstanz für das Glückshormon Serotonin und das Schlafhormon Melatonin. Cashewkerne sind besonders gut als Sahne-Alternative, für Cremes und als Studentenfutter geeignet. Geröstet verfeinern sie auch Salate.
- **Eichel**: Die Früchte aller Eichenarten sind essbar, enthalten mehr Stärke als andere Nüsse und lassen sich gut zu Mehl, Suppen, Bratlingen, Aufstrichen und zu Kaffee-Ersatz verarbeiten. Wichtig ist das Rösten und Wässern vor der Verwendung, um die Bitterstoffe zu entfernen.
- **Erdmandel**: Auch «Tigernuss» oder «Chufa» genannt, ist eine Knollenfrucht des Erdmandelgrases und daher auch für Nussallergiker geeignet. Gemahlen bildet sie eine ausgezeichnete Backzutat, und als Erdmandelmilch ist sie ein Genuss, wie er in Spanien und auf den Kanarischen Inseln typisch ist.
- **Erdnuss**: Eine Hülsenfrucht (verwandt mit Erbse, Linse, Soja, Bohne, Lupine). Jedoch führen ihr Aufbau, der rohe Verzehr, ein hoher Fett- und geringer Stärkeanteil dazu, dass sie als Nuss wahrgenommen wird. Das Allergiepotential ist hoch, vor allem in den USA (hoher Verbrauch). Meist wird die Erdnuss als Snack, aber auch als Erdnussbutter oder in Müsliriegeln verwendet.
- **Hanfnuss**: Sehr kleine Nüsse, die vor allem geröstet in Desserts und Salaten zur Geltung kommen. Ihr hoher Proteinanteil wird bei sportlich Aktiven sehr geschätzt.
- **Haselnuss**: Haselnusssträucher sind im September und Oktober gut abzuernten. Haselnüsse schmecken hervorragend als Snack, im Paläo-Müsli, im Studentenfutter, aber auch als Grundzutat für salzige und süße Brotaufstriche, Kuchenböden und für einen Haselnussmilch-Macchiato.

Nüsse

- **Kastanie (Marone, Esskastanie, Edelkastanie):** Enthält im Vergleich mit anderen Nüssen viel Stärke und ist ausgezeichnet als Mehl zu verwenden, z.b. für süße Pfannkuchen. Esskastanien werden direkt als «heiße Maroni» gegessen, lassen sich aber auch als Füllung für Geflügel, ganz oder als Püree als Beilage zu Fleisch oder Fisch, in Chutneys oder für Desserts verwenden.
- **Kokosnuss:** Steinfrucht der Kokospalme, die in tropischen Ländern wächst. Aus dem Fruchtfleisch gewonnene Kokoschips schmecken als Backzutat oder im Studentenfutter, die Kokosmilch kann als Milchalternative, für Desserts und Saucen nach asiatischer Art verwendet werden.
- **Macadamianuss:** Die angeblich «härteste Nuss der Welt», da sie kaum mit einem normalen Nussknacker zu öffnen ist, stammt aus Australien. Das Öl der Macadamianuss wird als hautglättende Gesichtspflege sehr geschätzt, die hocharomatischen Nüsse pur oder geröstet als Snack.
- **Mandel:** Bittermandeln können nur in sehr geringen Mengen roh verzehrt werden, Süßmandeln auch in größeren Portionen. Mandeln eignen sich hervorragend als Studentenfutter, zum Backen, aber auch als Milchalternative. Ein Hauch von Marzipan gibt den Gerichten eine besondere Geschmacksnote.
- **Paranuss:** Stammt aus Südamerika, in der Regel aus Wildsammlungen. Eine sehr proteinreiche Nahrungsquelle mit besonders hohem Selengehalt, der das Immunsystem stärkt. Sehr gut als Snack, zum Obstsalat, geröstet als Beigabe zur Kaffee-/Teezeit oder auch zum Backen zu verwenden.
- **Pekannuss:** Stammt aus Nordamerika und ist ein schmackhafter Bestandteil von Studentenfutter oder in Salaten.
- **Pistazie:** Beliebter Snack, sowohl pur als auch geröstet oder gesalzen. Geröstete Pistazien schmecken sehr gut zu gedünstetem Obst oder geschält im Studentenfutter.
- **Sheanuss:** Beere eines Baumes aus dem tropischen Afrika mit vielen nussähnlichen Kernen. Aus ihnen wird Sheabutter gewonnen, welche Kakaobutter sehr ähnlich ist und entsprechend ver-

wendet werden kann – sowohl zum Backen als auch in der Körperpflege.
- **Walnuss:** Weist eine sehr hochwertige Zusammensetzung des Fettsäureprofils auf und ist daher auch als Walnussöl in der kalten Küche sehr geschätzt. Walnüsse sind als Snack oder Studentenfutter beliebt, können aber auch mit Eichelmehl zu Pralinen, als Füllung von Backofenkartoffeln, Paläo-Pesto oder Brotaufstrich verarbeitet werden.
- **Wassernuss/Wasserkastanie:** In Asien, Afrika und Zentral- wie Südosteuropa beliebte Zutat, die mit pfannengerührtem Fleisch und Gemüse ebenso schmeckt wie als Dessert. In Europa ist sie meist nur in Dosen erhältlich.

Lagerungs- und Zubereitungstipps:
- Nüsse möglichst aus offenen Auslagen oder im Netz kaufen – in Plastiktüten kann sich Feuchtigkeit und damit Schimmel bilden.
- Die beste Art der Lagerung ist im Gemüsefach des Kühlschranks oder in einem kühlen, dunklen und trockenen Kellerraum.
- Nüsse halten sich in ihrer Schale länger als geschälte Kerne – daher am besten vor Gebrauch frisch knacken, statt geschälte Kerne lange zu lagern.
- Die bittere Nusshaut kann man durch Blanchieren entfernen (mit heißem Wasser übergießen, Haut mit einem Messer entfernen) oder durch Rösten in der Pfanne (danach in einem Geschirrtuch einwickeln und die Haut abrubbeln).

Rezept-Tipps:
2, 4–5, 11, 17, 19–21, 36–40, 43–46, 48–50, 56, 78, 81, 84–90, 93–98, 100–103, 115, 118–120

Von Wurzeln, Samen und Getreiden

Süd- und Osteuropa, mehr als 30 000 Jahre vor heute. Die Jäger und Sammler in diesem Gebiet nutzen eine reichhaltige Flora, die viele essbare Wurzeln liefert. Diese sind reich an Stärke, einer wichtigen Energiequelle. Insbesondere Rohrkolben und Farne werden verwendet, auch Rosengewächse, Korbblütler, Lattichgewächse, Doldenblütler wie Kerbel, Knöterichgewächse und Igelkolben. Hinzu kommen Samen von Sauergräsern wie Zypergras und Teichsimse und von Süßgräsern wie der Zwenke. Die stärkehaltigen Quellen werden geschält, getrocknet und mit Mahlsteinen zu einem Mehl verarbeitet. Dann werden sie gekocht – eine einfache Sache, denn im Erhitzen und Garen von Nahrungsmitteln sind Menschen seit mehr als 800 000 Jahren Experten (Revedin 2010).

Tansania, am Lake Eyasi im Oktober 2013. Drei Hadza-Frauen brechen am späten Vormittag auf, um nach Wurzeln zu graben. Nicht weit vom Lager räumen sie ein paar Steine aus dem Weg, prüfen den Boden, und dann beginnt die Älteste mit dem Grabstock ein tiefes

Loch zu graben, während die anderen fröhlich plaudernd dabei helfen, die Erde beiseitezuschaffen. Gut zwanzig Minuten brauchen sie, bis die dicke Wurzelknolle zum Vorschein kommt. Sie ist etwa 40 Zentimeter lang, wird nun aufgeschnitten und an alle verteilt. Die Hadza kauen und saugen an den faserreichen Wurzelstücken, die viel Wasser enthalten – eine willkommene Erfrischung in der Mittagshitze. Dann kehren sie zur Gruppe zurück, die im Schatten eines Affenbrotbaums sitzt. Ein kleines Mädchen hat Samen des Affenbrotbaums eingesammelt. Nach und nach knackt sie mit zwei Steinen die Samen auf und steckt sie sich genüsslich in den Mund (Hadza 2013).

***

In den Wurzeln und Samen vieler Pflanzen liegen Kohlenhydrate meist als *Stärke* vor. Sie besteht aus langen Zuckerketten. Ihre Spaltung in kleine Zuckereinheiten dauert relativ lange und beeinflusst den Blutzuckerspiegel weniger als Einfachzucker. Der Verlauf des Blutzuckerspiegels ist wichtig, weil er eine maßgebliche Rolle bei der Gewichtsregulierung und Entstehung der Zuckerkrankheit (Diabetes mellitus) spielt. Abhängig von der Höhe des Blutzuckers bildet die Bauchspeicheldrüse das Hormon Insulin. Dieses wirkt wie ein Schlüssel, der die Tür zu den Körperzellen öffnet. So gelangt Zucker als Treibstoff in die energieverbrauchenden Muskel-, Leber- und Nervenzellen. Ist der Blutzuckerspiegel dauerhaft hoch, werden Fettsäuren aus dem Blut in Fettzellen abgelagert und so lange nicht mehr abgebaut, bis der Blutzuckerspiegel wieder abgesunken ist. Bei langfristig überhöhtem Blutzucker ist damit eine Gewichtszunahme unausweichlich. Zusätzlich wird die Bauchspeicheldrüse überlastet, sie produziert immer weniger Insulin – so wird der Grundstein für eine Zuckerkrankheit gelegt.

Zwei Messgrößen, die die Wirkung eines kohlenhydrathaltigen Nahrungsmittels auf den Blutzucker beschreiben, sind der *Glykämische Index* (GLYX, GI) und die *Glykämische Last* (GL). Der Glykämische Index bezieht sich auf die Menge eines Nahrungsmittels, das

Wurzeln und Samen

50 Gramm Kohlenhydrate enthält, und auf seine Wirkung innerhalb von zwei Stunden nach Verzehr. Die Angabe der Glykämischen Last wird bevorzugt, wenn es darum geht, die im Alltag typischen Portionen und die darin enthaltenen Kohlenhydratmengen zu bewerten. *Ausdauer- und Kraftsportler* orientieren sich oft am GI, um die Energiebereitstellung bei körperlicher Belastung zu optimieren. Entscheidend ist jedoch: Welche Wirkung ein Nahrungsmittel auf die Insulinausschüttung, Fettzellenbildung etc. hat, hängt nicht allein von seinem Energie- bzw. GI- oder GL-Wert ab. Die Zusammensetzung der Mahlzeit spielt eine wichtige Rolle, da sich die Komponenten gegenseitig beeinflussen. Auch der Trainingszustand des Körpers entscheidet darüber, wie sich der Blutzuckerspiegel tatsächlich verhält (Mettler 2007). Für *stark Übergewichtige oder Zuckerkranke* kann die Orientierung am GI-Wert hilfreich sein, um im ersten Schritt Heißhungerattacken und starke Blutzuckerschwankungen zu reduzieren. Letztlich ist aber – wie für *alle Gesunden* – relevant, wie die Zusammensetzung der gesamten Mahlzeit (Fette, Eiweiße, Ballaststoffe, Vitamine, Mineralstoffe) und der Bewegungs- bzw. Trainingszustand aussehen.

Die pflanzlichen Nahrungsquellen der paläolithischen Ernährung sind geprägt von vielen Ballaststoffen und einem höheren Stärke- als Zuckergehalt. Daher steigt der Blutzuckerspiegel nur langsam an. Wirft man einen Blick auf die Glykämische Last *stärkereicher Jäger-und-Sammler-Nahrungsmittel*, überrascht das Ergebnis daher nicht – sie liegen im Wesentlichen im grünen, maximal grenzwertigen Bereich. Natürlich sind Jäger und Sammler nicht mit Glyx-, Kalorien- oder Nährwerttabellen unterwegs. Die beste Richtschnur ist das eigene Körpergefühl. Sich darauf – statt auf Tabellen – zu verlassen, verlangt zunächst Mut und will auch ein wenig trainiert sein. Die damit erreichte Unabhängigkeit und größere Empfindsamkeit für die körperlichen Bedürfnisse sind es wert. Wesentlich problematischer an der modernen Ernährung als der Glykämische Index oder die Glykämische Last ist die *Verschiebung* des Nahrungsspektrums weg von Wurzeln, Speicherknollen, Samen, Hülsenfrüchten und Früchten hin zu Getreidesorten besonderer Art: den *glutenhaltigen Getreiden*.

Stärkehaltige Wurzeln und Knollen

Stärkehaltige Wurzeln und Knollen bilden die Grundnahrungsmittel der Jäger und Sammler. Dies ist sowohl fossil belegt als auch für heutige Jäger und Sammler dokumentiert. Bei den !Kung zählen drei Wurzeln zu den Hauptnahrungsquellen (!Xwa, /Tan und Sha), deren Kohlenhydratanteil zwischen 5,6 und 16,6 Prozent liegt. In einem ähnlichen Bereich bewegen sich auch unsere Wurzelgemüse wie Schwarzwurzel (1,6%), Petersilienwurzel, Möhre und Pastinake, aber auch Knollen wie Sellerie, Kohlrabi, Rote Bete und Kartoffel (14,8%) (Lee 1979, S. 480). Es ist im Übrigen ein verbreiteter Irrtum, dass Süßkartoffeln bezüglich Kohlenhydratanteil und Glykämischer Last besser seien als Kartoffeln. Legt man die gleichen Nährwerttabellen (und nicht unterschiedliche, wie dies gerne mal geschieht) zugrunde, so zeigt sich, dass Kartoffeln günstiger abschneiden als Süßkartoffeln. Wie der Name schon sagt.

Samen

Samen enthalten den pflanzlichen Embryo, der in Wartestellung für passende Keimbedingungen bereitliegt. Bei Bedecktsamern (Blütenpflanzen) sind die Samen von einer Frucht umschlossen, beispielsweise in *Obst*, bei *Leinsamen*, *Sonnenblumenkernen*, *Kürbiskernen*, *Sesamsamen*. Bei Nacktsamern (Nadelbäumen) liegen die Samen frei, wie bei *Pinien*- oder *Zedernkernen*. Wer Früchte isst, isst immer Samen mit – es sei denn, sie wurden herausgezüchtet. Samen gehören zur Jäger-und-Sammler-Ernährung und sind vielfach belegt, z.B. *Eicheln* vor 780 000 Jahren in der Region rund um Israel, *Pistazien* und *Oliven* aus der Levante vor ca. 19 000 Jahren (Goren-Inbar 2002; Kislev 1992). Bei den Hadza zählen die Samen der *Baobab*-Frucht zu den Hauptnahrungsmitteln. Sie werden wegen ihres hohen Protein- und Fettanteils geschätzt und zu einem Mehl zermahlen (Murray 2001). Aborigines in Australien verwenden etwa 50 verschiedene Akaziensamen – die zu den Hülsenfrüchten zählen. Auch die Samen von Portulak- und Gänsefußgewächsen werden verwendet (Brand-Miller 1998).

Die Samen einiger **Hülsenfrüchte** sind ebenfalls Bestandteil der Paläo-Ernährung. Ihr Anteil kann bis zu 80 Prozent der verwendeten Pflanzen ausmachen, wie dies für die Levante vor etwa 65 000 Jahren beschrieben wurde. An mehreren Fundorten wurden Linsen, Erbsen, Bohnen, Kichererbsen und Wicken entdeckt. Neben ihrem hohen Proteingehalt sind sie eine wichtige Quelle für Stärke und Ballaststoffe. Bei den !Kung der südlichen Region ist die Maramabohne das zweitwichtigste Nahrungsmittel. Sowohl ihre Wurzeln als auch die Bohnen werden genutzt. Unreife Bohnen, die ab Januar gesammelt werden, müssen vor dem Verzehr geröstet werden, reife Bohnen werden ab Mai entweder roh gegessen, geröstet oder zu Mehl vermahlen, das in Suppen gegeben wird (Lee 1979, S. 167, 480, 487–488; Lev 2005).

Interessant ist, dass Hülsenfrüchte so gut wie immer eingeweicht und/oder gekocht werden. Dies ist archäologisch belegt und auch heute weltweit üblich. Hintergrund dieser Vorgehensweise ist, dass die sogenannten «Antinährstoffe» inaktiviert werden. Dazu zählen:

- **Phytate**: Dienen als Phosphatspeicher und können durch Bindung von Mineralien (Zink, Eisen), Proteinen und Stärke die Nährstoffaufnahme verringern. Positiv sind ihre antioxidative Wirkung, das Reduzieren der Bioaktivität von Schwermetallen, die krebshemmenden Effekte und präventive Wirkung gegenüber Zuckerkrankheit. Phytate werden nicht durch Kochen inaktiviert, jedoch beim Einweichen weitgehend abgebaut. Der Gehalt an Phytaten in Linsen, Erbsen und Kichererbsen ist gering, bei Bohnen und Erdnüssen mittelstark und bei Soja bzw. Tofu hoch.
- **Lektine**: Binden an Zellen und können so zu Zellverklumpungen führen oder die Nährstoffaufnahme an der Dünndarmwand reduzieren. Durch Kochen werden Lektine inaktiviert. Schützende Eigenschaften von Lektinen sind z. B. Senkung des Blutzuckerspiegels und eine positive Wirkung auf das Immunsystem.
- **Protease-Inhibitoren**: Hemmen den Abbau von Eiweißen, können jedoch durch Erhitzen inaktiviert werden. Positive Wirkungen wie Entzündungs- oder Tumorhemmung wurden für die er-

hitzten, also durch Kochen deaktivierten Protease-Inhibitoren beschrieben (Carle 2010; Rimbach 2010; Roy 2010).

Hülsenfrüchte sind heute noch ein wichtiger Bestandteil der mediterranen Küche. Bei Personen mit entzündlichen Erkrankungen (Rheuma, Gicht, entzündlichen Darmerkrankungen) kann es jedoch hilfreich sein, Hülsenfrüchte zu reduzieren oder vom Speiseplan zu streichen – damit wurden individuell Verbesserungen der Symptome erzielt.

Getreide

Gräsersamen sind kaum attraktiv für Jäger und Sammler, da sie verhältnismäßig wenig Energie liefern. Sie machten nur einen geringen Teil des Nahrungsspektrums aus. Einige *glutenfreie Sauergräser* wie Zypergras, Teichsimse oder *glutenfreie Süßgräser* wie Walch und Quellgras standen vor etwa 30000 bis 19000 Jahren zur Verfügung. Glutenfreie Sauergräser wie Riedgras oder glutenfreie Süßgräser wie *Liebesgras* (verwandt mit dem afrikanischen Teff) sowie *Hirse* werden heute von den Aborigines genutzt (Brand-Miller 1998). Die glutenhaltigen Süßgräser, aus denen später Getreide gezüchtet werden sollte, spielten bei Jägern und Sammlern dagegen kaum eine Rolle. Sie machten durchschnittlich weniger als ein Prozent der verwendeten Gräsersamen aus (Kislev 1992; Hillman 2001; Lev 2005; Savard 2006; Asouti 2012).

Mit dem Ende der letzten Eiszeit vor ca. 10000 Jahren änderte sich das Klima – und damit auch die Flora und Fauna. Der bislang abwechslungsreiche Speiseplan der Jäger und Sammler wurde immer weiter eingeschränkt. Die Menschen waren gezwungen, neue Nahrungsquellen zu finden. Am Euphrat begannen sie damit, Wildroggen und Wildweizen zu kultivieren und aus den sonst nur für zwei Monate verfügbaren Wildgräsern eine langfristigere Energiequelle zu machen. Süßgräser haben den Vorteil, dass man sie sehr dicht anbauen kann – und das Ernteprodukt, die Körner, lässt sich gut aufbewahren. Zudem liefern sie Stroh, das als Zunder und Schlafmaterial genutzt werden kann. So begann vor etwa 10 000 Jahren der Übergang zu Ackerbau, Sesshaftigkeit und die Nutzung von *glutenhaltigen Getreiden* (Hillman 2001). Heute sind glutenhaltige Getreide wie Weizen ein Grundnahrungsmittel und haben Wurzeln, Blätter, Gemüse, Hülsenfrüchte und Früchte in der täglichen Ernährung zurückgedrängt. Gluten, auch Klebereiweiß genannt, ist bei Bäckern und in der Lebensmittelindustrie beliebt, denn es hat sehr gute Bindeeigenschaften, macht Brot-, Pizza- und Kuchenteige elastisch und sorgt bei den fertig gebackenen Getreideprodukten für eine feste Krume an der Außenseite und einen luftigen, saftigen Teig im Innern. Es ist deshalb leicht nachzuvollziehen, dass diese Getreideprodukte bei vielen Menschen zu den Lieblingsnahrungsmitteln zählen. Glutenhaltige Getreideprodukte haben jedoch auch eine Kehrseite. Gluten kann eine entzündliche Autoimmunerkrankung des Darms auslösen **(Zöliakie)**. Auch verursachen seine Spaltprodukte bei einigen Menschen **Konzentrationsschwäche (ADS)**, **Schizophrenie** oder **Autismus**. Gluten zählt zudem zu den wichtigsten Auslösern von **Sofortallergien** und ist deshalb für verarbeitete Nahrungsmittel kennzeichnungspflichtig. Parallel zur Züchtung immer stärker mit Gluten angereicherter Weizensorten treten auch immer neue Unverträglichkeitsformen auf, zum Beispiel die **Glutensensitivität** (sie zeigt sich u. a. an einer Reizdarm-Symptomatik) und die **weizenabhängige anstrengungsinduzierte Anaphylaxie** – ein allergischer Schock bei Aufnahme von Weizen und nachfolgender anstrengender Bewegung. Daher möchten oder müssen sich immer mehr Menschen glutenfrei ernähren. Einen *hohen* Glutenanteil haben Weizen, Dinkel, Roggen, Kamut, Emmer und Einkorn. Der Glutenanteil bei Hafer und Gerste ist geringer. Glutenhaltige Getreide sollten aus der Paläo-Ernährung gestrichen werden.

Glutenfreie Getreide sind Reis, Mais, Hirse und Teff. Ebenfalls glutenfrei sind sogenannte *Pseudogetreide*, also Samen, die ähnlich wie die Getreide verwendet werden, jedoch zu anderen Pflanzenfamilien gehören: Amaranth, Buchweizen, Quinoa. Andere *glutenfreie, stärkehaltige Pflanzen* sind Erdmandel, Guarbohne, Johannisbrot, Kartoffel, Kastanie, Maniokwurzel und Süßkartoffel.

PaläoPower-Fazit zu Wurzeln, Samen und Getreiden

- Wurzeln, Speicherknollen und Samen von Früchten oder Nacktsamern sind typische, oft stärkereiche Nahrungsquellen für Jäger und Sammler.
- Messgrößen für den Anstieg des Blutzuckerspiegels, wie Glyx und Glykämische Last, sind für Gesunde, sofern sie sich paläolithisch ernähren, nicht relevant.
- Einige Hülsenfrüchte gehören ebenfalls, teils in großer Menge, zur Jäger-und-Sammler-Nahrung. Ihre «Antinährstoffe» werden durch Einweichen und Kochen unschädlich gemacht und haben auch gesundheitsförderliche Effekte.
- Gräsersamen spielen in der Jäger-und-Sammler-Nahrung nur eine untergeordnete Rolle. Vertreten sind in geringer Menge glutenfreie Sauergräser oder glutenfreie Süßgräser (Hirse, Teff). Glutenhaltige Süßgräser (Weizen, Roggen, Dinkel, Gerste, Emmer etc.) gehören *nicht* zur Paläo-Ernährung. Sie erhielten erst beim Übergang zum Ackerbau eine Bedeutung und führen heute zu einer Vielzahl an Gesundheitsstörungen (Zöliakie, einige Formen von ADS, Autismus, Schizophrenie, Überempfindlichkeitsreaktionen und Allergien).
- Stärkehaltige Wurzeln und Samen werden von Jägern und Sammlern zu Mehl vermahlen. Der Einsatz von glutenfreien Mehlen aus Samen und Wurzeln ist daher möglich, z.B. Kastanien-, Erdmandel- oder Buchweizenmehl.

Rezept-Tipps:
4–5, 7–9, 16–18, 22–24, 27–30, 34–35, 37, 41, 47, 49–54, 56, 58, 61–78, 80, 84, 89, 91, 93–95, 97, 100–101, 105, 110, 113, 115–116, 118

Tabu-Küche: Vergessene und verbotene Leckereien

Die !Kung sind versierte Jäger. Aber vier Tierarten jagen sie so gut wie nie: Strauß, Zebra, Büffel und Elefant. Strauße meiden sie mit der Begründung, dass diese zu schnell laufen und dass das Fleisch nicht schmeckt. Es könnte aber auch daran liegen, dass sie ihre Quelle für große, nahrhafte Eier, die auch als Transportgefäße dienen, nicht überstrapazieren wollen. Zebras werden nicht gejagt, weil ihr Fleisch schlecht rieche. Möglicherweise sind Zebras in dieser Region zu selten. Büffel verschonen sie aus einem sehr pragmatischen Grund: Sie sind gefährlich und das Risiko bei ihrer Jagd überproportional hoch. Elefanten werden personenähnliche Eigenschaften und Intelligenz zugeschrieben. Das hat die !Kung in früheren Jahren jedoch nicht von der Jagd abgehalten. Vermutlich fehlen ihnen heute die Möglichkeiten, genügend erfahrene Männer für die Gemeinschaftsjagd zu finden, denn immer weniger der !Kung leben als Jäger und Sammler (Lee 1979, S. 232–234).

Tansania, am Lake Eyasi im Oktober 2013. Bei den Hadza gibt es nur wenige Nahrungstabus. Erwachsene Männer, also diejenigen, die ein großes Tier erlegt haben oder geschätzt über 30 Jahre alt sind, erhalten von großen Wildtieren bestimmte Organe wie Genitalien, Nieren, Herz, Hals oder Zunge. Für Frauen und Kinder gelten diese Teile als gefährlich – vielleicht sichern sich die Jäger damit aber auch besondere Leckereien. Stammen solche Organe von kleinen Wildtieren, werden sie auch von Frauen und Kindern gegessen. Diese nehmen auch Landschildkröten zu sich, welche für Männer als tabu gelten – was aber auch umgangen wird. Die Hadza meiden Fisch und Reptilien (außer Schildkröten), obwohl sie nicht tabu sind. Sie schmecken angeblich nicht gut – aber die Hadza sind besonnen, und auf diese Weise gehen sie Schlangenbissen aus dem Weg (Hadza 2013; Berbesque 2009).

***

Menschen brauchen täglich Nahrung. Biologisch sind sie «Allesfresser», d. h., sie können sowohl pflanzliche als auch tierische Nahrung zu sich nehmen. Umso interessanter ist es, dass sie bei ihren Nahrungsquellen wählerisch sind. Menschen meiden Nahrungsmittel aus verschiedenen Gründen:

- Sie sind *gesundheitsschädlich*.
- Sie sind *nicht passend* und daher uninteressant als Nahrungsquelle.
- Sie wurden im Lauf der Zeit von anderen Nahrungsquellen abgelöst und sind *in Vergessenheit* geraten.
- Es besteht eine individuelle *Abneigung* gegen sie.
- Sie sind *verboten*.

Gesundheitsschädliche Nahrungsquellen

Schon die *Beschaffung* von Nahrung kann gefährlich sein – nicht nur bei der Jagd. Bei manchen Pflanzen sorgt eine Verwechslung für Zwischenfälle, etwa wenn Sammler giftige, geruchslose Maiglöckchen für aromatischen Bärlauch halten.

Auch die *Zubereitung* entscheidet manchmal über Leben und Tod. Nimmt ein lizensierter Koch den japanischen Kugelfisch fachgerecht aus, kommt ein köstliches, aphrodisisch wirkendes Fleisch auf den Tisch. Macht der Koch einen Fehler, endet das Mahl aufgrund des starken Fugugifts innerhalb von Minuten tödlich (Rätsch 2003, S. 291–293).

Die *Dosis* macht den Unterschied, ob eine Substanz als Stimulanz, Arznei oder Gift wirkt. Ein paar Milligramm geriebene Muskatnuss am Essen sorgen für ein rundes Aroma, mehrere Gramm für Halluzinationen (Sangalli 2000). Eibenblätter sind sehr giftig, wurden aber früher in geringer Dosierung als Wurmmittel, gegen Epilepsie und für Abtreibungen verwendet (Hiller 2010, S. 580–581). Die Giftstoffe einiger Pflanzen lassen sich durch Erhitzen *inaktivieren*. Dazu zählt das Phasin der Grünen Bohne, das schon beim Verzehr weniger roher Bohnen zu Vergiftungen führt. Nach wenigen Minuten des Kochens ist ein Großteil des Phasins bereits unwirksam, nach ca. 15 Minuten vollständig inaktiviert.

Es gibt auch individuelle *Unverträglichkeiten* oder *Allergien*, die Menschen zum Verzicht auf bestimmte Nahrungsmittel bringen: Wer eine Milchzuckerunverträglichkeit hat, geht Tiermilch aus dem Weg, und wer auf Äpfel mit einer Sofortallergie reagiert, meidet das ansonsten gesunde Obst strikt.

Je mehr man also über Ursprung, Verträglichkeit und richtige Zubereitung der Nahrungsquellen weiß, desto besser ist es. Für Jäger und Sammler ist dies überlebenswichtig. Je größer unser eigenes Wissen heute ist, desto besser ist es auch für uns.

Unpassende Nahrungsquellen
Auch Allesfresser können *nicht alles verwerten*. Im Gegensatz zu Kühen fehlen uns der passende Verdauungsapparat und die spezifischen Darmbakterien, um Gras essen zu können. Auch die Lieblingsspeise der Mistkäfer passt nicht zum menschlichen Stoffwechsel.

Biologisch lässt sich gut erklären, warum innerhalb eines *verwertbaren* Nahrungsangebots ganz bestimmte Nahrungsquellen anderen vorgezogen werden. Die Theorie der optimalen Nahrungssuche («optimal foraging theory») besagt, dass diejenigen Nahrungsquellen bevorzugt werden, welche die größte Nettoenergieaufnahme (Nahrungsenergie abzüglich Suche, Jagd, Verteidigung gegen Futterkonkurrenten, Aufwand für Zubereitung und Verdauung) bieten. Daher werden in der Savanne eher Antilopen gejagt als Insekten gesammelt. Auch bei uns ist ein Steak nahrhafter als ein Teller Silberfischchen. Es zeugt also von wenig Kenntnis, wenn behauptet wird, dass eine Paläo-Ernährung auch Insektenteller beinhalten müsse. Insekten sind nur dann eine Option, wenn andere, energiereichere Nahrungsquellen knapp sind oder Insekten in solchen Mengen gefunden werden, dass sie einer Plage gleichkommen.

Vergessene Nahrungsquellen
Es ist noch gar nicht so lange her, dass Leber «Berliner Art» mit Apfel- und Zwiebelscheiben, Saure Nierchen und Markklößchen auf deutschen Tischen standen. Solche Innereien, wie auch Hühnerleber, Herzgulasch oder Lammzunge in Meerrettichsauce, sind nun fast in Vergessenheit geraten. In italienischen Restaurants hingegen gilt Leber als Delikatesse: Mit Salbei in Butter geschwenkt, zahlt man dafür ähnlich viel wie für ein Steak, und hinter dem edlen «Ossobuco» verbergen sich geschmorte Beinscheiben in Gemüsesauce, deren Knochenmark den Geschmack intensiviert.

Es lohnt sich sehr, die verdrängten Innereien wiederzuentdecken. Sowohl klassische Kochbücher als auch Rezeptdatenbanken im Internet und das «Kochbuch der verpönten Küche» von Wolfram Siebeck sind gute Inspirationsquellen. Nicht nur der gute Geschmack mag viele überraschen, sondern auch die Wirkung. Innereien enthalten eine Vielzahl an Nährstoffen, z.B. für die Sauerstoffversorgung der Körperzellen oder für die Bildung von Konzentrations- und Glücksbotenstoffen im Gehirn. Zusätzlich wird der Geldbeutel geschont, denn Innereien sind meist günstig zu haben. Achten Sie auf die artgerechte Fütterung und Haltung der Tiere.

Auch bewährte Pflanzensorten wurden im Lauf der Zeit durch andere ersetzt. Ein Beispiel ist die Pastinake, die lange durch Kartoffel und Möhre verdrängt wurde. Buchweizenmehl ist in Deutschland von Weizenmehl fast vollständig abgelöst – in osteuropäischen Ländern wird es immer noch verwendet. Auch Kastanienmehl, beliebt in Frankreich und in Italien, bildet eine nährstoffreiche Basis für süße Gerichte. Einige Pflanzen feiern nun ein Comeback, z.B. Mangold, Schwarzwurzel (Winterspargel), Topinambur, Mairübchen, Wurzelpetersilie, Portulak und Rote Bete.

Fast vollständig in Vergessenheit geraten ist das Sammeln von Wildpflanzen zur Selbstversorgung. Brennnessel und Giersch sind ebenso aromatisch wie Löwenzahn und Breitwegerich und lassen sich vielfältig zu Gemüse und Salat verarbeiten. Schwarzer Holunder, Sanddorn oder Schlehen sind einige Kraftpakete des Herbstes, deren Blüten oder Beeren in vielen farbenfrohen Rezepten genutzt werden können. Wildpflanzen enthalten bis zu zehnmal mehr Nährstoffe als kultivierte Pflanzen, die wir oft teuer in Supermärkten und auf Wochenmärkten kaufen. Auch ihr Geschmack und die gesundheitliche Wirkung lohnen den Aufwand des Sammelns allemal.

Persönliche Abneigung gegen Nahrungsquellen
Vielleicht lag es an der Zubereitung, an unangenehmen äußeren Umständen, dem Meerwassergeschmack oder glibberigen Aussehen: Manche Nahrungsmittel haben wir in keiner guten Erinnerung. Diese Einstellung kann sich ändern, wenn man die passende Zubereitung oder hochwertigere Zutaten kennen lernt.

Ein typisches Beispiel sind Schnecken. Viele lehnen sie aufgrund ihres klebrigen, schleimigen Eindrucks ab oder weil sie beim ersten Kontakt als zäher Klumpen in mittelmäßiger Kräuterbutter nicht überzeugen konnten. Wer jedoch noch einen Versuch mit Schnecken wagt, die von Frühjahr bis Herbst im Freien unterwegs waren, artgerecht gefüttert und gehalten wurden, wird zugeben, dass sie außerordentlich zart und sehr aromatisch sind. Jäger und Sammler wie die Hadza und !Kung haben Landschnecken gelegentlich auf ihrem Speiseplan, und zwar zur Regenzeit, wenn sie einfach zu sammeln sind. Lassen Sie sich immer wieder einmal zu kleinen Experimenten verleiten – unsere Vorfahren haben stets neue Nahrungsmittel und Zubereitungsformen getestet.

Persönliche Abneigungen gegen Nahrungsquellen können jedoch auch ein Signal dafür sein, dass dieses Nahrungsmittel nicht gut vertragen wird. Gerade Kinder signalisieren dies gegenüber bitteren oder alkoholischen Nahrungsmitteln – aber auch bei Milch, Brot oder Fisch. Damit diese nicht heimlich den Abfluss hinuntergespült oder hinter Küchenmöbeln versteckt werden, tun Eltern gut daran, auf diese Abwehrsignale zu hören. Und manche Abneigung wandelt sich im Lauf des Lebens noch zu Akzeptanz oder gar Vorliebe. Also: Nur die Ruhe bewahren – und immer wieder auf die Körpersignale hören.

Nahrungstabus
Nahrungsverbote betreffen fast immer Fleisch – eine kostbare Ressource. Auf den ersten Blick erscheinen die Verbote willkürlich: So ist das Rind im Hinduismus tabu, bei Christen und Moslems nicht. Dafür ist Schweinefleisch im Judentum und Islam verboten. Pferde sind in den USA, Großbritannien und Australien verpönt, aber in Frankreich, Italien und früher auch in Deutschland eine Selbstverständlichkeit. Während Europäer meist nicht auf die Idee kommen, Hunde, Meerschweinchen oder Insekten zu essen, gehören sie in Asien bzw. Peru und Afrika durchaus zum Speiseplan.

Auf den zweiten Blick zeigt sich, dass Nahrungstabus ein Resultat des Kampfs um Ressourcen sind und dass eine bewusste oder unbewusste Schaden-Nutzen-Abwägung zugrunde liegt. So ist der Schutz der Kuh eine jüngere Entwicklung im Hinduismus – Rind war in Nordindien früher das am häufigsten gegessene Fleisch. Rinder lieferten Dung und Milch und sind effektive Nutztiere. Um 600 vor unserer Zeit wurden sie durch Bevölkerungswachstum zu Nahrungskonkurrenten. Kriege, Naturkatastrophen, Hungersnöte und die Inhalte des aufkeimenden Buddhismus spitzten die Situation zu. Dies führte dazu, dass Tieropfer und damit Rindfleisch verboten wurden.

Das Pferdefleischessen hat in Kontinentaleuropa eine lange Tradition: Im niedersächsischen Schöningen wurde schon vor 400 000 Jahren Jagd auf Pferde gemacht. Pferdefleischverbote kamen erst mit dem Entstehen der alten Reiche im Vorderen Orient auf. Pferde ernähren sich hauptsächlich von Gras, sind somit Nahrungskonkurrenten für Rinder, Schafe und Ziegen – der Nahrungsgrundlage der Menschen. Andererseits wurden Pferde intensiv zur Kriegsführung genutzt und blieben bis ins Mittelalter bedeutsam für den Menschen. Es gab sogar ein päpstliches Edikt, um den Verzehr von Pferdefleisch zu unterbinden, als 732 die muslimische Reiterei die christlichen Länder bedrohte. Erst Ende des 19. Jahrhunderts wurde Pferdefleisch in Europa wieder beliebt, als die Motorisierung in vielen Lebensbereichen Pferde als Nutztiere überflüssig machte.

Während Rind und Pferd als Nahrungskonkurrenten tabuisiert, aber aufgrund ihrer Zusatznutzen unter Schutz genommen werden, sieht dies beim Schwein anders aus: Es ist ein direkter Nahrungskonkurrent, bietet aber außer Fleisch keinen weiteren Vorteil. So wurde der Konkurrent zum «unreinen» Tier. Ähnliches gilt für Insekten: Sie bieten wenig Energie als Nahrungsquelle, sind oft sogar ein Gesundheitsrisiko als Überträger von Krankheiten. So rufen sie eher Abscheu hervor und werden in Regionen, in denen bessere Nahrungsquellen zur Verfügung stehen, nicht geschützt, sondern bekämpft.

Hinterfragen Sie Nahrungstabus – oft stecken überholte Kosten-Nutzen-Aspekte dahinter. Bleiben Sie aber auch kritisch, wenn Ihnen plötzlich Nahrungsmittel vielerorts und gar mit einem moralischen Unterton angepriesen werden. Ob Stevia wirklich die Lösung des reuefreien Süßens ist oder nur das Image und die Produktpalette der Nahrungsmittelindustrie aufpoliert, wird sich zeigen. Ob Insekten als gute und schmackhafte Eiweißquelle in Europa vermehrt auf den Teller gehören oder als günstiger Fleischersatz zur Massenernährung und als Mastfutter für Tiere salonfähig gemacht werden sollen, kann jeder selbst abwägen. In Belgien wird schon Marktforschung betrieben, um Geschmacksrichtungen und Zubereitungsarten auszuloten.

Auf jeden Fall bieten ungewohnte Gerichte im Urlaub oder bei Freunden und Nachbarn, speziell wenn sie andere Ernährungsgewohnheiten haben, spannende Geschmackserlebnisse.

PaläoPower-Fazit zum Thema Vergessene und verbotene Leckereien

- Es gibt mehrere Gründe, warum Nahrungsmittel gemieden werden: Sie sind gesundheitsschädlich, passen nicht zum Stoffwech-

- sel, sind in Vergessenheit geraten, es gibt eine individuelle Abneigung gegen sie, oder sie fallen unter ein Nahrungstabu.
- Jäger und Sammler kennen relativ wenige Nahrungstabus. Die Theorie der optimalen Nahrungssuche zeigt, dass hinter Esstabus Kosten-Nutzen-Aspekte bei der Nahrungsbeschaffung oder Ressourcensicherung liegen.
- Viele vergessene Nahrungsmittel wie Innereien, Schnecken, bestimmte Gemüse wie Pastinake, Rote Bete, Portulak und Schwarzwurzel stecken voller Nährstoffe und aromatischer Geschmackserlebnisse. Die Wiederentdeckung lohnt sich.
- Ablehnende Körpersignale, auch bei Kindern, sollte man ernst nehmen – und gelegentlich testen, ob sich bei anderer Herkunft oder Zubereitung der Nahrungsmittel die Ablehnung in Akzeptanz oder Genuss verwandelt.
- Vorsicht ist angebracht, wenn neuartige oder unübliche Nahrungsmittel plötzlich stark propagiert werden. Nicht immer sind nur Genusserlebnisse das Ziel, sondern oft stehen wirtschaftliche Interessen dahinter.
- Testen Sie Ungewöhnliches im Urlaub, bei Freunden, Nachbarn und Bekannten, vor allem wenn diese andere Ernährungsgewohnheiten haben. Es warten viele kulinarische Entdeckungen.

Rezept-Tipps:
4, 7–9, 11–12, 16, 24–26, 30–31, 33, 63–68, 73, 76–78, 80, 84, 108, 111–113, 121

Fette

Winter

Lust auf Fett? – Aber natürlich!

Südwestliches Afrika, Kalahari in den 1920er Jahren. Der !Kung-Mann ist unterwegs zum Lager seines Bruders. Plötzlich sieht er Spuren einer Elenantilope am Boden. Sie sind frisch. Er wechselt in eine schnelle Schrittfolge, folgt den Spuren lange im Dickicht – bis er an ein ausgetrocknetes Wasserloch kommt. Da! Er zieht den Pfeil, legt an und trifft die Elenantilope beim ersten Schuss. Zunächst lässt er sie im Busch liegen und setzt seinen Weg zum Lager fort. Die kleine Nichte sieht es an seinem Blick: Er hat etwas Besonderes zu berichten. Und als er von seiner Jagd auf die Elenantilope erzählt, ist das Mädchen vor Begeisterung nicht mehr zu halten, lacht und tobt herum wie ein junger Hund. Auch die übrigen Familienmitglieder freuen sich, packen ein paar wenige Utensilien zusammen und machen sich gemeinsam auf zum Wasserloch. Dort setzen sie einen Schnitt am Brustbein, um den Fettgehalt des Tiers zu prüfen. Dann wird die Antilope gehäutet, zerlegt, und einige Teile werden gegrillt. Schließlich verteilen sie das Fleisch in der Gruppe. Was für ein Genuss: Es ist ein großes Tier mit viel Fett – ein richtiges Festmahl. Danach schneiden sie das übrige Fleisch in Streifen und hängen es zum Trocknen in den Bäumen und Sträuchern auf. Ein paar Tage später geht es zurück ins Lager. Die Männer tragen dabei die Fleischstücke auf Stöcken über der Schulter, die Frauen in ihren Umhängen (Shostak 1982, S. 48, 61; Lee 1999, S. 222–223).

***

Die meisten Wildtiere sind vergleichsweise mager. Daher werden Tiere mit hohem Fettanteil nicht nur bei den !Kung besonders geschätzt. Obwohl die !Kung über Mongongo- und Marulanüsse und in einigen Regionen über die Maramabohne viel pflanzliches Fett zu sich nehmen, haben sie immer auch «Fleischhunger» – vor allem auf durchwachsenes Fleisch. So machen sie sich die Vielfalt verschiedener Fette zunutze (Shostak 1982, S. 46, 48, 55, 66; Lee 1999, S. 222).

Fett, vor allem tierisches, ist in den westlichen Ländern in Verruf geraten. «Fett macht fett» wurde über viele Jahre als Parole ausgegeben. Es klingt zunächst logisch, denn Fett enthält doppelt so viel Energie wie Proteine und Kohlenhydrate. Man fürchtet nicht zu Unrecht, dass überschüssige Energie bei Bewegungsmangel in Form von «Hüftgold» gespeichert wird. Auch Ablagerungen in den Blutgefäßen gelten als Folge von hohem Fettverzehr, vor allem durch gesättigte Fette, die meist aus tierischen Quellen stammen. Ablagerungen verengen die Blutgefäße und können zu Herzinfarkt oder Schlaganfall führen. Daher wird der Cholesterinspiegel mit bangem Blick als Indikator für gesättigte Fette kontrolliert.

Allmählich setzt sich die Erkenntnis durch, dass diese Sichtweise zu einseitig ist bzw. auf Gesundheitskampagnen beruht, die seit den 1970er Jahren trotz mangelnder wissenschaftlicher Belege vorangetrieben werden. Einer der Hauptauslöser war eine Studie in sieben Ländern, die einen Zusammenhang zwischen der Höhe des Fettanteils in der Ernährung, dem Cholesterinwert im Blut und Todesfällen durch Herzerkrankungen sah sowie der Verbindung zwischen der Aufnahme von gesättigten Fettsäuren und dem Cholesterinwert (McLaren 1997). Anderslautende Daten, die zum selben Zeitpunkt für andere Länder publiziert waren, wurden ignoriert. Über vierzig Jahre verfestigte sich die Überzeugung, dass Fette, insbesondere die gesättigten, ein Risikofaktor für Herz-Kreislauf-Erkrankungen und Übergewicht darstellen. Obwohl daraufhin der Anteil der Fette in der Ernährung sank, stieg die Zahl der Herz-Kreislauf-Erkrankungen und Übergewichtigen an. Parallel zeigten immer mehr Studien, dass es keinen Zusammenhang von gesättigten Fetten und einem erhöhten Risiko für Herz-Kreislauf-Erkrankungen gibt. Im Gegenteil: Gesättigte Fette scheinen einen schützenden Effekt zu haben (ausgenommen verarbeitetes, nitrat- und salzhaltiges Fleisch wie Wurst und Geräuchertes). Dennoch werden Millionen von Menschen mit nebenwirkungsreichen Cholesterinsenkern (Statinen) behandelt. Sie verringern im Wesentlichen die großen LDL-Cholesterinpartikel, die aber im Gegensatz zu den kleinen LDL-Partikeln keine Rolle bei Herz-Kreislauf-Erkrankungen spielen. Wer sich nach einem Herzinfarkt für eine Ernährung entscheidet, die der klassisch-mediterranen entspricht, kann sein Sterblichkeitsrisiko dreimal stärker senken als mit Statinen, und das Risiko eines erneuten Herzinfarkts ist um 30 Prozent geringer als bei einer Ernährung, die wenig Fett enthält (Malhotra 2013; Chowdhury 2014; DiNicolantonio 2014).

Die wissenschaftliche Studienlage und die Ernährungsweise der Jäger und Sammler lassen den gleichen Schluss zu: Eine Mischung von tierischen und pflanzlichen Fetten, von gesättigten wie ungesättigten, hält den Körper fit. Einseitiges Vermeiden oder Erhöhen bestimmter Fettsäuren scheint wenig dienlich zu sein.

Fett ist bei Menschen sehr begehrt. Zu Recht, denn es ist ein lebenswichtiger Nährstoff:
- Fette sind entscheidende *Energielieferanten*: Sie bringen doppelt so viel Energie wie Proteine und Kohlenhydrate. Nicht nur Jägern und Sammlern verschaffen sie ausreichend Energie für den

Stoffwechsel, welche auch als Körperfett für schlechtere Zeiten gespeichert wird. Insbesondere die Versorgung des Gehirns ist überlebenswichtig – es hat den größten Energiebedarf aller Organe.

- Fette sind wichtige *Baustoffe* für Körperzellen, vor allem als Bestandteil der Zellmembranen, die die Zellen umhüllen.
- Fette steigern die *Gehirnleistung*. Sieht man vom Wasseranteil des Gehirns ab, so bestehen Gehirnzellen zu mehr als der Hälfte aus Fett, davon zu einem Drittel aus ungesättigten Fettsäuren, die der Körper nicht selbst herstellen kann, sondern mit der Nahrung aufnehmen muss. Fettsäuren bestimmen die Struktur der Nervenzellen. Ein hoher Anteil an ungesättigten Fettsäuren in den Membranen der Gehirnzellen sorgt für eine gute Bindung von Gehirnbotenstoffen (Neurotransmittern) und somit für eine gute Informationsübermittlung. Ungesättigte Fettsäuren halten zudem die Blutgefäße elastisch und ermöglichen so eine bessere Sauerstoffversorgung des Gehirns und damit eine größere Leistungsstärke.
- Fette *sättigen und schmecken gut*. Das beruht auf ihrem hohen Energiegehalt und ihrer Eigenschaft als *Aromaträger*. Viele Aromastoffe sind fettlöslich und entfalten sich in fetthaltigen Nahrungsmitteln. Auch wenn es kontraintuitiv erscheint: Wer abnehmen möchte, sollte auf ausreichend Fett in seiner Nahrung achten – dieses schützt vor Heißhungerattacken und vermittelt ein positives Körpergefühl. Daher wird industriell hergestellten fettarmen Produkten oft Zucker als Geschmacks- und Wohlfühlzutat beigefügt.
- Fette halten *gesund*. Sie sind Lösungsmittel für fettlösliche Vitamine (A, E, D, K), die das Immunsystem unterstützen. Einige Fettsäuen wirken antibakteriell und wehren Krankheitserreger ab.
- Fette machen *fruchtbar*. Bei magersüchtigen Frauen bleiben Eisprung und Menstruation aus. Frauen benötigen einen Mindestprozentsatz an Körperfett, um fruchtbar zu werden und zu bleiben. So stellt der Körper sicher, dass ausreichend Energie

bei einer Schwangerschaft und für das Stillen zur Verfügung steht.
- Fette sind *natürliche Konservierungsmittel*. Sie bilden einen Oberflächenfilm, der Nahrungsmittel vor Bakterien und Schimmel schützt.

Fette sind kaum oder nicht in Wasser lösliche Kohlenwasserstoffketten (Fettsäuren), die an den Alkohol Glycerin gebunden sind. Sind sie bei Raumtemperatur flüssig, werden sie als «Öle» bezeichnet.

Fettsäuren unterscheidet man nach ihrer Länge (*kurzkettig, mittelkettig* und *langkettig*) oder nach dem Grad der Sättigung mit Wasserstoff (*gesättigt, einfach ungesättigt, mehrfach ungesättigt*). Die Kettenlänge bestimmt die Löslichkeit in Wasser (je kürzer, desto besser), der Grad der Sättigung bestimmt die Reaktionsfreudigkeit/Instabilität und den Flüssigkeitsgrad der Fettsäure (je gesättigter, desto stabiler und fester). Gesättigte und einfach ungesättigte Fettsäuren kann der Körper selbst herstellen, mehrfach ungesättigte nicht – sie müssen über die Nahrung zugeführt werden. Dazu zählen die Omega-3- und Omega-6-Fettsäuren. Je nach Quelle unterscheiden sich Fette in der Art und Menge der einzelnen Fettsäuren. Da sehr viele verschiedene Fettsäuren vom Körper benötigt werden, empfiehlt sich eine vielfältige Mischung der Nahrungsquellen, um ein ausgewogenes Fettsäureprofil zu erhalten.

Die Wahl der passenden Fette
Einige Fette sind *nicht* empfehlenswert bzw. *kein* Bestandteil der Paläo-Ernährung:
- *Industriell gehärtete und bearbeitete Öle und Fette* sollte man meiden. Bei diesen Prozessen entstehen häufig Transfettsäuren, die in der Natur nicht vorkommen und im Verdacht stehen, gesundheitsschädlich zu sein. Durch die Verarbeitung sind Rückstände von Chemikalien möglich, aufgrund der Behandlung bei hoher Temperatur gehen wertvolle Inhaltsstoffe verloren. Industrielle Fette sind zu finden in *Fertiggerichten, kommerziell hergestellten Back- und Süßwaren, Frittiertem, Margarine.*

- Da Jäger und Sammler keine Viehhaltung betreiben, steht ihnen keine Tiermilch zur Verfügung. Daher sind auch aus Milchprodukten gewonnene Fette *nicht* paläolithisch: *Butter, Butterschmalz und Ghee.*

Welche natürlichen Fette und Öle gibt es, die zur Paläo-Ernährung passen, und wie setzt man sie am besten ein?

- **Fleisch:** von Weidetieren; sie entwickeln beim Auslauf mehr Muskeln und ein stärker marmoriertes Fleisch, das besonders aromatisch und saftiger ist als mageres Fleisch. Die Art der Fütterung bestimmt auch die Zusammensetzung des Fettsäureprofils. Werden Tiere konventionell gefüttert (Getreide, Mais, Soja-, Lein- oder Rapspresskuchen), steigt der Anteil an entzündungsfördernden Fettsäuren. Werden Tiere artgerecht gefüttert (mit Gras, Heu, Eicheln, Kräutern bzw. Würmern, Käfern, Schnecken etc.), steigt der Anteil der entzündungshemmenden und hitzestabilen Fettsäuren im Fleisch. Greifen Sie daher zu *marmoriertem (durchwachsenem)* Fleisch, wenn es aus artgerechter Fütterung stammt – zusätzliches Fett für die Pfanne oder den Grill ist dann auch (fast) nicht mehr notwendig. Tipp: Ein ausgezeichnetes Gulasch- oder Wokfleisch ist Schaufelbug (Schulterstück) vom Rind, sehr zart, aromatisch und kostengünstig im Vergleich mit anderen Bratenstücken. Ähnliches gilt für Entrecôte anstelle von Rumpsteak.
- **Fisch:** Insbesondere Aal, Hering, Thunfisch, Lachs und Makrele sind fettreich. Achten Sie anhand der entsprechenden Siegel auf *nachhaltigen* Wildfang bzw. *nachhaltige* Aquakultur. Nur so erhalten die Fische artgerechtes Futter und wachsen langsam heran, was für ein gutes Fettsäureprofil sorgt. Zudem sind diese Fische nicht durch hohen Medikamenteneinsatz belastet.

Weitgehend in Vergessenheit geraten sind zwei tierische Fette, die sich exzellent zum Braten und Backen eignen:
- **Talg (Nierenfett von Rind, Schaf oder Hirsch):** ausgezeichnet zum Anbraten von Steaks, Braten, Gulasch etc. Talg sorgt für ein be-

sonders gutes Aroma und eine krosse Kruste. Der hohe Gehalt an gesättigten Fettsäuren macht Talg sehr hitzestabil und lange haltbar. Er wird auch als «Rinderfett» bei guten Metzgern angeboten – falls nicht: Fragen Sie einfach danach. Üblicherweise können Sie ihn ein paar Tage später abholen.

- **Schmalz (Rücken- oder Nierenfett/Flomen):** von Schwein oder Gans, kann man sowohl beim Metzger als auch beim Geflügelhändler erwerben und als «Brot»-Aufstrich verwenden («Griebenschmalz»), an Gemüse geben (Verfeinern von Rotkohl) oder zum Braten oder Backen verwenden. Waffeln, Kekse etc. werden damit knusprig und delikat. Schmalz ist aufgrund vieler gesättigter Fettsäuren sehr gut erhitzbar (bis 200 °C), lange haltbar und eine sehr gute Butteralternative.

Folgende pflanzliche Fettquellen sind empfehlenswert:

- **Nüsse:** Ihre gesundheitsförderlichen Eigenschaften beruhen auf guten Fettsäureprofilen sowie einer Vielzahl an Vitaminen, Mineralstoffen und sekundären Pflanzenstoffen (siehe Kapitel «Wer knackt die Nuss?»). Sie schmecken sowohl als Snack, im Studentenfutter, in Gemüsepfannen, Kuchen, Keksen und in Form von Nussmilch und Frischkäse-Alternativen (siehe Rezepte). Interessanterweise scheinen Nüsse trotz eines hohen Fettgehalts von bis zu 70 Prozent das Körpergewicht günstig zu beeinflussen.
- **Samen:** Leinsamen, Mohnsamen, Sesamsamen und Kürbiskerne sind ebenfalls gute Fettlieferanten. Leinsamen enthalten viele Stoffe, die das Immunsystem unterstützen, und einen sehr hohen Anteil der entzündungshemmenden Alpha-Linolensäure, die auch Bestandteil von Zellmembranen ist. Die Ballaststoffe und Schleimstoffe wirken sich günstig auf die Darmtätigkeit aus.
- **Avocado:** Die «Butter des Waldes» lässt sich für salzige wie süße Cremes oder für Dips verwenden, ebenso in Salaten und Gemüsegerichten.

Jäger und Sammler nehmen erhebliche Mengen an pflanzlichen Fetten zu sich. Mongongo- und Marulanüsse, die Hauptnahrungsmittel der !Kung, enthalten über 57 Prozent Fett. Die !Kung in der südlichen Kalahari nutzen die Maramabohne als zweitwichtigstes pflanzliches Nahrungsmittel. Sie enthält über 36 Prozent Fett. Jäger und Sammler pressen kaum Pflanzenöle aus Nüssen und Samen, sondern essen diese meist als Ganzes oder gerieben. Das gepresste Öl der Maramabohne wird in Zeremonien eingesetzt (Lee 1999, S. 480, 487 f.).

Die schonendste Art der Pflanzenölgewinnung ist die *Kaltpressung* – sie entspricht der Gewinnung bei Jägern und Sammlern. Meist werden Pflanzenöle aber industriell durch Heißpressung bei 220 °C gewonnen, chemisch extrahiert, gebleicht und von Geruchsstoffen befreit. Solche Öle enthalten kaum noch Vitamine, Mineralstoffe und sekundäre Pflanzenstoffe und eignen sich nicht für eine Paläo-Ernährung.

Die meisten Pflanzenöle enthalten viele ungesättigte Fettsäuren und sind daher hitzeempfindlich. Sie sollten daher nicht zum scharfen Anbraten, nur wenig zum Kochen, sondern vor allem in der kalten Küche verwendet werden. Eine Ausnahme ist Kokosöl, welches mit einem hohen Anteil an gesättigten Fettsäuren auch sehr gut zum Braten und Backen geeignet ist.

Folgende kaltgepresste Pflanzenöle sind empfehlenswert:

Bis 90 °C erhitzbar (kalte Küche: Salate, Brotaufstriche, Aromatisieren)
- **Hanföl:** krautiger bis nussiger, sehr intensiver Geschmack; auch zur Pflege von Fingernägeln und spröden Lippen geeignet
- **Leinöl:** herbbitter und intensiver Geschmack; sehr licht- und hitzeempfindlich; in kleinen Mengen und dunklen Flaschen kaufen, dunkel lagern, schnell verbrauchen; eine gute Alternative zu Fischöl
- **Leindotteröl:** mild saatiger Geschmack, verwendbar wie Leinöl

Fette

Bis 120 °C erhitzbar (kalte Küche: Salate, Desserts, Aromatisieren)
- **Kürbiskernöl:** fruchtig bis kernig, aufwändige Ernte per Hand; reich an Vitaminen und Spurenelementen, die beim Rösten etwas verloren gehen; sehr gut zum Aromatisieren von Suppen, Salat
- **Mohnöl:** typischer Mohngeschmack; hoher Vitamin-E-Gehalt; geeignet für Salate und Obstsalate, zum Backen
- **Sonnenblumenöl (normal):** kräftig nussig, leicht verdaulich, gut für Salate; meist dampfbehandelt (verringerter Vitamingehalt)
- **Walnussöl:** mildes Walnussaroma; bestes Omega-3- zu Omega-6-Verhältnis unter den Pflanzenölen, enthält viel Vitamin E und alle B-Vitamine; schmeckt als Salatöl, in Desserts, in Dips, zum Abrunden von Gemüse, im Obstsalat

Bis 160 °C erhitzbar (kalte Küche: Salate, Desserts)
- **Arganöl:** mild-seifig (eher für kosmetische Zwecke) oder nussig, wenn es geröstet ist (für Speisen)

Bis 180 °C erhitzbar (kalte Küche, Garen)
- **Sesamöl:** mild saatig, leicht nussig; hoher Vitamin-E-Gehalt, viele Spurenelemente; zum Dünsten von Gemüse, Anbraten von Fisch und Fleisch, sehr gut zu Gerichten mit asiatischer Note; geröstetes Sesamöl ist geschmacksintensiv und eignet sich zum Abrunden bzw. Aromatisieren von Speisen
- **Traubenkernöl:** mostig-fruchtig; sehr aufwändig in der Herstellung, daher teuer; enthält sehr viel Vitamin E und Antioxidantien; zum Aromatisieren von Speisen geeignet, wirkt auf die Haut glättend und entzündungshemmend (Akne, trockene Haut)

Bis 190 °C erhitzbar (kalte Küche, Garen, schonendes Braten)
- **Olivenöl:** kräftig fruchtig bis leicht bitter; viele Vitamine und sekundäre Pflanzenstoffe, aber eingeschränktes Fettsäuremuster; für Salatsaucen, zum Braten und Abrunden von Gemüse
- **Rapsöl:** mild, spargelartig; hoher Gehalt an Omega-3-Fettsäuren;

für Rohkost, Salate, zum Dünsten, Braten und Backen (sehr ergiebig, daher etwas weniger als die angegebenen Mengen verwenden)
- **Senföl**: mild, leicht nussig; hoher Gehalt an Omega-3-Fettsäuren; für Rohkost, Salate, Dips, Saucen, zum Dünsten und Braten

Bis 200 °C erhitzbar (Backen, schonendes Braten)
- **Haselnussöl**: mild-harmonisch; hoher Vitamingehalt, gut für Gebäck, als Salatöl, zum Braten; auch als Hautpflege
- **Mandelöl**: mild, leicht nussig; sehr aufwändig in der Gewinnung, daher teuer; schmeckt in feinem Gebäck, Salaten, eignet sich zum Anbraten; beliebt für die Hautpflege

Bis 250 °C erhitzbar (Backen, scharfes Braten und Frittieren)
- **Kokosöl**: neutraler bis Kokosgeschmack, lässt sich gut mit Geflügel, Gemüse und Fisch kombinieren und auch als Butterersatz verwenden – auf Bio-Qualität achten, da gelegentlich industriell raffiniert; auch zur Haut- und Haarpflege gut geeignet
- **Sonnenblumenöl «High Oleic»**: kräftig nussig; aus einer Neuzüchtung mit stabilem Fettsäuremuster, daher stark erhitzbar – ein Bratöl

Weniger empfehlenswert, da kaum kaltgepresst erhältlich und mit ungünstiger Zusammensetzung: *Distelöl* (einseitiges Fettsäuremuster), *Erdnussöl* (geringer Gehalt an essentiellen Fettsäuren), *Maiskeimöl*, *Palmkernfett*, *Sojaöl* (meist als Restprodukt der Futtermittelindustrie; als kaltgepresste Variante sehr teuer), *Weizenkeimöl* (eigenwilliger Geschmack, besser geeignet zur Hautpflege).

> **Tipp: Gewürzöle**
> *zum Verfeinern von Salaten, Saucen, Gemüse, Fleisch und Fisch*
> Als Basis verwendet man ein kaltgepresstes Öl (Rapsöl, Olivenöl, Sesamöl, Haselnussöl, Arganöl), versetzt dieses mit getrockneten Gewürzen (ca. 1–3 EL gehackte Gewürze je 250 ml Basisöl). Nach zwei bis vier Wochen ist das Gewürzöl fertig (in dieser Zeit mehrfach schütteln); filt-

riert und abgefüllt in eine dunkle Flasche, ca. ein Jahr haltbar. Als Gewürze eignen sich: Bärlauch, Basilikum, Bohnenkraut, Chilischoten, Dill, Estragon, Ingwer, Knoblauch, Kümmel, Lorbeerblätter, Majoran, Oregano, Pfefferkörner (gemahlen), Rosmarin, Salbei, Schnittlauch, Thymian, Zitronenschale.

PaläoPower-Fazit zum Thema Fette

- Jäger und Sammler nehmen hohe Fettmengen über Nüsse, Bohnen, Fleisch und auch Fisch zu sich.
- Fett ist eine wertvolle Nahrungskomponente, die die optimale Funktion des Gehirns und der übrigen Körperzellen sicherstellt. Es dient als überlebensnotwendiger Energiespeicher und als Aromaträger. Fett sättigt, stärkt die Immunabwehr, sorgt für Fruchtbarkeit und ist ein natürliches Konservierungsmittel.
- Jede Art der Fettsäure hat eine besondere Funktion, und Nahrungsmittel haben sehr unterschiedliche Fettsäureprofile sowie eine unterschiedliche Zusammensetzung an Vitaminen und Mineralstoffen. Daher sollte ein ausgewogenes Verhältnis verschiedener Fettsäuren gegessen werden. Dies bedeutet eine Mischung sowohl aus tierischen als auch pflanzlichen Quellen, und innerhalb dieser sollte auf eine möglichst große Vielfalt, d. h. unterschiedliche Sorten Fleisch und Fisch (aus artgerechter Fütterung und Haltung) sowie verschiedene Nüsse und Samen, geachtet werden.
- Das lohnt sich wiederzuentdecken: Schmalz und Talg zum Backen und Braten, marmoriertes Fleisch, verschiedene Nussöle für die kalte Küche.

Rezept-Tipps:
2, 4–5, 7–12, 17–19, 21, 23, 27–33, 46–48, 50–51, 56, 58, 68–69, 71, 78, 80–81, 84, 92, 94–95, 99, 102, 108–115, 118–121

Honig – oder: Gibt es guten Zucker?

Tansania, am Lake Eyasi im April 2013. Ein Rascheln im Baum – dann schwirrt der Lockruf des Honiganzeigers durch die Luft. Der kleine Vogel signalisiert, dass in der Nähe Honig zu finden ist. Ein Hadza-Mann lauscht, antwortet mit einem Pfeifton und folgt ihm. Der unscheinbare Vogel macht sich immer wieder bemerkbar, beobachtet, ob der Hadza in seiner Nähe bleibt – und führt diesen schließlich zur begehrten Beute: einem Baobab-Baum, in dessen Innerem Honigwaben liegen.

Der Hadza zündet ein kleines Feuer an und beginnt Haltestifte in die Rinde des Baobab-Baums zu schlagen. Mit einer kleinen Fackel steigt er dann, Haltestift für Haltestift, am Baum hoch, bis er an die Stelle kommt, an der der Bienenstock liegt. Der Rauch der Fackel vertreibt die Bienen und verringert die Gefahr, gestochen zu werden. Mit einer Axt bricht der Mann den Baum auf, löst die Honigwaben heraus und bringt sie an den Boden. Am Feuer genießt er einen Teil des frischen Honigs, den Rest wird er später zum Lager mitnehmen. Die Waben erhält der Honiganzeiger als Gegenleistung für seinen Hinweis auf die Honigquelle (Hadza 2013).

***

Honiganzeiger führen Menschen zur stechenden Westlichen Honigbiene (*Apis mellifera*). Diese Zusammenarbeit ist ein Beispiel für

Koevolution und deutet darauf hin, dass Menschen schon sehr lange Honig auf diese Weise sammeln. Aber nicht immer ist ein Honiganzeiger zur Stelle. Die Hadza bleiben deshalb oft an Bäumen stehen, beobachten die Bienen, legen ein Ohr an die Rinde und prüfen, ob Honig im Baum ist. Sie kommen dann mit einer Axt wieder und öffnen den Baum, um an die süße Köstlichkeit zu gelangen. Die Frauen und Kinder sammeln oft Honig aus den Bienenstöcken stachelloser Bienen. Ausgehöhlte Flaschenkürbisse und leere Straußeneier dienen als Transportgefäße. Honig ist ein sehr wertvolles Nahrungsmittel und wird unter den Hadza geteilt.

Hadza sammeln sieben verschiedene Honigsorten. Sie machen im Durchschnitt etwa 15 Prozent der aufgenommenen Energie aus, bei Männern bis zu 30 Prozent. Honig zählt zu den fünf Grundnahrungsmitteln, zusammen mit Beeren, Fleisch, Baobab und Knollen. Auch andere Primaten sind Honigliebhaber: Paviane, Makaken, Gorillas, Orang-Utans und Schimpansen kosten davon. Paviane nutzen dabei, wie Menschen, Honiganzeiger als Helfer bei der Suche, ebenso wie der Honigdachs.

Felsmalereien aus Spanien, Indien, Australien und dem südlichen Afrika zeigen Bilder von Männern und Frauen, die Honig sammeln, Naturleitern an Bäumen erklimmen, um an Honigwaben zu gelangen, oder mit Rauch arbeiten, um Bienen zu vertreiben. Die älteste bekannte Darstellung einer Honigsammlung ist ca. 25 000 Jahre alt. Schon vor ca. 2 Millionen Jahren waren Menschen in der Lage, sich diese süße Nährstoffquelle mit Hilfe von Steinwerkzeugen zu erschließen – was ihnen einen Vorteil bei der aufwändigen Energieversorgung des immer größer werdenden Gehirns gegeben haben dürfte. Honig kann man somit als einen der wichtigen Treibstoffe für die Entwicklung der menschlichen Gehirnleistung betrachten.

Neben Frucht- und Traubenzucker, die zwischen 80 und 95 Prozent des Honigs ausmachen, sind noch geringe Mengen an Vitaminen und Mineralstoffen sowie weitere Pflanzeninhaltsstoffe enthalten. Wild gesammelter Honig enthält auch Bienenlarven, eine Quelle für Proteine, Fett, Mineralstoffe und B-Vitamine. Gerade in der Trockenzeit, wenn andere Nahrungsmittel knapper sind, wird Honig so zu einem «natürlichen Nahrungsergänzungsmittel». Weltweit verwenden heutige Jäger und Sammler Honig – inklusive Bienenlarven. Honig ist ganzjährig verfügbar, aber die größten Honigmengen gibt es während der Regenzeit. Die Efe im Kongo ernähren sich von Juli bis August, der «Honig-Saison», fast ausschließlich von Honig, Bienenlarven und Pollen und decken damit etwa 80 Prozent ihrer Tagesenergie. Bei den Ache in Paraguay macht Honig regelmäßig über 1000 kcal pro Person am Tag aus, das ist knapp die Hälfte der Tagesenergie. Junge Hadza-Männer können bis zu 3000 kcal aus Honig in einem Drei-Stunden-Trip sammeln und essen.

Der süße Honig ist also aus dem Jäger-und-Sammler-Leben nicht wegzudenken und macht einen entscheidenden Teil der Ernährung aus. Aber auch Beeren haben in ihrem Fruchtfleisch einen hohen Zuckeranteil, und die nahezu täglich verspeisten Wurzelknollen enthalten viel Stärke, die zu Zucker abgebaut werden (Berbesque 2009).

Warum ist Süßes so beliebt? Zucker war ein Überlebensvorteil bei Jägern und Sammlern. Das Gehirn ist das Organ mit dem größten Energieverbrauch. Energiereiche Nahrung (Fettreiches) und Stoffe, die *schnell* Energie zur Verfügung stellen, wie Zucker, sind daher wertvoll. So hat sich neben der Präferenz für Fettreiches auch eine Vorliebe für süße Nahrungsquellen entwickelt.

Weitere Faktoren fördern positive Empfindungen im Zusammenhang mit süßem Geschmack: Ab der 14. Schwangerschaftswoche beginnt der Fötus, täglich vom süßen Fruchtwasser zu trinken. Nach der Geburt vermittelt Milchzucker in der Muttermilch gemeinsam mit dem Hautkontakt ein Geborgenheitsgefühl. Zucker erleichtert auch zu einem gewissen Maß die Aufnahme der Aminosäure Tryptophan ins Gehirn. Sie ist die Vorstufe des Glückshormons Serotonin. Daher ist Süßes in Frustphasen besonders beliebt.

Welche Zucker gibt es?

- Einfachzucker (Monosaccharide): kommen in Früchten und Honig vor und haben hohe Süßkraft. Traubenzucker (Glukose) erhöht den Blutzucker- und damit auch den Insulinspiegel schnell, Fruchtzucker (Fruktose) nur langsam.
- Zweifachzucker (Disaccharide): bestehen aus je zwei Einfachzuckern, haben mittlere Süßkraft, erhöhen den Insulinspiegel langsamer als Einfachzucker. Haushaltszucker (Saccharose) besteht aus Glukose und Fruktose, Milchzucker (Laktose) aus Glukose und Galaktose.
- Mehrfachzucker (Oligosaccharide): bestehen aus 3 bis 10 Einfachzuckern, haben nur geringe Süßkraft, kaum Einfluss auf den Insulinspiegel und kommen in Honig und Gemüse vor.
- Vielfachzucker (Polysaccharide): bestehen aus mehr als 10 Zuckerbausteinen. Beispiele sind Stärke und ihre Bruchstücke (Dextrine) sowie Glykogen (Speicherform der Glukose bei Mensch und Tier). Sie haben weder Süßkraft noch eine Auswirkung auf den Insulinspiegel.

Unter «Zucker» wird heute meist Haushaltszucker verstanden, der aus tropischem Zuckerrohr oder in den gemäßigten Breiten aus der Zuckerrübe gewonnen wird. Diese werden gepresst, ihr Saft gekocht, extrahiert und bearbeitet, bis Zuckerkristalle ausfallen. Meist werden sie weiter aufgereinigt. Diese beiden Zuckerquellen stehen erst seit Ackerbau und Viehzucht zur Verfügung: Zuckerrohr seit ca. 10 000 Jahren, Zuckerrübe seit dem 18. Jahrhundert. Seit dem 19. Jahrhundert wird Haushaltszucker industriell aufbereitet. Dadurch sanken die Preise, und aus einer kostbaren Energiequelle wurde ein kostengünstiges Alltagsprodukt, das zwar viel Energie liefert, aber dem die Vitamine, Mineralstoffe und sekundären Pflanzenstoffe der Ursprungspflanze fehlen. Der Pro-Kopf-Verbrauch ist in den letzten Jahrzehnten stark angestiegen, auf ca. 40 kg pro Jahr.

Als Folgen eines zu hohen Zuckerkonsums gelten: **Übergewicht** bis hin zu Fettsucht; **Zuckerkrankheit** mit ihren Folgeerkrankungen; **Karies; Fruktose-Malabsorption,** d. h. Fruchtzucker-Aufnahmestörung, wie sie bei 30–40 Prozent der Bevölkerung durch zu hohe Fruktose-Aufnahme zu finden ist; **Reizdarm-Syndrom** aufgrund zu hoher Fruktose-Aufnahme. Diese Erkrankungen scheinen sowohl durch eine hohe Aufnahmemenge als auch durch die Verwendung von industriellem Zucker aufzutreten. Interessanterweise kennen die Jäger und Sammler trotz hoher Zuckeraufnahme so gut wie kein Übergewicht, Diabetes oder Karies.

Seit der **Altsteinzeit** sind folgende Zuckerquellen fester Bestandteil der Paläo-Ernährung:
- **Früchte, Beeren**
- **Trockenfrüchte**
- **Honig**
- **Wurzelknollen**

Kompatibel mit der Paläo-Ernährung sind zudem **natürliche Zuckervarianten,** die in der Natur vorkommen und durch physikalische Prozesse nur wenig verändert werden (z.B. Extraktion mit heißem Wasser, Honiggewinnung durch Schleudern, vorsichtiges Einkochen etc.):
- **Kokosblütenzucker:** aus dem Kokosblütennektar der Kokospalme *Cocos nucifera*, die vollständig verwertet werden kann. Daher gilt Kokosblütenzucker als besonders nachhaltig. Er ist reich an: Kalium, Magnesium, Zink, Eisen, Vitamin B_1, B_3, B_6 und C. Sein cremig-karamelliger Geschmack passt gut zu Desserts, Currys, Soßen und Getränken. Stammt er aus anderen Palmarten (z.B. Dattelpalme), dann wird er «Palmzucker» genannt. Achten Sie beim Kauf auf hundertprozentigen Kokosblütenzucker – manche Produkte werden mit braunem Rohrzucker «gestreckt».
- **Fruchtdicksäfte:** schonend eingedickte Fruchtsäfte (wird Saccharose zugesetzt, heißen sie «Fruchtsüße» und sollten nicht verwendet werden) wie **Agavendicksaft** (Agavenblütensaft aus Mexiko wird durch Hitze eingedickt; besitzt etwas höhere Süßkraft als Zucker und liefert weniger Energie), **Apfeldicksaft, Birnendicksaft** (durch Kochen des Obstes, Abpressen des Saftes und

anschließendes Eindicken gewonnen), **Traubendicksaft** (aufkonzentrierter Traubenmost).
- **Sirup**: eine dickflüssige, konzentrierte und meist stark zuckerhaltige Flüssigkeit, die durch Einkochen gewonnen wird: **Ahornsirup** (aus dem Saft des Zuckerahornbaumes), **Apfelsirup, Dattelsirup/Dattelmus** (aus pürierten Datteln), **Manioksirup** (Maniokstärke wird mit Wasser versetzt und natürlich fermentiert), **Topinambursirup** (aus Topinamburknollen), **Latwerge** (Pflaumenmus, ähnlich wie Dattelmus).

Im Gegensatz zu Haushaltszucker bieten diese natürlichen Süßungsmittel in geringen Mengen Mineralstoffe, Spurenelemente, sekundäre Pflanzenstoffe etc. Honig enthält zusätzlich noch Enzyme, die gegen Mikroorganismen aktiv sind, und eine Vielzahl an Antioxidantien, die das Immunsystem, die Körperzellen und Gefäße schützen, zur Wundheilung beitragen und sogar gegen Diabetes wirken können. Honig wird inzwischen von der WHO als natürliches Hustenmittel empfohlen. Durch den dominierenden Eigengeschmack der natürlichen Zucker wird meist eine Überdosierung vermieden. Paläolithische Zuckervarianten und damit kompatible natürliche Zucker sind für Menschen ohne gesundheitliche Probleme durchaus zu empfehlen.

Wer seine Energiezufuhr reduzieren möchte, etwa aufgrund geringer körperlicher Aktivität, kann mit folgenden Tipps die Zuckeraufnahme auf natürliche Weise verringern:
- **Meiden Sie industriell verarbeitete Nahrungsmittel** – sie enthalten oft sehr hohe Zuckermengen, die sich hinter einer Vielzahl an Namen verbergen; auch fettarme Produkte werden meist mit Zucker geschmacksverstärkt.
- Verbringt man einige Tage ganz ohne Süßungsmittel (z. B. Fasten), wird die **Reizschwelle für Zucker herabgesetzt.** Danach lösen geringer gesüßte Speisen das gleiche Geschmackserlebnis aus wie zuvor höhere Zuckerkonzentrationen. Alternativ: Reduzieren Sie die Aufnahme von Zuckern **ganz allmählich** – weniger Zucker im Tee, beim Backen etc. verwenden als sonst üblich.

- **Verdünnen Sie** Fruchtsäfte mit Wasser – noch besser: statt Fruchtsaft ein ganzes Stück Obst essen.
- **Nutzen Sie Trockenobst** als Snack (z.b. Datteln statt Karamell-Schokoriegel) oder zum Süßen von Desserts, Gebäck und Getränken (siehe Rezepte).
- **Genießen Sie bewusst** – lassen Sie süße Leckereien langsam auf der Zunge zergehen.

Einige Menschen sehen in Zuckeraustauschstoffen und Süßstoffen eine willkommene Hilfe, um die Süße des Zuckers zu imitieren, aber die Energiezufuhr zu verringern. Grundsätzlich gilt: Weder **industriell erzeugte Zuckeraustauschstoffe** noch **künstliche Süßstoffe** kommen in der Natur vor und **zählen daher nicht zur Paläo-Ernährung.** Hinzu kommt: «Light-Produkte» funktionieren nicht. Künstliche Süßstoffe werden in der Schweinemast als Appetitanreger verwendet, die zur Gewichtszunahme führen – die gleichen Süßstoffe werden als Light-Produkte zur Gewichtsreduktion bei Menschen verkauft. Studien zeigen, dass dieser «Körperbetrug» mit kalorienarmen Süßstoffen auf Dauer nicht möglich ist. Daher: besser das Original bewusst genießen – am besten nach körperlicher Bewegung, damit die Energiespeicher der Muskeln wieder gefüllt und nicht die Fettzellen des Körpers genährt werden!

Für Menschen mit **Erkrankungen, die durch Zucker beeinflusst werden** (starkes Übergewicht, Diabetes, Krebs oder sehr zuckerempfindliche Zähne), spielt ein möglichst geringer und konstanter Blutzuckerspiegel bzw. Zuckergehalt eine Rolle. Zwei therapiebegleitende Optionen können dabei eingesetzt werden:

1. **Zuckeraustauschstoffe (Zuckeralkohole):** Die Aldehydgruppe eines Zuckers ist durch eine Alkoholgruppe ersetzt. Zuckeralkohole kommen in Gemüse, Früchten, Birken- und Buchenrinde, Eberesche, Algen und Pilzen vor. Heute werden sie jedoch industriell hergestellt aus gentechnisch verändertem Mais oder aus Mais- und Weizenstärke. Beispiele sind: **Xylit (E 967), Sorbit (E 420), Mannit (E 421), Maltit (E 965), Laktit (E 966), Erythrit (E 968), Isomalt (E 953).**

Sie sind etwas weniger süß als Haushaltszucker, oft kühlend im Mund und daher in Bonbons mit Minzgeschmack zu finden. Sie enthalten etwa die Hälfte der Energie des Haushaltszuckers, können nicht oder nur teilweise abgebaut werden und lösen in größeren Mengen Durchfälle oder auch Erbrechen aus. In Nahrungsmitteln dürfen sie zugegeben werden, jedoch nicht in Getränken, Säuglings- und Kleinkindnahrung. Sie stehen teilweise in Verdacht, krebsauslösend zu sein und die Blutfettwerte zu erhöhen. Aus PaläoPower-Sicht sollte man diese Produkte meiden.

2. **Natürliche Süßstoffe:** Aus Pflanzen extrahierte Süßungsmittel mit sehr hoher Süße und meist einem charakteristischen Nach- oder Beigeschmack. Sie werden zur Neutralisierung oft miteinander kombiniert, der Körper scheidet sie weitgehend unverändert aus. Auch natürliche Süßstoffe zählen zu den Lebensmittelzusatzstoffen, die nur in definierten Höchstmengen eingesetzt werden dürfen.

- **Luo Han Guo** (gesprochen «Lo-hang-dscho»): Eine süße, aus China stammende Frucht (*Siraitia grosvenori*, Kürbisgewächs). Der Fruchtextrakt wird seit etwa 1000 Jahren als natürlicher Süßstoff und in der chinesischen Medizin als Heilpflanze verwendet. Sehr geringer Energiegehalt, hitzestabil und wasserlöslich, daher auch zum Kochen und Backen geeignet. Verwendet werden sollten die getrockneten Früchte, kein Extraktgranulat, da die süß schmeckenden Komponenten, die Mogroside, darin von 1 auf 80 Prozent Anteil angereichert werden.
- **Rubusosid:** Natürliches Süßungsmittel aus den Blättern der Süßen chinesischen Brombeere (*Rubus suavissimus*). Einheimische Brombeerblätter enthalten kein oder kaum Rubusosid. Traditionelle Verwendung: in Japan zur Stärkung der Gesundheit, in der Traditionellen Chinesischen Medizin bei Bluthochdruck und Diabetes. Sehr geringer Energiegehalt, hitzestabil, leicht bitterer Nachgeschmack. Gesundheitsförderlich ist die antioxidative Wirkung; die süßen Glykoside sind jedoch auch möglicherweise krebserregend (sie ähneln Steviaglykosiden).
- **Stevia:** Stoffgemisch von Steviosid und Rebaudiosid A, das aus

der Pflanze Stevia rebaudiana (Süßkraut, Honigkraut) gewonnen wird. Ursprünglich wurden ganze Blätter verwendet – sie haben eine 30-mal größere Süßkraft als Zucker. Geringer Einfluss auf den Insulinspiegel, die Verwendung der Blätter (frisch oder getrocknet) gilt als unbedenklich. Inzwischen werden auch Granulate und Extrakte durch Aufreinigung gewonnen (E 960), deren Süßkraft bis zu 450-mal größer ist als die von Zucker, ohne lakritzartigen Nebengeschmack. Es gibt immer wieder Diskussionen, ob diese Substanzen krebserregend sein könnten und/oder Konservierungsmittel, chemische Stabilisatoren oder Zuckerzugaben enthalten.

- **Thaumatin (E 957):** Proteingemisch aus der Samenkapsel des Katemfe-Strauchs im westafrikanischen Regenwald. Teuer, da die Ausbeute sehr gering ist. Den süßen Geschmack nimmt man erst verzögert wahr, dieser hält aber bis zu einer Stunde an; lakritzartiger Beigeschmack, nicht hitzestabil, verliert beim Kochen und Backen seine Süßkraft. Die Samenkapseln gelten gesundheitlich als unbedenklich und werden in Afrika seit Jahrhunderten zum Süßen z. B. von Tee und Palmwein verwendet.

Unbedingt vermeiden sollte man künstliche Süßstoffe. Dies sind synthetisch hergestellte Zuckerersatzstoffe, die immer wieder im Verdacht stehen, Gesundheitsprobleme hervorzurufen, vor allem Krebs, aber auch Frühgeburten, Krämpfe, Kopfschmerzen, Gewichtszunahme, Sehstörungen. Zu den künstlichen Süßstoffen zählen: **Aspartam (E 951), Cyclamat (E 952), Saccharin (E 954), Acesulfam-Aspartamsalz (E 962), Acesulfam-K (E 950), Neohesperidin Dihydrochalcon (E 959), Neotam (E 961), Sucralose (E 959).**

Künstliche Süßstoffe dürfen nur für bestimmte Lebensmittel und nur in definierten Höchstmengen eingesetzt werden. Sie gelten als nicht geeignet für Kinder. Es gibt wenig gesicherte Erkenntnisse zur Langzeitwirkung. Da sie keine voluminöse Masse und wenig «Mundgefühl» haben, werden sie zusammen mit Füllstoffen verwendet.

Honig und Zucker

PaläoPower-Fazit zum Thema Honig, Zucker und Süßungsmittel

- **Honig** ist fester Bestandteil der Jäger-und-Sammler-Ernährung. Er ist ganzjährig verfügbar und wird saisonal auch in sehr großen Mengen gegessen. Honig liefert neben den schnellen Energiespendern Frucht- und Traubenzucker auch einige Vitamine, Mineralstoffe sowie entzündungshemmende und immunstärkende Stoffe – wilder Honig zudem weitere Nährstoffe aufgrund der enthaltenen Bienenlarven. Honig wird auch zu Heilzwecken eingesetzt. Es empfiehlt sich, die Vielfalt verschiedener Honigarten zu nutzen.
- Weitere natürliche Zuckerquellen für Jäger und Sammler sind **Früchte, Beeren, Trockenfrüchte und Wurzelknollen.**
- Paläo-kompatible Süßungsquellen kommen in der Natur vor und sind nur minimal aufbereitet: **Kokosblütenzucker, Apfel-, Birnen-, Agavendicksaft** und **Sirup** aus Datteln, Pflaumen, Zuckerahorn, Maniok oder Topinambur.
- Wer sein Gewicht halten oder reduzieren will, kann auf natürliche Weise die Zuckermengen verringern (Reizschwelle herabsetzen, verdünnen, bewusst genießen) und den Effekt durch Bewegung steigern.
- **Künstliche Süßstoffe** (Aspartam, Saccharin, Cyclamat, Sucralose etc.) kommen in der Natur nicht vor, stehen im Verdacht, gesundheitsschädlich zu sein, und **gehören nicht zur Paläo-Ernährung.**
- Wer krankheitsbedingt auf die Reduktion von Zucker achten muss, kann auf natürliche Süßstoffe ausweichen (Lu Han Guo, süße Brombeerblätter, Stevia, Thaumatin), sollte diese aber möglichst naturnah und nicht als hochkonzentrierte Granulate verwenden.

Gut zu wissen: Gibt es Bio-Honig?

»Bio-Honig« im engeren Sinne gibt es nicht, denn der Bienenflug lässt sich nicht kontrollieren, so dass teilweise auch Pollen und Nektar von konventionell bewirtschafteten Flächen eingesammelt werden. Bei Bio-Honig geht es daher vor allem um die Art der Bienenhaltung. Die Bienenkästen werden nicht mit belastenden Farben gestrichen, und als Mittel gegen die Varroa-Milbe kommen nur organische Säuren zum Einsatz, wie sie natürlicherweise auch bei Bienen vorkommen. Außerdem dürfen im Honig keine Rückstände von chemischen Bienenmedikamenten, Pollen aus gentechnisch veränderten Pflanzen, Pestizide oder Insektizide nachweisbar sein. Eine solche «Bio»-Qualität ist sowohl lokal als auch über das Internet erhältlich.

Rezept-Tipps:
2–5, 9, 13–18, 21, 31, 36, 38, 40–42, 45, 49, 55, 68, 72–74, 81, 84, 94–96, 98, 101–104, 106, 109, 117, 122

MoodFood: Beste Laune mit Genuss

Tansania, am Lake Eyasi im Oktober 2013. Menschen kennen viele Gründe, unglücklich zu sein – oder glücklich. Sieht man in die Gesichter der Hadza, überwiegen drei Ausdrücke: zufrieden (wenn sie in kleinen oder größeren Gruppen beieinandersitzen), konzentriert (beim Jagen, Graben, Pfeile austarieren, Giftpfeil herstellen) und fröhlich (beim Zubereiten und Teilen der Speisen, unterwegs, beim Tanz). Für Menschen in den westlichen Ländern mag es schwer vorstellbar sein, dass ein Leben ohne Haus, mit fast keinem Besitz außer dem, was in einen kleinen Brustbeutel oder Umhang passt, ohne Kühlschrank, Bett, Telefon und Auto so attraktiv sein kann, dass die Hadza trotz aller Versuche, sie für ein westliches Leben zu begeistern, bei ihrem Jäger-und-Sammler-Leben bleiben oder dahin zurückkehren. Nun sitze ich in ihrer Runde – und eine tiefe Gelassenheit breitet sich aus. Etwas von der Kraft und Fröhlichkeit der Hadza spiegelt sich gerade auf meinem Gesicht …

***

Glücksgefühle entstehen nicht zufällig. Sie sind situationsabhängig und werden erst durch die Ausschüttung von Gehirnbotenstoffen möglich. Die Hadza können, wie andere Jäger und Sammler, auf eine wichtige Voraussetzung für Ausgeglichenheit, Konzentration und Glücksgefühle zurückgreifen: die passenden Nahrungsquellen. Denn die Ausgangssubstanzen der Gehirnbotenstoffe für positive Gefühle und Konzentration können Menschen nicht selbst herstellen, sondern sie müssen sie mit der Nahrung aufnehmen.

In den westlichen Ländern wächst das Interesse an Nahrungsmitteln, die positive Gefühle auslösen, gute Laune und Wachheit fördern, in schwierigen Situationen trösten oder Belohnungseffekte steigern. Sie sind als MoodFood bekannt geworden. Solche Effekte klingen fast zu gut, um wahr zu sein – sind sie nur ein Hirngespinst? Bei MoodFood geht es nicht um Gehirndoping mit Medikamenten oder Aufputschmitteln, auch nicht um Zauber-Nahrungsmittel, die innerhalb von Minuten trübe Stimmung in Glücksgefühle verwandeln oder Depressionen therapieren. Bestimmte Nahrungsmittel enthalten jedoch tatsächlich in größeren Mengen diejenigen Bausteine, die benötigt werden, um Glücksgefühle, gute Laune und Ausgeglichenheit auszulösen. MoodFood ist eine Voraussetzung dafür, dass mittel- und langfristig ausreichend Glücksbotenstoffe gebildet werden können.

Ein zentraler Botenstoff ist das «Glückshormon» *Serotonin*. Serotonin kommt in verschiedenen Nahrungsmitteln vor (z. B. Banane) – aber das hilft dem Gehirn und der guten Laune nichts, denn Serotonin aus Nahrungsmitteln kann die Blut-Hirn-Schranke nicht überwinden und damit im Gehirn keine Wirkung entfalten. Jedoch die drei Ausgangssubstanzen der Serotonin-Bildung, die *Aminosäure Tryptophan*, *Vitamin* B_6 und *Zink*, können die Blut-Hirn-Schranke passieren. Alle drei müssen zunächst mit der Nahrung aufgenommen und über das Blut ins Gehirn transportiert werden. Dort stehen sie den Gehirnzellen zur Verfügung, die daraus Serotonin aufbauen. Entscheidend ist also, ausreichend von den Nahrungsmitteln zur Verfügung zu haben, die Tryptophan, Vitamin B_6 und Zink enthalten.

MoodFood

Serotoninmangel führt zu Niedergeschlagenheit bis hin zu Depression, Angst, starker Impulsivität und Aggression.

Die **Aminosäure Tryptophan** ist Bestandteil von Proteinen (Eiweißen) und kommt in großen Mengen vor in:
- **Nüssen und Samen:** Cashewnuss, Mohn, Erdnuss, Sonnenblumenkern, Sesamsamen
- **Hülsenfrüchten:** Sojabohne, Mungobohne, Linse
- **Fleisch:** Kalb, Huhn, Schwein, Rind
- **Innereien:** Leber (Huhn, Schwein, Rind, Kalb), Niere (Kalb, Schwein)
- **Fisch:** Meeräsche, Thunfisch, Makrele, Lachs, Heilbutt
- **Hühnereigelb**

Benötigt wird weiterhin **Vitamin B_6**. Folgende Nahrungsmittel sind reich an Vitamin B_6:
- **Krustentiere:** Flusskrebs, Hummer
- **Hülsenfrüchte:** Sojabohne, Linse, Kichererbse, weiße Bohne, Saubohne, grüne Bohne
- **Fisch:** Lachs, Sardine, Makrele, Thunfisch, Hering, Heilbutt, Felchen, Brasse, Schellfisch, Seelachs, Steinbutt, Schleie, Aal, Flunder, Seezunge
- **Innereien:** Leber (Kalb, Huhn, Rind, Schwein, Lamm), Niere (Schwein, Kalb, Rind), Herz (Schwein, Kalb, Lamm, Rind), Zunge (Schwein)
- **Nüsse und Samen:** Kürbiskern, Walnuss, Sesamsamen, Sonnenblumenkern, Erdnuss, Mohn, Cashewkern, Kastanie, Haselnuss, Macadamianuss, Pistazien
- **Glutenfreie Pseudogetreide:** Wildreis, Buchweizen, Hirse, Quinoa, Mais, Amaranth, Naturreis
- **Fleisch:** Gans, Schwein, Kalb, Huhn, Rind, Pferd, Pute, Wildschwein, Lamm, Ente, Kaninchen, Hase, Hirsch, Reh, Ziege
- **Obst/Beeren:** Avocado, Banane, Holunderbeere
- **Kräuter:** Schnittlauch, Knoblauch, Gartenkresse
- **Meeresfrüchte:** Tintenfisch

- **Gemüse:** Kartoffel, Möhre, Rosenkohl, Süßkartoffel, Brokkoli, Lauch
- **Hühnereigelb**
- **Salat:** Feldsalat

Auch **Zink** ist für die Glückshormon-Bildung notwendig. Wichtige Quellen sind:

- **Krustentiere:** Austern, Hummer
- **Innereien:** Leber (Kalb, Schwein, Rind, Lamm, Huhn), Niere (Schwein, Rind, Kalb), Herz (Schwein, Lamm, Rind), Hirn (Schwein, Kalb)
- **Nüsse und Samen:** Kakaopulver, Kürbiskern, Paranuss, Erdnuss, Walnuss, Mandel, Cashewkern, Haselnuss, Kokosnuss
- **Fleisch:** Rind, Lamm, Kalb, Schwein, Truthahn, Hase, Ente, Gans, Huhn
- **Hülsenfrüchte:** Sojabohne, Linse, Erbse, weiße Bohne, Kichererbse
- **Hühnereigelb und -eiweiß**
- **Getränke:** schwarzer Tee, Kaffee
- **Glutenfreie Pseudogetreide:** Hirse, Buchweizen, Mais, Naturreis, polierter Reis
- **Meeresfrüchte:** Auster, Garnele, Steckmuschel
- **Fisch:** Aal, Felchen, Sprotte, Kaviar, Karpfen, Hecht, Flussbarsch, Hering, Zander, Seezunge, Scholle, Makrele, Forelle, Lachs, Flunder
- **Pilze:** Steinpilz, Austernpilz, Pfifferling, Champignon
- **Wurzeln/Gemüse:** Meerrettich, Pastinake, Rosenkohl, Spinat, Brokkoli
- **Obst/Beeren:** Hagebutte, Avocado
- **Salat:** Löwenzahnblätter
- **Kräuter:** Petersilie, Knoblauch, Schnittlauch

Experimentierfreudige haben sicher auch Spaß daran, Wildkräuter wie Löwenzahn, Brennnessel oder Wegerich auszuprobieren – sie strotzen vor Vitaminen und Mineralstoffen.

Wenn Sie nun aber glauben, das eine «ultimative» Gute-Laune-Menü zusammenstellen zu können, das *reichlich* von *allen drei* notwendigen Bausteinen enthält, und dabei zu einem Stück Fleisch (Huhn, Rind oder Schwein) oder einem Fisch (Lachs oder Makrele) greifen, mit einer großen Portion Brokkoli, einigen Linsen als Beilage – ergänzt um Cashewkerne oder Erdnüsse in der Sauce oder im Nachtisch, dann Vorsicht: Diese Kombination maximiert nur die Nährstoffe und lässt andere Faktoren wie Lebenssituation, Umgebung, Zubereitung und vieles mehr außer Acht. Ausschließlich auf dieses Glücksmenü zu setzen, würde auch andere vom Körper benötigte Nährstoffe reduzieren. Wechseln Sie also bei den Zutaten regelmäßig ab – wahrscheinlich finden Sie sogar mehrere Kombinationen, bei denen Ihr Herz höher und Ihre Stimmung freudige Purzelbäume schlägt.

Essen wirkt nicht nur über Inhaltsstoffe, sondern auch über Geschmack, Geruch und das Empfinden an Händen und im Mund. Aber nicht nur emotionale, sondern auch soziale Bedürfnisse werden mit dem Essen erfüllt. Menschen essen häufig gemeinsam – und sind die einzigen Lebewesen, die ihre Nahrung erhitzen. Diese beiden Merkmale scheinen voneinander unabhängig zu sein, werden aber interessanterweise im Gehirn verknüpft. Physikalische Wärme z.B. in Form von heißem Essen hat einen Einfluss auf den Umgang mit anderen Menschen. Sie spielt etwa beim ersten unbewussten Eindruck, den wir von einer Person haben, eine entscheidende Rolle. Die Einschätzung, dass diese Person freundlich, hilfsbereit und vertrauenswürdig ist, wird schon durch eine verhältnismäßig kurze Interaktion mit einer Wärmequelle, z.B. einer Tasse mit einem heißen Getränk, deutlich gesteigert.

Physisch empfundene Wärme und «psychologische Wärme» (Vertrauen) werden in der gleichen Region der Großhirnrinde verarbeitet. Evolutionsbiologisch wird dies damit erklärt, dass in der Phase der größten Hilflosigkeit (als Baby und Kleinkind) die Anwesenheit einer fürsorglichen Person ein Garant für Sicherheit und eine erhöhte Überlebenswahrscheinlichkeit ist. Physische Wärme und emotionale Zuwendung durch engen Körperkontakt prägen so das Sicherheits- und Vertrauensempfinden. Daher verbinden auch Erwachsene physische Wärme mit Vertrauenswürdigkeit und Hilfsbereitschaft.

So ist es kein Zufall, dass Gästen oft zuerst ein heißer Kaffee oder Tee angeboten wird. Auch Geschäftsessen, bei denen wichtige Verhandlungen geführt werden, finden häufig bei einem warmen Mittag- oder Abendessen statt – so gut wie nie wird zu einem Frühstück mit Brötchen und Saft oder Müsli mit kalter Milch eingeladen. Bei der Bewirtung von Gästen spielen natürlich noch andere Komponenten als Wärme eine wichtige Rolle. Aber mit dem Wissen um die Bedeutung der Wärmeempfindung bei sozialen Kontakten lässt sich die Gestaltung eines wichtigen Treffens erfolgreicher umsetzen.

Intensive Gefühle führen oft zu einer spezifischen Essensauswahl. Vor allem bei negativen Emotionen wie Angst, Traurigkeit oder Stress werden Fett- und Zuckerquellen bevorzugt, z. B. Eiscreme oder Schokolade. Sie liefern sehr viel und schnell Energie – eine wichtige Voraussetzung, um Stresssituationen sofort bewältigen zu können. Zusätzlich enthalten diese Nahrungsmittel oft weitere wirksame Substanzen. So findet sich in Kakao die Aminosäure Tryptophan in recht großer Menge. Daher gilt nicht nur aus Sicht der Paläo-Ernährung: Je höher der Kakaoanteil in der Schokolade, desto besser (ab 60% Kakaoanteil ist sie milchfrei). Meist wird Schokoladenhunger in Stresssituationen als «Frustessen» abgewertet. Im Grunde ist es jedoch eine Erste-Hilfe-Maßnahme in einer emotional belastenden Situation. Bedenklich wird es, wenn diese Bedrohung nicht erkannt, das Problem nicht behoben und aus der Schokolade als Notfallmaßnahme eine Dauerstrategie wird. Bei positiven Gefühlen – etwa bei einer Belohnung für eine Anstrengung, das Feiern eines Erfolgs etc. – werden häufig Nahrungsmittel mit hohem Proteinanteil (z.B. Steak) bevorzugt. Die enthaltenen Aminosäuren lösen die Bildung körpereigener Schmerzmittel oder stimmungssteigernder Substanzen wie Serotonin aus.

Serotonin verschafft neben guter Laune auch *guten Schlaf* – eine wichtige Voraussetzung für Ausgeglichenheit und Konzentration. Dafür wird noch eine weitere Komponente benötigt: Tageslicht. Unter dem Einfluss von Tageslicht wird aus Serotonin das *Schlafhormon Melatonin* gebildet. Damit kommt der Schlaf-Wach-Rhythmus ins Gleichgewicht. Für Jäger und Sammler ist Tageslicht ausreichend vorhanden – in den westlichen Ländern wird es für die meisten durch unsere «Käfighaltung» in geschlossenen Räumen zu einem knappen Gut. Wie wäre es, ab jetzt mit einer Portion Studentenfutter in der Hand täglich einen kurzen Spaziergang im Freien einzulegen? Oder eine Besprechung nach draußen zu verlagern und Paläo-Kekse aus Nüssen und Trockenfrüchten dazu anzubieten? Ein Grillabend kann auch im Herbst und Frühling arrangiert werden. Vielleicht lässt sich für die Fahrt zur Arbeit oder zum Einkaufen doch häufiger mal das Fahrrad oder ein Spaziergang nutzen – möglicherweise verbunden mit dem Sammeln von Wildpflanzen? Lassen Sie Ihrer Phantasie freien Lauf – es gibt mehr als einen Weg, um an nährstoffreiche Nahrungsquellen und Tageslicht zu kommen.

Wie schnell wirkt MoodFood? Einige Effekte spürt man innerhalb von Sekunden oder Minuten, z.B. über Farbe, Wärme oder Geschmacksempfindungen. Die Wirkung der Gehirnbotenstoffe tritt innerhalb einiger Stunden bis Tage auf – bei einem großen Defizit an Nährstoffen teilweise auch erst nach einigen Wochen.

Stimmung und Leistungskraft werden von vielen Faktoren bestimmt. Eine zentrale Rolle spielen Nahrungsmittel, aber auch der Lebensstil. Je ursprünglicher, naturbelassener und hochwertiger die Nahrungsmittel, desto größer ist der MoodFood-Effekt. Wer sich bei der Wahl seiner Nahrung an unserem genetischen Erbe orientiert, hat beste Chancen, Körper, Stoffwechsel, Gehirn und Stimmung optimal zu unterstützen.

Unsere Vorfahren waren im Lauf von zwei Millionen Jahren sehr erfolgreich darin, unter verschiedenen Bedingungen die für sie richtigen Nahrungsquellen auszuwählen. Die persönlichen Vorlieben zu beobachten und die Effekte von Nahrung auf die eigene Stimmung zu erleben, ist auch heute eine spannende Entdeckungsreise.

PaläoPower-Fazit zum Thema MoodFood

- MoodFood sind Nahrungsmittel, die die Bildung des Gehirnbotenstoffs Serotonin ermöglichen, da sie die notwendigen Komponenten Tryptophan, Vitamin B_6 und Zink enthalten. Dazu zählen vor allem Fleisch, Fisch, Nüsse, Hülsenfrüchte, besondere Gemüse, Früchte, Pilze und Kräuter – typische Nahrungsmittel der Jäger und Sammler.
- Das «Glückshormon» Serotonin sorgt für gute Laune und in Verbindung mit Tageslicht für guten Schlaf durch die Bildung des «Schlafhormons» Melatonin.
- Auch Farbe, Temperatur und Mundgefühl bestimmen die Wirkung von Nahrungsmitteln.
- Experimentierfreude bei der Wahl der paläolithischen Nahrungsmittel, gepaart mit der Wahrnehmung der eigenen Körpersignale, sind eine spannende und stimmungsförderliche Entdeckungsreise.

Rezept-Tipps:

5–7, 9–12, 16–17, 21, 25–36, 38, 40–46, 48, 54–56, 59–68, 70, 74–80, 85–88, 90–103, 105–106, 109–112, 114–115, 118–121

IV. Verführungen zu Fitness und Genuss: PaläoPower-Rezepte

PaläoPower-Rezepte

Frühstück und Snacks
1. Frisches Obst – und frische Kräuter 130
2. Honigbanane 131
3. Beerenmilch 132
4. Kastanienpfannkuchen 133
5. Studentenfutter «Paläo-Gourmet» 134
6. Protein-Gemüse-Teller 135
7. Buchweizentaler 136
8. Teff-Fladen 137
9. Hirsetaler mit Fruchtsoße 138
10. Avocadoaufstrich-Variationen 139
11. Nussige Frischkäse-Alternative 140
12. Schokocreme «Steinzeitella» 141
13. Sauerkirschtraum 142
14. Aprikosenkonfitüre 143
15. Waldbeermarmelade 144
16. Buchweizenmüsli 145
17. Steinzeitmüsli 146
18. Exotischer Milchreis 147
19. Bananen-Kokos-Milch 148
20. Apfel-Bananen-Mandelmilch 149
21. Cashew-Himbeer-Kokos-Traum 150
22. Frühlingssmoothie 151

Frühlingsgerichte und Mittagstisch
23. Kraftsuppe 154
24. Topinambur-Kräuter-Suppe 155
25. Frühlingsomelette 156
26. Champignons im Wildsalatbett 157
27. Ruckzuck-Fit-Salat 158
28. Quinoa-Miniomelette 159
29. Amaranthpuffer 160
30. Französische Galette 161
31. Karamellisierte Mairübchen mit Kalbsrücken 162
32. Lachsfilet an Spinat 163
33. Lamm mit Brennnesselspinat 164
34. Spargel in Pesto 165
35. Grüner Spargelsalat mediterran 166

Köstliche Milchalternativen
36. Cashewmilch 168
37. Erdmandelmilch 169
38. Haselnussmilch 170
39. Kokosmilch – 2 Varianten 171
40. Mandelmilch – 2 Varianten 172
41. Sesammilch – 2 Varianten 173
42. Sojamilch, selbstgemacht 174
43. Haselnuss-Macchiato 175
44. Vanillesoße 176
45. Frischer Fruchtjoghurt 177
46. Nussbutter 178
47. Oliventapenade & salzige Buttervarianten 179
48. Mandelsahne 180

Brot-/Brötchenalternativen
49. Nussige Brotschnitten 182
50. Leinsamen-Erdmandel-Brotscheiben 183
51. Würzig-krosse Leinsamenscheiben 184
52. Herzhafte Gemüsekräcker 185
53. Teff-Brötchendreiecke 186

Kunterbunte Sommerküche
54. Mediterraner Quinoasalat 188
55. Lockere Hühnerbrust im Salatbett 189
56. Glücksgeflügel auf Nussgemüse 190
57. Konfierte Tomaten 191
58. Gemüsebandnudeln 192

PaläoPower-Rezepte

59. Schnelle Paläo-Pizza 193
60. Thunfischpizza «Salto mortale» 194
61. Kernige Gemüsequiche 195
62. Hackbällchen im Lauchbett 196

Besondere Beilagen
63. Pastinakenbratkartoffeln 198
64. Pastinakenpüree 199
65. Belugalinsen 200
66. Buchweizen (Grundrezept) 201
67. Quinoa (Grundrezept) 202
68. Süßkartoffelfritten 203
69. Gnocchi 204

Herbstrascheln
70. Klassischer Linseneintopf 206
71. Sonnige Kürbissuppe 207
72. Möhren-Kohlrabi-Apfel-Rohkost 208
73. Bratkartoffeln mit Roter Bete 209
74. Honiggemüse auf Quinoa 210
75. Putengeschnetzeltes auf Hirse 211
76. Mangold-Bolognese-Sauce mit Glasnudeln 212
77. Schwarzwurzeln mit Meeresbegleiter 213
78. Steak mit Ofenkartoffeln und Mangoldspargel 214
79. Herzhafter Hackbraten 215
80. Kaninchen im Möhren-Sellerie-Bett 216

Desserts, Kekse und Kuchen
81. Sonniges Apfel-Honig-Rad 218
82. Rote Grütze 219
83. Apfelkompott «Ruckzuck» 220
84. Paläo-Waffeln 221
85. Luftige Mandelmousse 222
86. Himbeer-Kokos-Creme 223

87. Duftende Cashewcreme 224
88. Erdbeer-Rhabarber-Kompott mit Kokossahne 225
89. Chiapudding 226
90. Melonensalat mit Cashewcreme 227
91. Fröhliches Mangosorbet 228
92. Erdbeer-Bananen-Eiscreme 229
93. Knackiges Granatapfeldessert 230
94. Möhrenmuffins 231
95. Fruchtige Müsliriegel 232
96. Haselnuss-Schoko-Kekse 233
97. Erdmandelkugeln 234
98. Mandelkekse 235
99. Schokotraum 236
100. Apfel-Mandel-Kuchen 237
101. Mohnkuchen 238
102. Bratäpfel 239
103. Dattelkonfekt 240
104. Aparte Fruchtsoße 241

Wärmende Winterküche und kleine Tabus
105. Herzhaft-edle Kartoffelsuppe 244
106. Feldsalat mit Datteln im Speckmantel 245
107. Weißkrautsalat 246
108. Winterpower-Grünkohl 247
109. Wildschweinbraten in Rosmarinhonig 248
110. Scharfes Okralamm 249
111. Leber mit Apfelscheiben, Zwiebeln und Püree 250
112. Nieren mit Salbei 251
113. Zarte Schnecken auf schwarzem Piemontreis 252
114. Feurige Hackfleischwraps 253

PaläoPower-Rezepte

Kleine Köstlichkeiten und Basisrezepte
115. Paläo-Pesto 256
116. Suppengrundstock 257
117. Dattelmus/Dattelsirup 258
118. Grüne Soβe 259
119. Paläo-Parmesan 260
120. Paläo-Sahne, salzig 261
121. Wilde Knabberei: Brennnesselchips 262
122. Honigbuschtee 263
123. Himbeer-Minz-Wasser 264

FRÜHSTÜCK UND SNACKS

Modernes Frühstück mit «Steinzeit-Zutaten»

PaläoPower-Rezepte

1. Frisches Obst – und frische Kräuter

Zutaten (für 1 Portion):
2–3 Stück Obst nach Saison, z. B. eine halbe Melone, 4 EL Blaubeeren, 1 Pfirsich, 200 g Erdbeeren, 1 Orange, 2 Feigen, 1 Kiwi
frische Kräuter nach Geschmack, z.B. Pfefferminze, Zitronenmelisse, Basilikum, Zitronenbasilikum, Portulak, Brennnessel, Löwenzahn, Sauerampfer

Zubereitung:
➤ Obst schälen bzw. waschen und in mundgerechte Stücke schneiden.
➤ Kräuter waschen, evtl. Blätter vom Stiel abzupfen.
➤ Sie können das Obst unterschiedlich genießen:
 – Obststücke und Kräuter auf einen Teller legen und einzeln bzw. gemeinsam essen.
 – Obststücke und Kräuter mit einem Mixer zu einem Obst-Kräuter-Smoothie kombinieren, evtl. etwas Wasser zugeben, damit der Smoothie dünnflüssiger wird.

Zubereitungstipp

Das Obst lässt sich **auch mit Gemüsestücken gut kombinieren**, z.B. Stangensellerie.
Nehmen Sie für den Smoothie eine **sehr große Menge Kräuter** – der Smoothie wird dann würziger und frischer, und die Ballaststoffe sorgen für eine gleichmäßigere Verteilung des Obstzuckers im Blut.

Frühstück und Snacks

2. Honigbanane

Zutaten (für 1 Portion):
1 Banane
1 TL (Gänse-)Schmalz oder Kokosöl
1 TL Honig
Kokosraspel und/oder Kakaopulver – oder geröstete Pinienkerne, Walnusskerne, Sesamsamen, gehackte Mandelkerne etc.

> Bananen liefern unter allen Obstsorten Höchstwerte an Vitamin B_6 und enthalten viel Magnesium – beste Versorgung also für gute Konzentration und Muskelkraft.
> Honigbananen sind ein idealer Snack vor Schule, Arbeit und Sport.

Schon gewusst?

Zubereitung:
➤ Banane schälen, halbieren oder in Scheiben schneiden.
➤ Schmalz bzw. Öl in einer beschichteten Pfanne erwärmen (wer Nusskerne verwendet: erst diese in der Pfanne anrösten, dann beiseitestellen und die Banane anbraten).
➤ Banane in der Pfanne leicht anbraten, Honig darauf verteilen und warten, bis er flüssig wird.
➤ Honigbanane auf einem Teller anrichten, mit Kokosraspeln oder gerösteten Nusskernen und/oder Kakaopulver bestreuen.
➤ Alternativ: heiße Honigbananen in eine Schüssel mit Milchalternative geben (Kokosmilch, Sojamilch, Reismilch etc.).

3. Beerenmilch

Zutaten (für 1 Portion):
1 Portion Beeren nach Belieben: Blaubeeren, Himbeeren, Brombeeren, Johannisbeeren, Holunderbeeren – oder anderes frisches Obst
ca. 200 ml pflanzliche Milchalternative: z. B. Cashewmilch (siehe Rezept 36)
Mandelmilch (siehe Rezept 40)
Kokosmilch (Dose oder frisch, siehe Rezept 39)

Zubereitung:
➤ Beeren waschen und in eine Schale geben.
➤ Mit Milchalternative auffüllen.
➤ Nach Bedarf zusätzlich mit Honig oder Dattelsirup (siehe Rezept 117) süßen.

Schon gewusst?

Beeren sind ausgezeichnete Quellen sogenannter sekundärer Pflanzenstoffe und unter den einheimischen Früchten diejenigen mit dem höchsten Anteil an Magnesium. Brombeere, Himbeere, Holunderbeere und Sanddornbeere sind daher bestens geeignet, um das Immunsystem zu stärken, Muskel- und Nervenzellen in Topform zu bringen und damit körperliche und geistige Fitness zu fördern.

Frühstück und Snacks

4. Kastanienpfannkuchen

Zutaten (für 1 Portion):
3 EL (gehäuft) Kastanienmehl (ca. 40–50 g)
1–2 Wachteleier oder ein Bio-Hühnerei;
 eifreie Alternative: 1 EL Chiasamen
1 Prise Salz
ca. 100–150 ml Wasser
(Gänse-)Schmalz oder Kokosöl

Zubereitung:
➤ Kastanienmehl mit Salz mischen, mit etwas Wasser verrühren, bis ein fester, glatter Teig entsteht.
➤ Wachteleier/Ei oder Chiasamen zugeben und alles zu einem flüssigen Teig verrühren (bei der Verwendung von Chiasamen noch etwas Wasser zugeben).
➤ Kastanienpfannkuchen in Schmalz oder Öl in einer Crêpes-Pfanne (beschichtet) bei mittlerer Hitze von beiden Seiten goldbraun backen.
➤ Je nach Saison und Geschmack füllen:
 – Fruchtaufstriche: z.B. Sauerkirschtraum (siehe Rezept 13)
 – Paläo-Schokocreme (siehe Rezept 12)
 – Frisches Obst waschen, putzen und dazugeben (z.B. Erdbeeren).
 – Herbstliche Fruchtfüllung: frische Pflaumen waschen und entkernen, pürieren und in einem Topf mit etwas Honig und Chili nach Belieben abschmecken. Aufkochen, bis eine Fruchtsoße entsteht – evtl. mit etwas Johannisbrotkernmehl andicken.

Kastanienmehl: ein glutenfreies Mehl, das aus Edelkastanien (Maroni) gewonnen wird. Der süßlich-nussige Geschmack passt zu süßen Teigvarianten. Bis ins 19. Jahrhundert war Kastanienmehl ein Hauptnahrungsmittel in Südeuropa und wird heute noch in Frankreich und auf Korsika in vielen Gerichten verwendet.

Schon gewusst?

PaläoPower-Rezepte

5. Studentenfutter «Paläo-Gourmet»

Zutaten:

3–4 Nussorten auswählen, z. B.
- Haselnuss
- Walnuss
- Cashewkern
- Mandel
- Erdnuss
- Pekannuss
- Macadamianuss
- Paranuss
- Kokosnuss-Schnitze
- Pinienkerne
- Pistazien
- Aprikosenkerne

3–4 Trockenfruchtsorten auswählen, z. B.
- Rosinen
- Cranberries
- Apfelringe
- Aprikosen
- Pflaumen
- Ananasstücke
- Feigen
- Datteln
- Berberitze
- Aroniabeeren
- Sauerkirschen

Zubereitungstipp

Ändern Sie die **Zusammensetzung** immer wieder, um eine möglichst große Vielfalt an Inhaltsstoffen zu erhalten – und durch die Abwechslung lange Freude am Studentenfutter zu haben.
Sehr praktisch für **unterwegs** und im **Büro,** da leicht zu transportieren und gut sättigend. Ideal bei Fahrradtouren, Wanderungen, für Autofahrten, aber auch für die Schreibtischschublade – und als Snack für Gäste zu Hause.

Zubereitung:
➤ Trockenfrüchte, falls sehr groß, kleiner schneiden.
➤ Nüsse und Trockenfrüchte mischen und in einen Behälter für unterwegs abfüllen.
➤ Als Snack oder Frühstück: Nüsse und Trockenfrüchte auf einem Teller anrichten und bereitstellen.

6. Protein-Gemüse-Teller

Zutaten (für 1 Portion):
50–100 g Schinken, Bratenreste, Lachs oder Thunfisch nach Geschmack
Gemüse und Salat nach Wahl, z. B. Paprika, Tomate, Salatblätter (Rucola, Löwenzahn, junger Spinat etc.), Möhre, Gurke, Rote Bete, Oliven
frische Kräuter nach Saison: Basilikum, Petersilie, Bärlauch, Sauerampfer, Rosmarin etc.
Salz, Pfeffer nach Belieben
evtl. ein gutes Bio-Öl (Olivenöl, Walnussöl etc.)

Zubereitung:
- Gemüse waschen und klein schneiden, Salatblätter und Kräuter kurz abbrausen.
- Schinken, Bratenreste oder Fisch in Scheiben schneiden.
- Auf einem Teller Salatblätter, Kräuter und Fleisch oder Fisch anrichten, evtl. salzen und pfeffern und mit ein paar Tropfen eines ausgesuchten Öls beträufeln.

Zubereitungstipp

Verwenden Sie viele Salatblätter und Kräuter, da dies gut sättigt und die Mineralstoffversorgung optimiert.
Braten, Schinken oder Fisch können auch kurz in der Pfanne angebraten werden.
Als Schinken empfiehlt sich roher, luftgetrockneter Schinken, idealerweise von Tieren mit artgerechter Fütterung wie spanischer Jamón Ibérico de Bellota und Jamón Ibérico de Recebo – beide stammen von Schweinen mit Eichelfütterung.

7. Buchweizentaler

Zutaten (für ca. 8 Stück):
80 g Buchweizenmehl (ca. 4 EL)
¼ Päckchen Weinstein-Backpulver (ca. 4 g)
1 Prise Salz (ca. ¼ TL)
1 TL Johannisbrotkernmehl (3 g)
1 EL heller, neutraler Essig
120 ml Wasser
1 TL (Gänse-)Schmalz

Zubereitung:
➤ Buchweizenmehl, Salz, Backpulver, Johannisbrotkernmehl in einer Schüssel mischen.
➤ Essig und Wasser zugeben und alles zu einem glatten Teig verrühren.
➤ In einer (beschichteten) Pfanne ca. 1 EL Teig in Schmalz auf knapp über der Hälfte der maximalen Herdhitze (z.B. Stufe 5 von 9) langsam ausbacken, bis beide Seiten goldgelb sind.

Zubereitungstipp

Die Buchweizentaler schmecken **sowohl warm als auch kalt.** Ihr herzhafter Geschmack passt zu würzigen Belägen wie der nussigen Frischkäse-Alternative (siehe Rezept 11), mit Oliventapenade (siehe Rezept 47), kombiniert mit Senf oder Tomatenmark und Schinken.
Buchweizentaler als **Boden einer Minipizza** verwenden, mit Oliventapenade oder Tomatenmark bestreichen, mit Fleisch und/oder Gemüse belegen und kurz überbacken.

8. Teff-Fladen

Zutaten (für ca. 8 Stück):
80 g helles Teffmehl (ca. 4 EL)
1 Prise Salz (ca. ¼ TL)
¼ Päckchen Weinstein-Backpulver (ca. 4 g)
2 Wachteleier (alternativ: 1 Bio-Hühnerei)
60 ml Wasser
1 TL (Gänse-)Schmalz

Teff, auch «Zwerghirse» genannt, ist ein glutenfreies Süßgras. In Äthiopien wird es aufgrund seiner Anspruchslosigkeit noch heute als Grundnahrungsmittel verwendet, z.B. für Injera-Fladen. Teff hat einen ausgesprochen hohen Calcium- und Vitamin-B_2-Gehalt und unterstützt so eine starke Knochensubstanz, das Wachstum, gesunde Schleimhäute und eine ungetrübte Augenlinse sowie den Fettabbau. Teffmehl schmeckt leicht nussig und eignet sich gut zum Backen von Fladen und Brötchen.

Schon gewusst?

Zubereitung:
➤ Teffmehl, Salz, Backpulver in einer Schüssel mischen.
➤ Wachteleier aufschlagen, Eigelb und Eiweiß trennen (wichtig, sonst wird der Teig zu dünnflüssig).
➤ Eigelb mit Wasser vermischen, zum Mehl geben und zu einem glatten Teig verrühren.
➤ Eiweiß mit einem kleinen Schneebesen steif schlagen und dann unter den Teig heben.
➤ In einer (beschichteten) Pfanne das Schmalz auf gut der Hälfte der maximalen Herdhitze erwärmen.
➤ 1 EL Teig in die Pfanne geben, langsam ausbacken, bis beide Seiten goldgelb sind.
➤ Die Teff-Fladen schmecken sowohl warm als auch kalt, mit süßem wie mit salzigem Aufstrich – und lassen sich auch als Boden einer Minipizza verwenden.

9. Hirsetaler mit Fruchtsoße

Zutaten (für 2–3 Portionen):
100 g Hirse (möglichst kleines Korn), entspricht ca. ½ Teebecher
ca. 150 ml Wasser (entspricht ca. 1 Teebecher)
1 Prise Salz
2 EL Akazienhonig
2 EL Mandeln, gehobelt (und/oder andere Nüsse, Rosinen, Kokosraspel)
Schweine- oder Gänseschmalz (kein Butterschmalz!) oder Kokosöl

Für die Fruchtsoße:
ca. 6 EL Himbeeren oder andere Beeren
ca. 30 ml Obstsaft (z.B. Kirsch- oder Granatapfelsaft) – Menge je nach gewünschter Konsistenz der Fruchtsoße
2 EL Akazienhonig

Zubereitung:
➤ Hirse waschen und mit Wasser und Salz aufkochen, je nach Korngröße ausquellen lassen (große Körner: ca. 20–30 min quellen lassen, kleine Körner 8–10 min leicht köcheln, 1–2 min ausquellen lassen).
➤ Akazienhonig und Mandeln zufügen, alle Zutaten zu einem Teig vermischen.
➤ Kleine Taler formen (ca. ½ Handfläche groß).
➤ Schmalz in einer beschichteten Pfanne erhitzen (ca. ²/₃ der maximalen Kochfeldstärke) und die Taler darin backen, bis sie goldgelb und leicht kross an der Oberfläche sind.
➤ Fruchtsoße: Beeren mit Honig und Obstsaft pürieren.
➤ Warme oder kalte Hirsetaler mit Fruchtsoße auf einem Teller anrichten.

Zubereitungstipp
Die doppelte Menge Hirse kochen, aus der einen Hälfte herzhafte Hirse oder salzige Hirsetaler als Beilage zu Hauptgerichten reichen und aus der anderen Hälfte süße Hirsetaler mit Fruchtsoße zubereiten.

Frühstück und Snacks

10. Avocadoaufstrich-Variationen

Zutaten (für 2–3 Portionen):
1 weiche/reife Avocado
1 kleine Zwiebel
weißer Essig (oder Zitronensaft)
Olivenöl, Walnussöl oder Sesamöl
(Kräuter-)Salz
Pfeffer
evtl. 1 kleine Tomate, Thunfisch, Oliven oder Grapefruitstücke
evtl. Chili, frisch gemahlen, oder eine kleine Knoblauchzehe

> **Avocado:** stammt aus Mexiko, wurde von den Azteken genutzt und als «Butter des Waldes» bezeichnet – aufgrund der vielen wertvollen Pflanzenfette. Die Avocado wird meist den Gemüsen zugeordnet, ist botanisch aber eine Frucht (Beere). Eine Vielzahl an Inhaltsstoffen unterstützt die Funktion des Herz-Kreislauf-Systems, Gewichtskontrolle und verzögert Alterungsprozesse. Avocados werden immer unreif geerntet. Sie benötigen aufgrund ihrer besonderen Schale keine Spritzmittel und werden daher meist nachhaltig produziert.

Schon gewusst?

Zubereitung:
- Avocado halbieren, entkernen, Fruchtfleisch auskratzen und in einer Schale cremig rühren.
- Zwiebel schälen und fein hacken.
- Zutaten mit etwas Essig und Öl vermischen und mit den Gewürzen abschmecken.
- Tomatenvariation: Tomatenfleisch einer kleinen Tomate fein würfeln (Saft und Kerne in eine Salatsoße geben), in die Avocadocreme einrühren.
- Mediterrane Variation: mit etwas Thunfisch und/oder gehackten Oliven ergänzen.
- Exotische Variation: mit fein eingehackten Grapefruitstücken (ohne Haut) und Thunfisch abschmecken (dann keine Oliven verwenden).

11. Nussige Frischkäse-Alternative

Zutaten (für ca. 2–3 Portionen):
100 g Cashewkerne
300 ml Wasser
Salz
Pfeffer
Muskat
frische Kräuter (Basilikum, Petersilie, Schnittlauch etc.)

Zubereitung:
- Cashewkerne mit Wasser in einem Mixer ca. 1–2 Minuten zerkleinern.
- Cashewmilch durch ein feines Küchensieb filtrieren. Die Cashewmilch in einer Flasche im Kühlschrank kalt stellen und als Kuhmilchalternative genießen.
- Das im Sieb verbliebene Cashewmus mit Salz, Pfeffer, einer Prise Muskat und sehr fein gehackten frischen Kräutern abschmecken: eignet sich hervorragend als Brotaufstrich/Frischkäse-Alternative.
- Der Brotaufstrich hält sich, in ein kleines Glas abgefüllt, mehrere Tage im Kühlschrank.

Zubereitungstipp

Die nussige Frischkäse-Alternative ist ein leckeres «Nebenprodukt» der Cashewmilch-Herstellung (siehe Rezept 36) – so können die Cashewkerne komplett verwertet werden.

Frühstück und Snacks

12. Schokocreme «Steinzeitella»

Zutaten (für 1 Glas, ca. 250 g):
1 essreife Avocado
3 EL Agavendicksaft (neutraler Geschmack) oder Ahornsirup (kräftiger Geschmack)
3 gehäufte EL Kakaopulver (schwach entölt)
¼ TL Salz
1 EL gutes Pflanzenöl, etwa Kürbiskernöl, Rapsöl (neutral), für kräftigeren Geschmack: Kokosöl, Walnussöl
nach Belieben: ausgekratztes Mark einer Vanilleschote

Zubereitung:
➤ Avocado halbieren, entkernen, Fruchtfleisch aus der Schale lösen und mit den restlichen Zutaten in einen hohen Becher geben.
➤ Mit einem Pürierstab alle Zutaten zu einer glatten Creme verarbeiten.
➤ Schokocreme in ein sauberes Schraubdeckelglas füllen und im Kühlschrank aufbewahren (ca. 1 Woche haltbar).

Schon gewusst?

Avocado in einer Schokocreme? Es erscheint ungewöhnlich, eine Avocado als Basis für eine Schokocreme zu verwenden. Das cremige und fettreiche Fruchtfleisch ist dafür jedoch bestens geeignet, das Kakaopulver färbt die Creme schokobraun.
Wie erkenne ich eine reife Avocado? Reife Avocados sind meist dunkelgrün bis braun und geben leicht nach, wenn man sie in der Hand drückt. Nur reife Avocados haben einen Eigengeruch. Unreife Avocados kann man zum Nachreifen in Zeitungspapier einwickeln oder in eine Schale mit Äpfeln legen – wichtig: keine Plastiktüten oder geschlossene Gefäße verwenden, da die Avocado zum Nachreifen Sauerstoff benötigt.

13. Sauerkirschtraum

Zutaten (für ca. 250 g):
150 g getrocknete Sauerkirschen
50 g Wasser
65 g Akazienhonig (ca. 2 gute EL)

Schon gewusst?
Kirschen enthalten höhere Mengen an sekundären Pflanzenstoffen als die meisten anderen Früchte – vor allem Polyphenole. Ihre antientzündliche und immunsystemstärkende Wirkungen gelten als hilfreich für den Schutz gegen Krebs, Herz-Kreislauf-Erkrankungen und Übergewicht.

Zubereitung:
➤ Sauerkirschen ca. 1 Stunde in Wasser einweichen, dabei gelegentlich umrühren.
➤ Honig hinzufügen, alles gut mit einem Löffel vermischen.
➤ Die Zutaten mit einem Pürierstab pürieren.
➤ Nach Belieben mit etwas mehr Honig abschmecken.
➤ Sauerkirschtraum in ein verschließbares Glas füllen und im Kühlschrank aufbewahren.
➤ Der Sauerkirschtraum eignet sich als Konfitüre, zum Abschmecken von Soßen oder als Zugabe zu Desserts und Kastanienpfannkuchen (siehe Rezept 4). Gerade gegen Ende des Winters sind die getrockneten Kirschen ein sehr guter Vitamin- und Mineralstofflieferant.

Frühstück und Snacks

14. Aprikosenkonfitüre

Zutaten (für ca. 250 g):
150 g getrocknete Aprikosen oder Wildaprikosen
50 g Wasser (bei Aprikosen) bzw. 75 g Wasser (bei Wildaprikosen)
65 g Akazienhonig (ca. 2 gute EL)

Zubereitung:
- Aprikosen mindestens 1 Stunde in Wasser einweichen, gelegentlich umrühren.
- Honig hinzufügen.
- Die Zutaten mit einem Pürierstab pürieren.
- Nach Belieben mit etwas mehr Honig abschmecken.
- Aprikosenkonfitüre in ein verschließbares Glas füllen und im Kühlschrank aufbewahren.

> **Zubereitungstipp**
> Die Aprikosenkonfitüre eignet sich als Konfitüre, zum Abschmecken von Soßen, als Zugabe zu anderen Desserts und zum Füllen von Kastanienpfannkuchen (siehe Rezept 4).

15. Waldbeermarmelade

Zutaten (für ca. 300 g):
200 g Beeren (z.B. Himbeeren und Heidelbeeren)
100 g Akazienhonig (oder Agavendicksaft)
12 g Apfelpektin

Zubereitung:
➤ Beeren waschen und in einen Topf geben.
➤ Akazienhonig und Apfelpektin abwiegen, zu den Beeren geben.
➤ Alles aufkochen und 5 Minuten köcheln lassen.
➤ Noch heiß in ein sauberes Schraubdeckelglas füllen.

Zubereitungstipp

Apfelpektin: natürlich vorkommend in Äpfeln – vor allem im Kerngehäuse; wirkt förderlich auf die Verdauung, den Blutzuckerspiegel, die Blutgerinnung, Wundheilung und den Fettstoffwechsel; ein löslicher Ballaststoff, der als Gelier- und Verdickungsmittel z. B. in Marmeladen und Gelees eingesetzt wird. Mischt man 2 Teile Früchte und 1 Teil Zuckerquelle mit Apfelpektin, wird kein weiterer Zusatzstoff (wie Calciumcitrat oder Zitronensäure) für das Gelieren benötigt.

Frühstück und Snacks

16. Buchweizenmüsli

Zutaten (für 6 Portionen):
200 g Buchweizen (ganze Körner)
400 ml Wasser
½ TL Salz
4 EL Akazienhonig (oder Agavendicksaft)
evtl. 4 EL Rosinen
evtl. 4 EL gemahlene Haselnuss- oder Mandelkerne
evtl. 1 TL Zimt und/oder Kakaopulver

Zubereitung:
➤ Buchweizen abmessen und im Salzwasser bei schwacher Hitze ca. 10 Minuten köcheln lassen.
➤ Den Herd ausschalten und den Buchweizen weitere 15 Minuten bei geschlossenem Deckel quellen lassen.
➤ Buchweizenkörner mit Honig und nach Belieben mit Rosinen und Nüssen mischen.
➤ Entweder warm verzehren oder als Vorrat, in einem Glas abgefüllt, im Kühlschrank bis zu 5 Tage lagern.
➤ Buchweizenmüsli mit frischen oder eingelegten Früchten, evtl. mit Zimt und/oder Kakaopulver bestreuen; Alternativ: mit Cashew-, Mandel- oder Kokosmilch (siehe Rezepte 36, 39, 40) als klassisches Müsli verwenden.

> **Zubereitungstipp**
> Man kann (vor allem in Haushalten mit wenigen Personen) die ausgequollenen Buchweizenkörner aufteilen: einen Teil als Beilage zum Hauptgericht verwenden oder als Buchweizenrisotto, den anderen Teil als Basis für das Buchweizenmüsli.

PaläoPower-Rezepte

17. Steinzeitmüsli

Zutaten:

glutenfreie Flocken/Getreide-
  alternativen nach Belieben, z.B.
  Hirseflocken oder Hirsemehl
  Reisflocken
  Amaranth
  Amaranthpops
  Quinoa
  Kokosflocken oder Kokosraspel
  Sojaflocken
Samen und Kerne nach Belieben, z.B.
  Sonnenblumenkerne
  Leinsamen
Trockenfrüchte nach Belieben, z.B.
  Cranberries
  Rosinen
  Feigen
  Datteln
  Aprikosen
  Berberitzen
  Aroniabeeren

frisches Obst nach Belieben, z.B.
  Apfel
  Birne
  Banane
  frische Beeren
  Kapstachelbeere
Kuhmilchalternative, z.B.
  Orangensaft
  Kokosmilch (am besten vorher
  im Verhältnis 1:1 mit Wasser
  verdünnen)
  Reismilch
  Mandelmilch
  Cashewmilch
  Sojamilch

Zubereitung:

▶ Aus den trockenen Zutaten die gewünschte Mischung herstellen.
▶ Frisches Obst nach Belieben waschen, putzen und klein schneiden.
▶ Obststücke und Kuhmilchalternative zur Trockenmischung geben.

Zubereitungs-tipp

Das Mischen der verschiedenen Flocken, Samen und Früchte ermöglicht eine große Abwechslung, schützt vor versteckten Zucker-, Farb- und Konservierungsstoffzusätzen und macht viel Spaß. Durch unterschiedliche Kuhmilchalternativen wird die Geschmacksbreite noch erweitert.

Frühstück und Snacks

18. Exotischer Milchreis

Zutaten (für 2–4 Portionen):
65 g Milchreis
250 ml Kokosmilch (alternativ: Mandelmilch, Haselnussmilch, Cashewmilch – siehe Rezepte 36, 38–40 – dann die doppelte Menge verwenden und auf die folgenden 250 ml Wasser verzichten)
250 ml Wasser
1 Prise Salz
2 EL Honig oder Dattelsirup (siehe Rezept 117)

Zubereitung:
► Alle Zutaten in einen Topf geben, kurz aufkochen und bei geringer Hitze ca. 25 Minuten garen lassen. Dabei immer wieder umrühren.
► Wenn der Reis ausgequollen ist, in eine Schüssel geben und abkühlen lassen (schmeckt auch lauwarm sehr gut!).
► Dazu passt: frisches Obst aller Art (z.B. Mango, Sauerkirschen, Himbeeren, Heidelbeeren) oder Apfelkompott (siehe Rezept 83); ebenfalls lecker: mit Zimt oder Kakao bestäuben.

Kein schneller Nachtisch aufgrund der langen Rührzeit – dafür exquisit mit Kokosmilch oder Mandelmilch als Alternative zur Kuhmilch.
Wird die doppelte Menge verwendet, steht für ein paar Tage ein leckerer Nachtisch oder ein Frühstück (Müsli-Ersatz) bereit, das, mit verschiedenen Obstsorten oder mit Kakao oder Zimt bestäubt, schnell und variantenreich zubereitet ist.
Apfel-Milchreis-Variante: Gegen Ende der Kochzeit Apfelstücke zum Milchreis geben und mitkochen.

Zubereitungs-

147

19. Bananen-Kokos-Milch

Zutaten (für 1 Portion):
1–2 (vollreife) Banane(n)
100 ml Kokosmilch (siehe Rezept 39)
100 ml Wasser

Schon gewusst?

Kokosmilch: ersetzt Kuhmilch in diesem Getränk perfekt und verleiht zusätzlich eine exotische Note.
Kokosmilch ist reich an Kokosöl, das gut sättigt, gegen Bakterien, Viren, Pilze und Parasiten wirkt, bei Sportlern als leistungssteigernd bekannt ist und bei erschöpften Schreibtischarbeitern oft für neue Energie sorgt.

Zubereitung:
➤ Alle Zutaten im Mixer oder mit dem Pürierstab 1 Minute pürieren.
➤ Bananen-Kokos-Milch in ein schönes Glas füllen und evtl. garnieren.

Frühstück und Snacks

20. Apfel-Bananen-Mandelmilch

Zutaten (für 2 Gläser):
1 reife Banane
1 säuerlicher Apfel
1 EL weißes Mandelmus
180 ml Wasser

Zubereitung:
- Banane schälen, stückweise in einen Mixbecher geben.
- Apfel waschen, vierteln, ebenfalls in den Mixbecher geben.
- Mandelmus und Wasser hinzufügen.
- Ca. 1–2 Minuten pürieren, in ein schönes Glas füllen und evtl. mit frischer Minze oder Zitronenverbene garnieren.

Schon gewusst?

Die Apfelschale enthält viel Pektin – ein Inhaltsstoff, der in Anwesenheit von Calcium ein Gel bildet. Pektin ist beliebt zum Herstellen von Marmeladen (siehe Rezept 15) sowie in der Medizin bei Magen-Darm-Beschwerden und zum Senken des Cholesterinspiegels. Daher unbedingt ungeschälte Bio-Äpfel verwenden (sie sind nicht gespritzt).

21. Cashew-Himbeer-Kokos-Traum

Zutaten (für 2 Portionen):
100 g Cashewkerne
150 g gefrorene Himbeeren
200 ml Kokosmilch (siehe Rezept 39)
Honig oder Dattelsirup (siehe Rezept 117)
Wasser oder Fruchtsaft, z.B. Cranberry- oder Kirschsaft

Zubereitung:
➤ Cashewkerne, Himbeeren, Kokosmilch in einen Mixer geben, mit Wasser/Saft auf 750 ml auffüllen, Honig zum Süßen nach Belieben hinzufügen.
➤ Alle Zutaten im Mixer gut mischen und in ein Glas füllen.

Schon gewusst?

Cashewkerne: enthalten einen hohen Anteil der Aminosäure Tryptophan, die Ausgangssubstanz für die Produktion des Glückshormons Serotonin ist.

Frühstück und Snacks

22. Frühlingssmoothie

Zutaten (für ca. 3 große Gläser):
1 Apfel (mit Schale, Stiel und Kernen)
1 reife Banane
1 Möhre mit Möhrengrün
2 Handvoll Babyspinat
500 ml Wasser

Zubereitung:
- Apfel waschen, vierteln.
- Banane schälen, in 3 Stücke teilen.
- Möhre waschen, in 3 Stücke teilen, Blattgrün abschneiden.
- Babyspinatblätter waschen.
- Alles Obst und Gemüse (auch das Möhrengrün!) in einen Mixer geben und mit Wasser auffüllen.
- Zunächst auf kleiner Stufe alles mixen, dann bei höchster Stufe ca. 1 Minute gleichmäßig pürieren.
- Smoothie in ein Glas füllen und mit einem langstieligen Löffel servieren (beim Trinken immer wieder mal umrühren, damit die Inhaltsstoffe gleichmäßig verteilt sind).
- Die verbliebene Smoothie-Mischung kann im Kühlschrank einen Tag lang aufbewahrt werden.

Zubereitungstipp
Mit der Wassermenge bestimmen Sie, wie flüssig der Smoothie sein soll. Smoothies mit Gemüse sind oft gewöhnungsbedürftig, werden aber schnell zu einer köstlichen Zwischenmahlzeit und liefern den Körperzellen einen großen Energieschub.

FRÜHLINGSGERICHTE UND MITTAGSTISCH

Grüne
Nährstoff-
Kraftpakete
geben Energie

23. Kraftsuppe

Zutaten (für ca. 4 Portionen):
2 Rinderbeinscheiben (ca. 600–800 g)
750 ml Wasser
3 EL Suppengrundstock (siehe Rezept 116)
500 g Kartoffeln
1 kg Möhren (mit Möhrengrün)
Pfeffer
Muskatnuss
evtl. Salz

Zubereitung:
- Beinscheiben waschen und in einem großen Topf mit Wasser und Suppengrundstock zum Kochen bringen. Bei schwacher Hitze ca. 90 Minuten köcheln lassen.
- Kartoffeln schälen und in mundgerechte Stücke schneiden.
- Möhrenenden abschneiden, Möhren waschen und in mundgerechte Stücke schneiden (Möhrengrün beiseitestellen).
- Gemüse nach 90 Minuten zu den Beinscheiben geben, weitere 20 Minuten köcheln lassen.
- Beinscheiben aus der Suppe nehmen, Fleisch vom Knochen lösen und in kleine Stücke schneiden, diese zurück in die Suppe geben.
- Möhrengrün waschen, klein schneiden und kurz vor dem Servieren unter die Suppe rühren.

Schon gewusst?

Rinderbeinscheibe: ist durch das Knochenmark im Hohlknochen das ideale Suppenfleisch. Schöner Nebeneffekt: Wer Beinscheiben verwendet, schont den Geldbeutel und trägt dazu bei, dass nicht nur die Edelstücke des Rindes verwendet werden – ganz im Jäger-und-Sammler-Stil.

Frühlingsgerichte und Mittagstisch

24. Topinambur-Kräuter-Suppe

Zutaten für 2 Portionen:
300 g Topinambur (ca. 3 mittelgroße Knollen)
    (alternativ: Kartoffeln)
100 g Wasser
1 EL Suppengrundstock (siehe Rezept 116)
100 g Frühlingskräuter oder Wildsalat (Kresse, Rote-Bete-Blätter, Bärlauch,
    Spinatblätter etc.)
1 EL Sonnenblumenkerne
Salz
Pfeffer
Muskatnuss

> **Topinambur:** ein Korbblütlergewächs wie die Sonnenblume. Topinambur stammt aus Nord- und Mittelamerika («Indianerkartoffel»), die essbaren Knollen werden vor allem in Frankreich geschätzt. Topinambur hat einen süßlich-intensiven Geschmack und wird von Diabetikern anstelle von Kartoffeln verwendet, da viele Ballaststoffe wie Inulin enthalten sind, so dass der Blutzuckerspiegel nur geringe Schwankungen aufweist.

Schon gewusst?

Zubereitung:
➤ Topinambur wie Kartoffeln schälen, in Würfel schneiden.
➤ Topinamburwürfel mit Wasser und Suppengrundstock in einem Topf mit geschlossenem Deckel auf mittlerer Hitze 15–20 Minuten köcheln lassen, bis die Topinamburstücke gar sind.
➤ Salatblätter und Kräuter waschen.
➤ Sonnenblumenkerne ohne Fett in einer Pfanne anrösten und in einer Schale bereitstellen.
➤ Wenn die Topinamburstücke weich sind, Salatblätter und Kräuter zugeben, etwas zusammenfallen lassen, dann alles im Topf pürieren.
➤ Topf wieder auf den Herd stellen, bei minimaler Hitze warm halten, evtl. mit Wasser verdünnen, Suppe mit Salz, Pfeffer und Muskatnuss abschmecken.
➤ Suppe auf Teller verteilen, Sonnenblumenkerne darüberstreuen.

PaläoPower-Rezepte

25. Frühlingsomelette

Zutaten (für 1 Portion):
2 Hühnereier von artgerecht gehaltenen und gefütterten Hühnern
200 g Champignons
1 kleine Zwiebel
1–2 Handvoll Rucola
ca. 6–8 Bärlauchblätter (oder andere Frühlingskräuter)
Olivenöl
Salz
Pfeffer
Muskatnuss

Zubereitung:
➤ Rucola und Bärlauch waschen und trockenschleudern.
➤ Hühnereier in einer Schüssel aufschlagen, salzen, pfeffern und mit einem Schneebesen gut durchmischen, bis die Eier etwas Schaum schlagen.
➤ Champignons putzen, in Scheiben schneiden.
➤ Zwiebel schälen, würfeln, in Olivenöl in einem Topf anbraten, dann Champignons zugeben und bei mittlerer Hitze garen, salzen, pfeffern, frische Muskatnuss hineinreiben.
➤ Olivenöl in einer Crêpes-Pfanne (beschichtete Pfanne) bei mittlerer Hitze erhitzen, Eiermasse hineingeben und zu einem Omelette von beiden Seiten goldbraun backen.
➤ Rucola und Bärlauch auf einem Teller anrichten, Omelette darauflegen, mit Champignons anrichten.

Schon gewusst?

Bärlauch: ist ein Zwiebelgewächs. In der Hauptsaison März bis Mai können die würzigen Blätter im Laubwald gesammelt werden. Wichtig: Der Knoblauchgeruch sollte an jedem einzelnen Blatt überprüft werden, um eine Verwechslung mit hochgiftigen Maiglöckchen oder Herbstzeitlosen zu vermeiden!
Bärlauch belebt und regeneriert und eignet sich als Wildkraut im Frühjahr besonders gut zur Stoffwechselaktivierung.

Frühlingsgerichte und Mittagstisch

26. Champignons im Wildsalatbett

Zutaten (für 2 Portionen):
2 Handvoll Löwenzahnblätter
1 Handvoll Sauerampferblätter
400 g Champignons
50 g Speck
1 große Zwiebel
Meer- oder naturbelassenes Steinsalz
Pfeffer
Muskatnuss
Olivenöl
nach Belieben: 3 Wachteleier

Zubereitung:
- Wachteleier in 6 Minuten hart kochen, dann abschrecken, pellen und halbieren.
- Zwiebel schälen und würfeln, Speck würfeln.
- Champignons putzen und in Scheiben schneiden.
- Salatblätter waschen und auf Tellern anrichten.
- Zwiebel- und Speckwürfel in Olivenöl anbraten, dann Champignons dazugeben und bei geschlossenem Deckel dünsten.
- Mit Salz, Pfeffer, frisch geriebener Muskatnuss abschmecken.
- Champignons über den Salatblättern verteilen, mit Wachteleiern garnieren.

Schon gewusst?

Löwenzahn: eine altbewährte Heilpflanze mit einem hohen Gehalt an Vitamin E, Zink, Kupfer und Magnesium sowie Bitterstoffen – so wird nicht nur das Immunsystem geschützt, sondern auch die Konzentration gefördert. In der Volksmedizin wird Löwenzahn zur Stärkung von Leber und Galle eingesetzt – ihm werden auch stimmungsaufhellende und anregende Eigenschaften zugeschrieben.

27. Ruckzuck-Fit-Salat

Zutaten (für 1 Portion):
200 g Salat der Saison (Rucola, Rote Bete, Spinat etc.)
1 Hühnerbrustfilet (Bio/artgerecht)
2 EL Kürbiskernöl (oder ein anderes gutes Öl)
1 EL Balsamessig
2 EL Kürbiskerne (oder andere Samen passend zum Öl, z. B. Sonnenblumenkerne/-öl, Walnusskerne/-öl)
Gänseschmalz oder Kokosöl
Salz
Pfeffer

Schon gewusst?

Seit einiger Zeit wird der Effekt von Rote-Bete-Saft auf sportliche Leistung untersucht. Die Energieausbeute in den Muskeln kann damit wahrscheinlich gesteigert werden – wichtig vor allem für Ausdauersportler. Ein halber Liter Rote-Bete-Saft erzeugt nach etwa 2–3 Stunden einen Leistungshöchststand, der noch weitere 6–9 Stunden anhält.

Zubereitung:
➤ Salat waschen und trockenschleudern.
➤ Gänseschmalz oder Kokosöl in einer Pfanne bei mittlerer Hitze erhitzen, Hühnerbrustfilet von beiden Seiten braun anbraten, jede Seite salzen und pfeffern.
➤ Öl, Essig, eine Prise Salz, Pfeffer zu einer Marinade verrühren.
➤ Kürbiskerne kurz vor Ende der Bratzeit in der Pfanne mit anrösten.
➤ Salatblätter in einen großen Teller oder auf eine große Platte legen, Marinade darübergeben.
➤ Hühnerbrustfilet auf das Salatbett legen, Kürbiskerne darüberstreuen.

Frühlingsgerichte und Mittagstisch

28. Quinoa-Miniomelette

Zutaten (für 4 Portionen):
250 g gekochter Quinoa (siehe Rezept 67)
4 Hühnereier oder 2 Enteneier
1 Bund Schnittlauch, Bärlauch oder Petersilie
3 große Frühlingszwiebeln
1 TL Meersalz
Pfeffer
Gänseschmalz

Zubereitung:
➤ Eier, Meersalz, Pfeffer in einer Schüssel gut verrühren.
➤ Kräuter und Frühlingszwiebeln waschen und klein schneiden, zu den Eiern geben.
➤ Gekochten Quinoa zufügen und alles gut mischen.
➤ In einer Pfanne Gänseschmalz bei $2/3$ der Herdhitze erwärmen.
➤ Quinoa-Eier-Teig esslöffelweise in das Gänseschmalz geben (ca. 3 Miniomelettes pro Runde) – ein Esslöffel genügt, die Omelettes gehen noch auf.
➤ Miniomelettes wenden, wenn sie sich gut vom Boden gut lösen lassen, und von beiden Seiten goldbraun braten

Die Miniomelettes sättigen gut. Dazu passen ein bunter Salat und/oder Grüne Soße (siehe Rezept 118) und/oder gegrilltes Fleisch bzw. Fisch.

Zubereitungstipp

29. Amaranthpuffer

Zutaten (für ca. 10 Puffer bzw. 2 Portionen):
100 g Teffmehl (oder Buchweizen- oder Amaranthmehl)
40 g Amaranthpops
1 Prise Salz
Pfeffer
Mineralwasser mit Kohlensäure (ca. 200 ml)
50–100 g Speck
1 kleine Zwiebel oder 2 Frühlingszwiebeln
Schweineschmalz (oder Bratöl)

Zubereitung:
➤ Mehl und Amaranthpops (haben ein großes Volumen) in einer großen Schüssel mit Salz und Pfeffer mischen.
➤ Mineralwasser zugeben, bis ein glatter Teig entsteht.
➤ Speck und geschälte Zwiebel in kleine Würfel schneiden und unter den Teig mischen.
➤ Pfanne mit etwas Schweineschmalz auf ca. $2/3$ Herdhitze erwärmen, dann esslöffelweise den Teig hineingeben, so dass Puffer von ca. 6–7 cm entstehen.
➤ Von beiden Seiten hellbraun braten, gelegentlich kleine Schmalzstückchen in die Pfanne geben.
➤ Fertige Puffer im Backofen bei ca. 100 °C warm halten, bis alle Puffer ausgebacken sind.

Zubereitungstipp
Zu den Amaranthpuffern passt ein Blattsalat oder Apfelmus – die Amaranthpuffer sind Kartoffelpuffern sehr ähnlich.

30. Französische Galette

Zutaten (für 1 Portion):
50 g Buchweizenmehl
100 ml Wasser
1 Ei, wenn der Teig luftiger werden soll
60 g Pilze (z. B. Kräutersaitlinge, Champignons)
½ Zwiebel
Olivenöl, 1 EL Oliventapenade (siehe Rezept 47) oder 1 TL Senf
Schinken (z. B. Wildschweinschinken)
frische Kräuter (z. B. Kresse), Salz (ca. ¼ TL), Pfeffer, Muskatnuss

> **Buchweizen:** ist trotz seines Namens kein Getreide, sondern ein glutenfreies Knöterichgewächs und mit Rhabarber und Sauerampfer verwandt. Buchweizen wurde als Beilage verwendet, bis er im 18. Jahrhundert von der Kartoffel abgelöst wurde. Heute ist Buchweizen als Grütze und Beilage in der russischen und polnischen Küche beliebt – in Frankreich, Italien und den USA wird Buchweizenmehl für Pfannkuchenteig, Kuchen, Polenta verwendet.

Schon gewusst?

Zubereitung:
➤ Buchweizenmehl mit Wasser (und evtl. einem Ei) zu einem glatten Teig verrühren, Salz, Pfeffer, frisch geriebene Muskatnuss unterrühren, Teig ruhen lassen.
➤ Zwiebel schälen, würfeln.
➤ Pilze abreiben, in Scheiben schneiden.
➤ Pilze und Zwiebelwürfel in etwas Olivenöl anbraten (wer Sauce mag: bei geschlossenem Deckel in einem Topf, so dass das Pilzwasser erhalten bleibt; wer es kross mag: in einer Pfanne).
➤ Buchweizenteig in etwas Olivenöl in einer Crêpes-Pfanne bei mittlerer Hitze von beiden Seiten goldbraun ausbacken.
➤ Kräuter waschen und klein schneiden.
➤ Buchweizenpfannkuchen (Galette) auf einen Teller geben, mit Oliventapenade oder Senf bestreichen, Schinken, Zwiebeln und Pilze auflegen.
➤ Galette mit frischen Kräutern bestreuen und sofort servieren.

Tipp: Wenn mehrere Personen Galette essen, Galettes einzeln zubereiten, stapeln, warmstellen, zum Schluss auf Tellern einzeln anrichten.

31. Karamellisierte Mairübchen mit Kalbsrücken

Zutaten (für 2 Portionen):

3 Mairübchen	Salz
400 g Kalbsrücken	Pfeffer
1 EL Olivenöl	Muskatnuss
1 EL Honig	Rindertalg (oder Schmalz)

Zubereitung:

▶ Von den Mairübchen Strunk und Spitze abschneiden, dann mit einem Sparschäler die Mairübchen schälen.
▶ Mairübchen in ca. 5 mm dünne Scheiben schneiden, Strunk mit Blättern klein schneiden.
▶ Mairübchenscheiben in einem Topf gerade mit Wasser bedecken, aufkochen und bei kleiner Flamme ca. 4 Minuten dünsten, dann über ein Sieb abgießen.
▶ Im Topf Olivenöl, Honig, Salz, Pfeffer, frisch geriebene Muskatnuss vermischen und leicht erwärmen, bis eine glatte Soße entsteht, Strunkstücke zugeben, alles gut vermischen und anschließend die Mairübchenscheiben dazugeben, kurz umrühren, dann warm halten.
▶ Ca. 1 TL Rindertalg in einer Pfanne erhitzen, Kalbsrücken von beiden Seiten scharf anbraten, salzen, pfeffern und von jeder Seite noch ca. 2 Minuten bei kleiner Hitze garen.
▶ Auf einem Teller Mairübchenscheiben mit Soße anrichten, Kalbsrücken in Scheiben schneiden und dazulegen.
▶ Dazu schmeckt: schwarzer Piemontreis oder Buchweizen. Auch anderes Fleisch oder Fisch passen gut zu den Mairübchen, Kalbsrücken harmoniert besonders gut im Frühling durch seine Zartheit.

Zubereitungstipp

Mairübchen schmecken wie sehr milder Kohlrabi und kommen besonders mit einem Hauch Süße (z. B. Honig) zur Geltung. Strunk und Blätter schmecken frisch und sind wie Petersilie zu verwenden. Mairübchen bis zu einer Größe von 5 cm sind besonders zart und delikat.

Frühlingsgerichte und Mittagstisch

32. Lachsfilet an Spinat

Zutaten (für 2 Portionen):
400 g Lachsfilet
Kokosöl
2 Bündel Spinat (ca. 800 g)
1 große Zwiebel
1 kleine Knoblauchzehe
Salz
Pfeffer
Muskatnuss
2 EL Olivenöl

> Fisch wird in den letzten Jahren immer beliebter – mit dem Nachteil der Überfischung der Meere und Intensivzuchtfarmen. Umweltschutzorganisationen raten, beim Kauf von Fischprodukten auf Bio- und Umweltsiegel zu achten: Bei Zuchtfischen gelten die Siegel von Bioland, Naturland und ASC (gentechnikfreie Futtermittel) als guter Wegweiser, bei Wildfisch das MSC-Siegel (nachhaltige Fischerei).

Schon gewusst?

Zubereitung:
- Spinat waschen und trockenschleudern.
- Zwiebel und Knoblauch schälen und würfeln.
- Lachsfilet abbrausen und trockentupfen, dann in Kokosöl von beiden Seiten anbraten, salzen, pfeffern.
- Zwiebelwürfel und Knoblauchwürfel in Olivenöl in einem großen Topf anbraten, Spinat dazugeben, salzen, pfeffern, mit frisch geriebenem Muskat würzen, bei geschlossenem Deckel dünsten, bis der Spinat zusammengefallen ist, dann warm halten, bis das Lachsfilet fertig ist.
- Lachsfilet mit Spinat auf einem Teller anrichten.
- Dazu passen Bratkartoffeln oder Pastinakenbratkartoffeln (siehe Rezept 63).

33. Lamm mit Brennnesselspinat

Zutaten (für 2 Portionen):
2 Lammhüftsteaks oder 2 Lammlachse
1 Leinenbeutel voll Brennnesseltriebe, frisch gepflückt
1 Zwiebel
50 g Speck
Wasser
1 EL Suppengrundstock (siehe Rezept 116)
Salz
Pfeffer
Muskatnuss
Olivenöl
Rindertalg oder Schmalz

Zubereitung:
➤ Brennnesseln in heißem Wasser waschen, abtropfen lassen.
➤ Zwiebel schälen, würfeln; Speck würfeln.
➤ Zwiebel- und Speckwürfel in einem großen Topf mit etwas Olivenöl anbraten.
➤ Suppengrundstock hinzufügen, mit ein wenig Wasser ablöschen, dann Brennnesseltriebe dazugeben.
➤ Bei geschlossenem Deckel dünsten, bis das Brennnesselgemüse zusammengefallen ist und wie Spinat aussieht; evtl. etwas Wasser zugeben.
➤ Brennnesselspinat mit Salz, Pfeffer, frisch geriebenem Muskat abschmecken.
➤ Lammfleisch in Talg oder Schmalz in einer Pfanne kurz von beiden Seiten anbraten, salzen, pfeffern.
➤ Lammfleisch mit Brennnesselspinat auf Tellern anrichten.

Schon gewusst?

Brennnessel: eine altbekannte Heilpflanze mit bis zu 20 % Mineralstoffanteil (z.B. Kieselsäure, Zink, Magnesium) und Vitaminen (z.B. Vitamin C und E) sowie weiteren sekundären Pflanzenstoffen. Brennnesselblätter wirken stoffwechselfördernd, harntreibend und harnsäureabführend – ideal als Frühjahrs- und Frühsommerkur sowie bei Harnwegs- und rheumatischen Beschwerden. Im August/September liefern die öl- und Vitamin-E-reichen Samen eine leckere Knabberei und Müsli- bzw. Brotzutat.

Frühlingsgerichte und Mittagstisch

34. Spargel in Pesto

Zutaten (für 2 Portionen):
1 kg Spargel
2–4 TL Paläo-Pesto (siehe Rezept 115)
Schinkenscheiben oder hart gekochte Wachtel-, Enten- oder Truthahneier nach Belieben
Salz
Pfeffer

Zubereitung:
- ▶ Spargelenden abschneiden, Spargel schälen.
- ▶ In einen Dampftopf etwas Wasser einfüllen, 2 Prisen Salz zufügen, geschälten Spargel mit den Köpfen nach oben hineinstellen.
- ▶ Dampftopf anheizen, wenn die Ventile auf höchster Stufe sind, Spargel je nach Dicke 3–4 Minuten dampfgaren.
- ▶ Schinken oder Eier auf Tellern anrichten.
- ▶ Dampftopf nach Ende der Garzeit mit kaltem Wasser abschrecken, dann Topf öffnen und Spargel auf die Teller verteilen.
- ▶ Nach Belieben salzen und pfeffern und 1–2 TL Paläo-Pesto über den Spargel geben.

Spargel: wirkt harntreibend durch den Inhaltsstoff Asparagin – welcher auch zum typischen Spargelgeruch des Urins führt. Die aphrodisische Wirkung wird teils der harntreibenden Anregung des Unterleibs zugeschrieben, liegt aber eher am phallischen Aussehen des Gemüses und dem früher üblichen Genuss direkt mit den Fingern.

Schon gewusst?

35. Grüner Spargelsalat mediterran

Zutaten (für 2 Portionen):
500 g grüner Spargel
Salz
Zucker
2 EL Olivenöl
1 EL Balsamico, weiß
Pfeffer
½ TL Senf
8 eingelegte getrocknete Tomaten
2 EL Pinienkerne oder Sonnenblumenkerne
nach Belieben: kleines Stück Lammhüftsteak oder Rinderfilet, Hühnerbrustfilet oder Truthahnschnitzel

Zubereitung:
- Spargelenden abschneiden, Spargel im unteren Drittel schälen.
- Spargel in mundgerechte Stücke schneiden, in einen Topf geben und gerade mit Wasser bedecken, etwas Salz und eine Prise Zucker zufügen.
- Spargelstücke ca. 8 Minuten weichkochen, dann abgießen.
- Getrocknete Tomaten in kleine Stücke schneiden, in eine Schüssel geben.
- Vinaigrette herstellen aus: Olivenöl, Balsamico, einer Prise Salz, etwas Pfeffer und Senf.
- Vinaigrette über die Tomaten geben, Spargelstücke zufügen und alles gut mischen.
- Pinien- oder Sonnenblumenkerne in einer Pfanne ohne Fett anrösten.
- Nach Belieben Fleischstücke kurz in einer Pfanne mit Bratöl anbraten, salzen, pfeffern.
- Spargelsalat und Fleisch auf einem Teller anrichten, geröstete Kerne darübergeben.

Zubereitungstipp

Nüsse und Samen werden am besten ohne Fett in einer Pfanne auf mittlerer Hitze und unter häufigem Wenden angeröstet. Sie verleihen Salaten einen besonderen Pfiff und sorgen für ein hohes Sättigungsgefühl (ganz ohne Brot). Eine größere Portion rösten und Reste in einem verschlossenen Glas aufbewahren: So können sie schnell in den nächsten Tagen für andere Gerichte oder als Nascherei verwendet werden.

KÖSTLICHE MILCHALTERNATIVEN

Einfach herzustellen, reich an Nährstoffen

36. Cashewmilch

Zutaten (für ca. 250 ml):
100 g Cashewkerne
400 ml Wasser
nach Bedarf: 1 Dattel (ohne Stein) zum Süßen

Zubereitung:
- ▶ Cashewkerne (und Dattel) mit dem Wasser in einem Mixer auf höchster Stufe ca. 1–2 Minuten zerkleinern.
- ▶ Cashewmilch durch ein feines Küchensieb filtrieren und die Milch in einer verschlossenen Glasflasche im Kühlschrank kalt stellen.
- ▶ Die Cashewmilch schmeckt ausgezeichnet als Milch, Kakao und in Shakes.

Zubereitungstipp

Das im Sieb verbliebene Cashewkernmus schmeckt mit Salz, Pfeffer, einer Prise Muskat und frischen Kräutern (Basilikum) hervorragend als Brotaufstrich bzw. Frischkäse-Alternative (siehe Rezept 11).

Köstliche Milchalternativen

37. Erdmandelmilch

Zutaten (für ca. 300 ml):
100 g Erdmandeln
400 ml Wasser
nach Belieben: ca. 10 g Agavendicksaft, etwas Zimt und abgeriebene Zitronenschale

Zubereitung:
- Erdmandeln einen Tag lang in Wasser einweichen, dann Einweichwasser abschütten.
- Erdmandeln mit 400 ml frischem Wasser im Mixer auf höchster Stufe 1–2 Minuten pürieren.
- Erdmandelmilch durch ein feines Küchensieb filtrieren (mit einem Löffel im Sieb die Erdmandelmasse hin und her bewegen, bis die Flüssigkeit abgetropft ist).
- Erdmandelmilch nach Wunsch mit Agavendicksaft süßen, evtl. mit Zimt, Zitronenschale abschmecken.
- Erdmandelmilch in einer verschlossenen Glasflasche im Kühlschrank kalt stellen, sie ist 1–2 Tage haltbar.

Variante: Diese Erdmandelmilch wird in Spanien kalt bis halbgefroren oder mit Eiswürfeln als «**Horchata**» serviert.
Das im Sieb verbliebene Erdmandelmus zu **Erdmandelkugeln** verarbeiten (siehe Rezept 97).

Erdmandel: auch «Tigernuss» oder «Chufa» genannt, ist keine Nuss oder Schalenfrucht, sondern die Knollenfrucht des Erdmandelgrases, das in Afrika als Heil- und Stärkungsmittel schon sehr lange genutzt wird und heute auch in Spanien sehr beliebt ist. Die Erdmandel wirkt schützend auf Herz und Kreislauf und reguliert durch den hohen Ballaststoffanteil die Darmfunktion. Sie ist geeignet bei Nussallergien und zur glutenfreien Ernährung.

Schon gewusst?

38. Haselnussmilch

Zutaten (für ca. 500 ml):
100 g Haselnusskerne
600 ml Wasser
nach Belieben: Agavendicksaft oder 1–2 Datteln ohne Kern oder Akazienhonig

Zubereitung:
- Haselnusskerne abwiegen, in einen Mixer geben.
- Mit Wasser auffüllen (nach Bedarf Datteln oder Agavendicksaft oder Honig zugeben).
- Im Mixer auf höchster Stufe ca. 2 Minuten pürieren.
- Haselnussmilch durch ein feines Küchensieb filtrieren (mit einem Löffel im Sieb die Haselnussmasse hin und her bewegen, bis die Flüssigkeit abgetropft ist).
- Haselnussmilch in einer verschlossenen Glasflasche im Kühlschrank kalt stellen, sie ist mehrere Tage haltbar.

Zubereitungstipp

Die Haselnussmilch schmeckt ausgezeichnet als Milch, Kakao, in Shakes oder im Milchreis. Auch in Kombination mit frischen Beeren ist sie ein Genuss.
Das im Sieb verbliebene Haselnusskernmus kann zu **Haselnuss-Schoko-Keksen** verarbeitet werden (siehe Rezept 96).

Köstliche Milchalternativen

39. Kokosmilch – 2 Varianten

Kokosmilch – frisch
Zutaten für ca. 350 ml:
100 g Kokosflocken (sehr empfehlenswert wegen des volleren Geschmacks: Bio-Kokosflocken)
500 ml Wasser

Zubereitung:
- Kokosflocken und Wasser in einem Topf mind. 2 Stunden quellen lassen (z.B. morgens ansetzen, abends weiterverarbeiten), dann kurz aufkochen.
- Mischung mit einem Pürierstab oder im Mixer 2 Minuten auf höchster Stufe pürieren.
- Mischung durch ein feines Küchensieb geben, mit einem Löffel die Masse im Sieb hin und her bewegen und etwas ausdrücken. Kokosmilch auffangen und im Kühlschrank in einer verschlossenen Glasflasche kalt stellen (mehrere Tage haltbar).

> Diese Kokosmilch schmeckt **gekühlt vor allem im Sommer** sehr gut – und gibt dem Winter eine exotische Note. Sie lässt sich vielfältig in Gerichten verwenden, z.B. für Milchreis, Chia-Pudding (siehe Rezept 89) oder in Hauptgerichten.
> Die Kokosflocken-Reste lassen sich zu köstlichen **Erdmandel-Kokos-Makronen** verarbeiten.

Zubereitungstipp

Kokosmilch aus der Dose
Zutaten für ca. 400 ml:
1 Dose Bio-Kokosmilch – verwenden Sie nur Kokosmilch ohne Zusätze (außer Wasser); der Kokosgehalt sollte mindestens 60 % betragen

> Dose gut schütteln, dann öffnen und die benötigte Menge entnehmen. Reste sind in einem nichtmetallischen Behälter gekühlt ein paar Tage haltbar.
> Für einige Gerichte empfiehlt es sich, die Dosen-Kokosmilch mit Wasser zu verdünnen, damit Geschmack und Konsistenz nicht zu intensiv bzw. zu dicklich werden.

Zubereitungstipp

40. Mandelmilch – 2 Varianten

Mandelmilch – frisch
Zutaten für 250 ml:
100 g ganze Mandeln
300 ml Wasser

Zubereitung:
➤ Mandeln mit Wasser in einem Mixer auf höchster Stufe ca. 1–2 Minuten pürieren.
➤ Mandelmilch durch ein feines Küchensieb filtrieren und die Milch in einer verschlossenen Glasflasche im Kühlschrank kalt stellen.

Zubereitungstipp

Die Mandelmilch hat ein **leichtes Marzipanaroma** und schmeckt ausgezeichnet als Milch, Kakao, in Shakes und Desserts. Bei Bedarf mit Agavendicksaft oder Honig süßen oder vor dem Mixen ein bis zwei entsteinte Datteln zugeben.
Das im Sieb verbliebene Mandelmus lässt sich zu leckeren **Mandelkeksen** verarbeiten (siehe Rezept 98).

Mandelmilch – aus dem Glas
Zutaten für 1 Glas:
1 EL weißes Bio-Mandelmus
150–180 ml warmes Wasser
1 TL Agavendicksaft oder Honig oder Dattelmus (siehe Rezept 117)

Zubereitung:
➤ Mandelmus mit warmem Wasser (Wasser erst aufkochen, dann etwas abkühlen lassen) und Süßungsmittel mit dem Pürierstab mixen.

Köstliche Milchalternativen

41. Sesammilch – 2 Varianten

Sesammilch, ungeröstet
Zutaten für ca. 300 ml:
100 g Sesamsamen (ungeschält)
100 g Datteln (ohne Stein)
500 ml Wasser

Zubereitung:
➤ Sesamsamen, Datteln und Wasser in einem Mixer 1 Minute auf niedriger Stufe, dann 2 Minuten auf höchster Stufe pürieren.
➤ Mischung durch ein feinmaschiges Küchensieb geben, mit einem Löffel die Masse im Sieb hin und her bewegen und etwas ausdrücken. Sesammilch auffangen und im Kühlschrank in einer verschlossenen Glasflasche kalt stellen (mehrere Tage haltbar).

> Diese Sesammilch hat eine helle Farbe, schmeckt jedoch leicht bitter. Wer auch eine dunkle Farbe mag und verarbeiten kann, sollte daher die geröstete Sesammilch verwenden.

Zubereitungstipp

Sesammilch, geröstet
Zutaten für ca. 300 ml:
100 g Sesamsamen (ungeschält)
100 g Datteln (ohne Stein)
500 ml Wasser

Zubereitung:
➤ Sesamsamen in einer Pfanne ohne Fett anrösten und abkühlen lassen.
➤ Sesamsamen, Datteln und Wasser in einem Mixer 1 Minute auf niedriger Stufe, dann 2 Minuten auf höchster Stufe pürieren.
➤ Mischung durch ein feinmaschiges Küchensieb geben, mit einem Löffel die Masse im Sieb hin und her bewegen und etwas ausdrücken. Sesammilch auffangen und im Kühlschrank in einer verschlossenen Glasflasche kalt stellen (mehrere Tage haltbar).

> **Variante:** Das verbliebene Sesammus zu **Hummus** weiterverarbeiten oder zum Überbacken von Aufläufen verwenden.

PaläoPower-Rezepte

42. Sojamilch, selbstgemacht

Zutaten (für ca. 500 ml):
100 g getrocknete Sojabohnen (Bio-Qualität)
Wasser zum Einweichen
ca. 700 ml Wasser für die Milch (frisch gefiltert)
evtl. zum Süßen: Agavendicksaft, Apfeldicksaft, Honig, 1 Dattel

Zubereitung:
- Sojabohnen in gut der doppelten Menge Wasser für 8–10 Stunden einweichen (gut geeignet sind Schraubdeckelgläser; das Wasser sollte mindestens 4 cm über den Bohnen sein).
- Die gequollenen Bohnen (ca. 235 g) in ein Sieb gießen und gut waschen.
- Die Bohnen mit der dreifachen Menge Wasser (ca. 700 ml) (und evtl. einem Süßungsmittel, s.o.) in einem Mixer für ca. 2 Minuten pürieren.
- Die pürierten Bohnen über ein feinmaschiges Küchensieb in einen großen Topf gießen, mit einem Löffel die Bohnenmasse hin und her bewegen, bis die Flüssigkeit abgelaufen ist.
- Die Sojamilch ca. 15 Minuten leicht köcheln lassen (rohe Sojamilch ist nicht gut verträglich) und währenddessen den Schaum abschöpfen, anschließend noch warm in eine saubere Glasflasche mit Deckel abfüllen und nach dem Abkühlen im Kühlschrank lagern – die Sojamilch hält so ca. 1 Woche.

Tipp: Das verbliebene Sojamus wird auch «Okara» genannt und kann vielfältig weiterverarbeitet werden (z.B. in Gemüseburgern). Okara kann auch für bis zu 3 Monate eingefroren werden.

Schon gewusst?

Sojamilch ist für viele eine gute Einstiegsmöglichkeit in die kuhmilchfreie Paläo-Ernährung und auch bei Nussallergien eine hilfreiche Alternative. Selbstgemachte Sojamilch aus Bio-Sojabohnen schützt vor gentechnisch veränderten Sojaprodukten und anderen Zusatzstoffen, die häufig in Sojaprodukten verarbeitet werden.
Nach einer kurzen Umstellungsphase sind die Nussmilchvarianten empfehlenswert; Nussallergiker können dann Erdmandelmilch nutzen.

Köstliche Milchalternativen

43. Haselnuss-Macchiato

Zutaten (für 1 Glas):
150–200 ml Haselnussmilch (siehe Rezept 38)
1 frisch aufgebrühter Espresso

Zubereitung:
- Haselnussmilch erwärmen und etwas aufschäumen.
- Espresso aufbrühen und in die geschäumte Haselnussmilch gießen.
- Nach Bedarf mit Agavendicksaft oder Kokosblütenzucker süßen.

> **Zubereitungstipp**
>
> **Haselnussmilch** ist eine ausgezeichnete pflanzliche Alternative zur Kuhmilch, schäumt gut und gibt einen Hauch von Haselnussgeschmack – eine gute Option, wenn man den Nussgeschmack mag und keine künstlichen Aromastoffe durch die üblichen Nusssirups haben möchte.

44. Vanillesoße

Zutaten (für ca. 4 Portionen):
500 ml Cashew- oder Mandelmilch (siehe Rezepte 36, 40) oder Kokosmilch
  (frisch: siehe Rezept 39; Dosenmilch mit Wasser verdünnen)
2–4 EL Agavendicksaft
2 Vanilleschoten
2 TL Johannisbrotkernmehl (ca. 6 g)

> **Variante:** Eine exotische Note erhält die Vanillesoße, wenn sie mit Kokosmilch zubereitet wird.

Zubereitung:
- Milchalternative und Agavendicksaft in einen hohen Becher geben.
- Vanilleschote aufschlitzen, Mark auskratzen und mit der Milchalternative vermischen.
- Johannisbrotkernmehl mit dem Schneebesen einrühren (oder mit dem Pürierstab kurz aufmixen) und ca. 30 Minuten quellen lassen.
- Vanillesoße passt sehr gut zu Roter Grütze (siehe Rezept 82), dem Schokotraum (siehe Rezept 99) oder über frisches Obst anstelle von Sahne.

Köstliche Milchalternativen

45. Frischer Fruchtjoghurt

Zutaten (für ca. 1–2 Portionen):
50 g Cashewkerne (und Einweichwasser)
75 ml Wasser
75 g Erdbeeren, Himbeeren oder Blaubeeren
1 EL (20–25 g) Dattelmus (siehe Rezept 117)
 (oder Agavendicksaft, Ahornsirup bzw. Honig)
Saft einer halben Zitrone (bei roten Früchten) oder 30 ml Aroniasaft (bei blauen Früchten, dann weniger Wasser verwenden)

Zubereitung:
➤ Cashewkerne ca. 8–10 Stunden mit Wasser einweichen (über Nacht oder tagsüber), dann Wasser abgießen.
➤ Alle Zutaten in einen hohen Becher geben und mit dem Pürierstab pürieren, bis die «Joghurtcreme» glatt ist.
➤ Je nach Süße der Früchte die Menge des Dattelmuses anpassen.
➤ Fruchtjoghurt mit Obststücken servieren oder im Kühlschrank aufbewahren.

Mit der Wassermenge kann die Konsistenz des Joghurts nach eigenem Geschmack variiert werden.	Zubereitungstipp

46. Nussbutter

Zutaten (für ca. 200 g):
200 g Cashewkerne oder Pekannüsse oder geschälte Mandeln (für ein kräftigeres Aroma können die Nüsse auch vorab fettfrei geröstet werden) – die Nüsse können auch gemischt werden
1 Prise Meersalz
nach Belieben: ein paar Tropfen Agavendicksaft (für süßere Butter),
 1 TL Olivenöl oder Haselnussöl (wenn es etwas flüssiger sein soll)

Zubereitung:
- Nüsse und Salz mit einem leistungsstarken Mixer oder Pürierstab pürieren, bis eine buttrige Creme entstanden ist.
- **Wichtig:** Lange Zeit bleiben die pürierten Nüsse ein Nussmehl, nach ca. 4–5 Minuten entsteht eine cremige Butter, wenn die nusseigenen Fette austreten.

Zubereitungstipp

Die Nussbutter ist für die Kombination mit süßen Aufstrichen geeignet, kann aber auch mit mehr Salz und Kräutern als salzige Variante verwendet werden.

Köstliche Milchalternativen

47. Oliventapenade & salzige Buttervarianten

Zutaten (für ca. 250 g):
180 g Bio-Oliven, schwarz (Abtropfgewicht)
100 ml bestes, kaltgepresstes Olivenöl
1 TL-Spitze Salz
1 TL-Spitze scharfer Paprika
½ TL Oregano oder Majoran
2 EL frische, gehackte Kräuter: Basilikum, Petersilie etc.
nach Belieben: 1 kleine Knoblauchzehe
nach Belieben: 1 Sardellenfilet

Zubereitung:
➤ Oliven in einem Sieb abgießen, kurz waschen und abtropfen lassen.
➤ Alle Zutaten in einen hohen Becher geben und mit dem Pürierstab pürieren.
➤ Oliventapenade in ein Schraubdeckelglas geben.
➤ Die Tapenade hält sich im Kühlschrank ca. 4 Wochen.

> Die Oliventapenade (aber auch Senf und Meerrettich) schmeckt vorzüglich unter Wildschweinschinken, Bratenaufschnitt, zu Steaks anstelle von Kräuterbutter – oder pur.

Zubereitungstipp

Als weitere salzige Butteralternativen eignen sich:
Senf (auf die Zutatenliste achten!)
Meerrettich (auf die Zutatenliste achten!)
Tomatenmark
Schmalz (vom Öko-Bauern, nicht industriell hergestellt)
Paläo-Pesto (aus Kräutern, Öl und Nüssen anstelle von Parmesan – siehe Rezept 115)

48. Mandelsahne

Zutaten (ca. 250 g):
100 g Bio-Mandeln und kochendes Wasser
170 ml Wasser
30 ml Mandelöl (oder ein anderes neutrales, helles Öl)
1 Vanilleschote
2 EL Agavendicksaft
evtl. 1 gestrichener TL Johannisbrotkernmehl
Prise Salz

Zubereitung:
▶ Mandeln mit kochendem Wasser in einer Schale überbrühen (Mandeln sollten gut bedeckt sein). Das Wasser nach ca. 10 Minuten abgießen. Mandelschale abreiben (widerspenstige Mandeln noch einmal mit heißen Wasser übergießen).
▶ Geschälte Mandeln, 170 ml Wasser, Öl, Agavendicksaft und Salz in einen hohen Becher geben.
▶ Vanilleschote halbieren, Mark auskratzen und zu den anderen Zutaten geben, dann alles auf höchster Stufe pürieren.
▶ Wenn eine gleichmäßige Creme entstanden ist, Johannisbrotkernmehl zugeben und nochmals pürieren.
▶ Die schlagfeste Mandelsahne in eine Schale füllen und im Kühlschrank kalt stellen.

Schon gewusst?

Die Mandel enthält besonders viele Nährstoffe, die das Immunsystem schützen und als Stressdämpfer und Gute-Laune-Booster wirken.
Vanilleduft wirkt beruhigend, fördert Wohlbefinden und Geborgenheitsgefühl – auch aphrodisische Eigenschaften werden der Vanille nachgesagt …

BROT-/BRÖTCHENALTERNATIVEN

Knuspriges und
Delikates –
frei von Gluten,
Getreide,
Weizen

49. Nussige Brotschnitten

Zutaten (für ca. 4 Portionen):
100 g Nüsse (z.B. Haselnüsse, Cashewkerne, Walnüsse, auch als Mix)
50 g Datteln (Teig wird dann härter) oder getrocknete Aprikosen (Teig bleibt weicher)
50 g Erdmandelmehl
1 Prise Salz
20 g Wasser (2 EL)

> **Varaiante:** Die Brotschnitten schmecken süß und sind daher für alle süßen Aufstriche oder Beläge geeignet, können jedoch auch pur als **Kekse** gegessen werden (mit einem Glas in runder Form «ausstechen», wenn es eine ansprechende Keksform sein soll) oder in entsprechender Menge als glutenfreier **Kuchenteig** anstelle von Mürbeteig genutzt werden.

Zubereitung:
- Nüsse in einem Standmixer hacken (im Gegensatz zu einem Pürierstab werden die Nüsse und Trockenfrüchte dann gleichmäßig und einfacher zerkleinert).
- Trockenfrüchte einzeln zugeben und ebenfalls hacken.
- Erdmandelmehl zugeben und alles kurz vermengen, dann die Teigmasse in eine Schüssel geben.
- Wasser, Salz zufügen und alle Zutaten zu einem Teig kneten.
- Teig auf einem Holzbrett ausrollen (ca. 0,5 cm dick) und in 4–8 Stücke schneiden.
- Teigstücke auf einem Backblech mit Backpapier ca. 15 Minuten bei 180 °C backen.

50. Leinsamen-Erdmandel-Brotscheiben

Zutaten (für ca. 9 Scheiben, ½ Backblech):
4 EL Chiasamen
12 EL Wasser
100 ml Wasser
50 ml Olivenöl
100 g Leinsamenschrot
100 g Erdmandelmehl (oder Mandelmehl oder gemahlene Nüsse)
½ TL Meersalz

Zubereitung:
- Chiasamen mit 12 EL Wasser in einer kleinen Schale mischen, ca. 2–5 Minuten quellen lassen.
- Wasser mit Olivenöl in eine Schüssel geben, gequollene Chiasamen und Salz zufügen, alles gut mit einem Schneebesen zu einer homogenen Masse rühren.
- Leinsamenschrot und Erdmandelmehl zugeben, alles gut mit einem Löffel mischen.
- Backofen auf 180 °C vorheizen.
- Teig auf einem mit Backpapier ausgelegten Backblech ca. 0,5 cm dick ausstreichen (reicht für ca. ein halbes Blech).
- Teig auf dem Blech bei 180 °C 20 Minuten backen (für krossere Scheiben noch 10 Minuten im ausgeschalteten Backofen ruhen lassen), aus dem Backofen nehmen und noch heiß in gleich große Stücke schneiden (ergibt ca. 9 Stück).
- Brotscheiben abkühlen lassen, dann im Kühlschrank aufbewahren (ca. 2–3 Tage) bzw. überzählige Scheiben einfrieren.

Zubereitungstipp
Die Brotscheiben sind leicht süßlich und harmonieren eher zu süßen Aufstrichen als zu salzigen Auflagen.

51. Würzig-krosse Leinsamenscheiben

Zutaten (für ca. 9 Scheiben, ½ Backblech):
4 EL Chiasamen
12 EL Wasser
100 ml Wasser
60 ml Olivenöl
200 g Leinsamenschrot
1 TL Meersalz
1 TL Gewürze nach Geschmack (Tomatenmark, Rosmarin, Thymian etc.)

Zubereitung:
- ▶ Chiasamen mit 12 EL Wasser in einer kleinen Schale mischen, ca. 5 Minuten quellen lassen.
- ▶ Wasser mit Olivenöl in eine Schüssel geben, gequollene Chiasamen, Leinsamenschrot, Salz und Gewürze zufügen, alles gut mit einem Schneebesen durchrühren.
- ▶ Teig ca. 15 Minuten quellen lassen, danach gut mit einem Löffel durchrühren.
- ▶ Backofen auf 180 °C vorheizen.
- ▶ Teig auf einem mit Backpapier ausgelegten Backblech ca. 0,5 cm dick ausstreichen (reicht für ca. ein halbes Blech).
- ▶ Teig auf dem Blech bei 180 °C 20 Minuten backen, aus dem Ofen nehmen und noch heiß in gleich große Stücke schneiden (ergibt ca. 9 Stück).
- ▶ Brotscheiben abkühlen lassen, dann im Kühlschrank aufbewahren (ca. 2–3 Tage) bzw. überzählige Scheiben einfrieren.

Zubereitungstipp: In den Teig kann man weitere Zutaten geben (z.B. getrocknete Tomaten, Olivenstücke) oder Gewürze vor dem Backen auf die Oberfläche streuen.

Brot-/Brötchen-Alternativen

52. Herzhafte Gemüsekräcker

Zutaten (für ca. 30 Scheiben):
100 g Leinsamen (geschrotet oder ganze Samen)
100 g Sonnenblumenkerne
1 Paprika (ca. 150–180 g): die Farbe bestimmt die Farbe des Brotes
1 Tomate (ca. 100 g)
1 mittelgroße Möhre (ca. 50 g)
2 Frühlingszwiebeln oder eine kleine Zwiebel (ca. 50 g)
frische Kräuter oder Salatblätter (bis zu 50 g: Petersilie, Basilikum, Löwenzahn, Bärlauch, Rucola etc. nach Saison)
100 ml Wasser
1 TL Meersalz

Zubereitung:
- Leinsamen und Sonnenblumenkerne in einem Standmixer oder mit einem Pürierstab zerkleinern.
- Gemüse und Kräuter waschen, putzen und mit 100 ml Wasser gemeinsam pürieren.
- Kerne, Gemüse und Meersalz gut vermischen und 2–10 Stunden quellen lassen (nach 2 Stunden fertig, kann aber auch länger stehen).
- Teig auf einem mit Backpapier ausgelegten Backblech ausstreichen.
- Mit einem Messer den Teig an den Stellen anritzen, an denen später die Kräcker voneinander gelöst werden sollen.
- Bei 80 °C ca. 2 Stunden im Backofen trocknen lassen.
- Nach 1,5 Stunden auf ein Backofengitter legen, das Backpapier abziehen und die restliche halbe Stunde von beiden Seiten trocknen lassen); alternativ: in einem Trockengerät bei ca. 50–60 °C über mehrere Stunden trocknen.
- Gemüsebrotscheiben vom Blech nehmen und in einer verschlossenen Box im Kühlschrank 2–3 Tage aufbewahren, überschüssige Brotscheiben einfrieren.

Zubereitungstipp
Das Gemüsebrot ist ideal als salzige Brotvariante (dazu passen Avocadoaufstrich, Oliventapenade – siehe Rezepte 10, 47 –, Schinken etc.), kann aber auch pur oder als Beilage zu Gemüse und Fleisch oder Fisch gegessen werden.

53. Teff-Brötchendreiecke

Zutaten (für 6 Brötchen):
250 g helles Teffmehl
   (alternativ: 150 g Buchweizenmehl und
   100 g Erdmandelmehl)
25 g Bio-Flohsamenschalen
1 TL Meersalz
Hefe für 250 g Mehl (½ Hefewürfel oder
   1 Päckchen Trockenhefe)
2 TL Weinstein-Backpulver
1 TL Rapsöl
2 EL heller Essig
300 ml lauwarmes Wasser
Bratöl zum Bestreichen
evtl. Körner zum Belegen (hier: Kürbiskerne)

Zubereitung:
- Teffmehl mit Flohsamenschalen, Salz, Hefe, Backpulver, Rapsöl und Essig in einer Schüssel mischen und mit lauwarmem Wasser zu einem Teig verkneten.
- Vorteig 30–40 Minuten in einer Schüssel an einem warmen Ort (Backofen 50 °C) mit einem feuchten Handtuch (wichtig!) zugedeckt gehen lassen.
- Teig in der Schüssel in 6 Stücke schneiden, Teigstücke herausheben.
- Auf einem Backblech mit Backpapier die Teigdreiecke auflegen und leicht flach drücken (nicht mehr kneten).
- Den Teig weitere 30 Minuten an einem warmen Ort (Backofen 50 °C) gehen lassen.
- Brötchen mit Bratöl bepinseln, im Backofen bei 180 °C für 30 Minuten backen. Dabei eine feuerfeste, mit Wasser gefüllte Schüssel auf den Boden des Backofens stellen.

Zubereitungstipp
Die Brötchen in einem geschlossenen Gefäß im Kühlschrank aufbewahren – so hält sich die Feuchtigkeit 2–3 Tage. Danach schmecken die Brötchen auch getoastet sehr gut.

KUNTERBUNTE SOMMERKÜCHE

Leichtes – aber mit
Power fürs Gehirn

54. Mediterraner Quinoasalat

Zutaten (für 2 Portionen):
200 g gekochter Quinoa (siehe Rezept 67)
1 grüne Paprika
8 schwarze Oliven
2 Tomaten
1 Handvoll Rucola (oder ein anderer würziger Blattsalat)
3 EL gutes Salatöl
2 EL Essig (heller Balsamico, Himbeeressig etc.)
Pfeffer
Salz

Zubereitung:
- Quinoa nach Rezept zubereiten, abkühlen lassen.
- Paprika putzen und in kleine Stücke schneiden.
- Oliven und gewaschene Tomaten in kleine Stücke schneiden.
- Rucola waschen und Blätter zerteilen.
- Alle Zutaten in eine Schüssel geben, Öl, Essig, Salz und Pfeffer zufügen und alles gut durchmischen.
- Salat portionsweise servieren.

Variante: Nach Belieben Bratenreste, Thunfisch oder ausgelassene Speckwürfel zugeben.
Alternativ kann der Salat zu gegrilltem Fleisch oder Fisch serviert werden.

Kunterbunte Sommerküche

55. Leckere Hühnerbrust im Salatbett

Zutaten (pro Portion):
1 Hühnerbrustfilet (ca. 200 g)
2 Handvoll gemischter Salat und Kräuter nach Saison
1 Möhre
4 Champignons
1 EL Apfelessig
1 EL Olivenöl
1 TL Akazienhonig
1 TL Kokosöl
Salz
Pfeffer

Zubereitung:
► Salat waschen, trockenschleudern und auf einen großen Teller legen.
► Möhre abbürsten, Enden abschneiden, Möhre in Scheiben schneiden, auf dem Salat verteilen.
► Champignons abreiben, Stielende entfernen, Champignons in Scheiben schneiden.
► Marinade aus Essig, Öl, Honig, einer Prise Salz und Pfeffer mischen.
► Hühnerbrust abwaschen, trockentupfen.
► In einer kleinen Pfanne Kokosöl erhitzen, Hühnerbrust darin von beiden Seiten braun anbraten und mit Salz und Pfeffer würzen; nach dem ersten Wenden die Champignonscheiben dazugeben und mit anbraten.
► Champignons auf dem Salat verteilen.
► Hühnerbrust aus der Pfanne nehmen, in Scheiben schneiden und auf dem Salat anrichten; Marinade über den Salat gießen.

Huhn: enthält überdurchschnittlich viel Selen und Zink und unterstützt dadurch das Immunsystem. Ein besonders hoher Anteil an den Aminosäuren Glutaminsäure, Tryptophan und Tyrosin in Kombination mit hohen Mengen an Vitamin B_6 und Magnesium machen Hühnerfleisch sowohl zu einem natürlichen Stressdämpfer als auch zu einem Konzentrations-Booster.

Schon gewusst?

57. Konfierte Tomaten

Zutaten (pro Portion):
8 Kirschtomaten (oder 4 kleine Tomaten)
Salz
Pfeffer
½ EL Kokosblütenzucker oder Agavendicksaft
1 EL Olivenöl
1 Rosmarinzweig
3 Thymianzweige

Zubereitung:
➤ Kirschtomaten waschen und in eine Auflaufform oder Grillschale legen (kleine Tomaten zuvor halbieren oder vierteln).
➤ Salzen, pfeffern, Kokosblütenzucker darüber verteilen, dann Olivenöl darübergeben.
➤ Kräuterzweige waschen, trockenschütteln, auf die Tomaten legen.
➤ Bei ca. 100–150 °C im Backofen oder auf einem Grill schmoren, bis die Tomaten schrumpelig sind (idealerweise nach einem Backvorgang im abgeschalteten Backofen über Nacht oder am Ende des Grillens, sonst ca. 30 Minuten).
➤ Tomaten heiß servieren – oder mit Öl und Kräutern in ein Schraubdeckelglas geben und im Kühlschrank lagern, sie können später zu anderen Gerichten wieder kurz erwärmt oder kalt wie Antipasti genossen werden.

Tomate: hat einen hohen Vitamin-E-Anteil und enthält sehr viele Betacarotine – beste Voraussetzungen für ein starkes Immunsystem.
Rosmarin: Würz- und Heilkraut, fördert die Durchblutung und stärkt das Gedächtnis, unterstützt die Verdauung, wirkt antiseptisch – und soll aphrodisische Eigenschaften haben.
Thymian: Würz- und Heilkraut aus Süd- und Mitteleuropa sowie Nordafrika. Wirkt stark antiseptisch («Antibiotikum der armen Leute») und wird traditionell gegen Husten und Krämpfe (Bauch, Magen, Menstruation) eingesetzt. Die Blüten sind bei Bienen begehrt.

Schon gewusst?

58. Gemüsebandnudeln

Zutaten (für 2 Portionen):
3 Zucchini oder 1 Kohlrabi
4 Möhren
Pfeffer
Salz
Muskatnuss
1 EL Olivenöl, Schmalz oder Kokosöl

Zubereitung:
➤ Zucchini und Möhren gut waschen, dann die Enden abschneiden; Kohlrabi schälen.
➤ Gemüse mit dem Sparschäler in bandnudelartige Streifen schälen.
➤ Fett in einer Pfanne erwärmen, Gemüsestreifen zugeben, ca. 3–5 Minuten dünsten.
➤ Mit Salz, Pfeffer und frisch geriebener Muskatnuss abschmecken.

Zubereitungstipp: Eine tolle gluten-/getreidefreie Art, «Nudeln» zu genießen; dazu passt eine Bolognese- oder Pilzsauce vorzüglich, ebenso gegrilltes Geflügel oder Fisch.

Kunterbunte Sommerküche

59. Schnelle Paläo-Pizza

Zutaten (für 3 Portionen):
600 g Bio-Rinderhackfleisch
1 Zwiebel
Salz, Pfeffer
scharfer Paprika
1 TL Senf
1 EL Chiasamen
4 EL Wasser
Gemüse nach Belieben: z.B. 1 Zucchino, 1 Paprika, 6 Champignons
  3 große Tomaten
frische Kräuter oder Kräuter der Provence
nach Belieben: 3 EL Paläo-Parmesan (siehe Rezept 119)

Zubereitung:
➤ Chiasamen mit Wasser mischen und ca. 2–5 Minuten quellen lassen.
➤ Backofen auf 190 °C vorheizen.
➤ Zwiebel schälen und fein würfeln, mit dem Hackfleisch in eine Schüssel geben.
➤ Salz, Pfeffer, Senf, gequollene Chiasamen zugeben, alles zu einem Teig verkneten.
➤ Teig auf einem Backblech mit Backpapier verteilen (ca. 2/3 des Blechs).
➤ Gemüse putzen und in Scheiben schneiden, auf dem Teig verteilen.
➤ Tomaten mit Kräutern in einen Mixbecher geben, Salz, Pfeffer, scharfen Paprika, Kräuter zugeben und alles pürieren. Die Tomatensoße über dem Gemüse verteilen.
➤ Nach Belieben Paläo-Parmesan darüberstreuen.
➤ Paläo-Pizza 30 Minuten bei 190 °C backen, dann heiß in Stücke schneiden und servieren. Dazu passt ein bunter Salat.

Chiasamen: Grundzutat bei den Azteken und Maya, heute noch als Pinole der Indianer genutzt. Aufgrund der ausgezeichneten Fettsäurezusammensetzung des Chiaöls, eines hohen Proteinanteils und einer Vielzahl an Vitaminen, Mineralstoffen und Antioxidantien werden die Samen aus der Familie der Salbeigewächse vor allem bei Sportlern und Leistungsaktiven hoch geschätzt. Sie ersetzen in diesem Rezept Eier als Bindemittel.

Schon gewusst?

PaläoPower-Rezepte

60. Thunfischpizza «Salto mortale»

Zutaten (für 2 Portionen):

2 Dosen Thunfisch natur
2 Bio-Hühnereier
4 TL Johannisbrotkernmehl
1 TL Rosmarin, Thymian
 oder Kräuter der Provence
Meersalz, Pfeffer
Gemüse (mit geringem Wasseranteil)
 nach Belieben: z.B. 1 rote Zwiebel,
1 grüne Paprika oder Peperoni,
100 g frische Pilze (Kräutersaitlinge)
3 große Tomaten
evtl. etwas Tomatenmark
frische Kräuter
scharfes Paprika- oder Cayennepulver
nach Belieben: 2 EL Paläo-Parmesan
 (siehe Rezept 119)

Zubereitung:

➤ Backofen auf 180 °C vorheizen.
➤ Thunfisch gut abtropfen lassen.
➤ Eier mit Johannisbrotkernmehl, getrockneten Kräutern, Meersalz und Pfeffer in einer Schüssel gut verrühren.
➤ Thunfisch dazugeben und alles per Hand zu einem glatten Teig kneten.
➤ Thunfischteig auf ein Backblech mit Backpapier (oder eine Pizzaform) geben und mit der Hand gleichmäßig flachdrücken. Der Teig sollte dünn sein (3–4 mm).
➤ Thunfischteig 15 Minuten bei 180 °C knusprig backen.
➤ In der Zwischenzeit das Gemüse putzen, in kleine Stücke bzw. Zwiebelringe schneiden.
➤ Die Tomaten mit Kräutern, Meersalz, scharfem Paprika-/Cayennepulver pürieren.
➤ Ist der Thunfischteig fertig, Zwiebeln, Paprika und Pilze darauf verteilen. Dann die Tomatensoße über dem Gemüse verteilen.
➤ Nach Belieben Paläo-Parmesan darüberstreuen.
➤ Thunfischpizza weitere 15 Minuten bei 180 °C backen, dann heiß in Stücke schneiden und servieren.

Schon gewusst?

Thunfisch: eine besonders reiche Quelle an den Aminosäuren Glutaminsäure, Tryptophan und Tyrosin – in Kombination mit sehr viel Vitamin B_6, Vitamin B_{12} und Magnesium wird daraus Nervennahrung pur: Diese Inhaltsstoffe unterstützen die körpereigenen Anti-Stress-Prozesse und sind Voraussetzung für optimale Konzentration.

Kunterbunte Sommerküche

61. Kernige Gemüsequiche

Zutaten (für 1 Quiche, 26 cm Durchmesser):

4 EL Chiasamen
150 ml Wasser
100 g Möhren (ca. 2 Stück)
120 g Buchweizenmehl
20 g Flohsamenschalen
1 TL Meersalz
Pfeffer, frisch gemahlen
1 TL getrocknete Kräuter (Oregano, Kräuter der Provence)
Belag nach Belieben (z.B. 200 g Schinken, 1 grüne und 1 rote Paprika, 1 Zwiebel)
Paläo-Sahne, salzig (siehe Rezept 120)
frische Kräuter nach Belieben

Zubereitung:

▶ Backofen auf 200 °C Umluft vorheizen.
▶ Chiasamen mit Wasser in ein Glas geben, ca. 2 Minuten quellen lassen.
▶ Möhrenenden abschneiden, Möhren waschen, fein raspeln.
▶ Möhrenraspel mit 10 g Wasser in einem Topf bei geschlossenem Deckel auf 2/3 Herdhitze 6 Minuten weichdünsten.
▶ Zu den Möhren die gequollenen Chiasamen, Buchweizenmehl, Flohsamenschalen, Meersalz, Pfeffer, 50 ml Wasser und die getrockneten Kräuter geben, alles zu einem festen Teig vermengen.
▶ Springform mit Öl oder Schmalz einfetten, den Teig daraufgeben, gleichmäßig und mit einem Rand darauf verteilen, 20 Minuten bei 200 °C backen.
▶ In der Zwischenzeit den Belag zusammenstellen (Gemüse putzen und in Würfel oder Streifen schneiden, Fleisch aufschneiden).
▶ Wenn der Teig fertig ist, den Belag darauf verteilen, dann die Paläo-Sahne in gewünschter Menge darübergeben (evtl. noch Paläo-Parmesan darüberstreuen, siehe Rezept 119) und alles 20 Minuten bei 200 °C backen, bis die Kruste goldbraun ist.
▶ Frische Kräuter (Petersilie, Schnittlauch, Basilikum etc.) waschen und klein schneiden.
▶ Die Quiche aus dem Ofen nehmen, in Stücke schneiden und mit frisch gehackten Kräutern bestreuen.

Schon gewusst?

Flohsamenschalen: sehr ballaststoffreich und mit hoher Quellfähigkeit, daher gut zum Auflockern von Backwaren anstelle von Ei und Gluten. Die Ballaststoffe führen zu einer guten Sättigung, unterstützen die Darmtätigkeit und sollen einen günstigen Einfluss auf die Blutfettwerte haben.

62. Hackbällchen im Lauchbett

Zutaten (für 2 Portionen):
3 große Stangen Lauch
50 g Bio-Speckwürfel oder Bio-Salami ohne Nitritpökelsalz
400 g Bio-Hackfleisch
1 Zwiebel
1 TL Senf, scharf
Salz
Pfeffer
ca. 2–3 EL Kichererbsenmehl
1 Ei
2 EL Suppengrundstock (siehe Rezept 116)
Wasser

Zubereitung:
- Lauchenden abschneiden, Lauch halbieren, in Streifen schneiden und waschen.
- Zwiebel schälen und würfeln, mit dem Hackfleisch, Senf, Salz, Pfeffer, Kichererbsenmehl und Ei zu einem Teig vermengen.
- Speckwürfel/Salami in einer Pfanne anbraten, Lauchstreifen dazugeben, ebenfalls anbraten, dann Suppengrundstock zugeben und mit Wasser ablöschen, bis die Lauchstreifen bedeckt sind.
- Aus dem Hackfleischteig kleine Hackbällchen formen und auf den Lauch setzen.
- Bei geschlossenem Pfannendeckel ca. 15 Minuten auf mittlerer Hitze garen.
- Dazu passen: Backofenkartoffeln oder Pastinakenpüree (siehe Rezept 64).

Schon gewusst?

Salami ist eine Rohwurst, die durch Milchsäurebakterien und Lufttrocknung haltbar gemacht wird. In konventioneller Salami findet sich auch Nitritpökelsalz, welches Fäulnisbakterien eindämmen soll und dem Fleisch eine dauerhaft rote Färbung verleiht. Es steht im Verdacht, krebserregend zu sein. Bio-Metzger verzichten teilweise auf Nitritpökelsalz. Es lohnt sich daher ein Blick auf die Zutatenliste und der Griff zu Varianten ohne Nitritpökelsalz.

BESONDERE BEILAGEN

Schnell auf den Tisch:

Ungewöhnliches und fast Vergessenes

63. Pastinakenbratkartoffeln

Zutaten (für 2 Portionen):
4 mittelgroße Pastinaken
etwas Kokosöl oder Schmalz
Salz
Pfeffer
evtl. Paprikagewürz oder Currypulver

Zubereitung:
- ➤ Pastinaken waschen bzw. leicht bürsten (nicht schälen), Enden abschneiden.
- ➤ Pastinaken in Scheiben schneiden.
- ➤ Pastinakenscheiben in Bratöl oder Schmalz in einer Pfanne wie Bratkartoffeln zubereiten; die Bratzeit ist relativ kurz (ca. 5 Minuten).
- ➤ Mit Salz, Pfeffer und je nach Geschmack und Gericht mit Paprikapulver, Currypulver oder Kurkuma würzen.

Zubereitungstipp
Der etwas süßliche Geschmack, vor allem nach dem ersten Frost oder längerer Lagerung, harmoniert sehr gut mit Gerichten mit Huhn oder Pute.

64. Pastinakenpüree

Zutaten (für 2–3 Portionen):
3 mittelgroße Pastinaken (ca. 400 g)
1 Apfel (ca. 150 g)
1 Stück Ingwer (ca. 20 g)
200 ml Wasser (oder 75 ml Cashewmilch, siehe Rezept 36, + 125 ml Wasser)
Salz
Muskatnuss

Zubereitung:
- Pastinakenendstücke abschneiden, Pastinaken schälen, dann in größere Stücke schneiden.
- Apfel schälen, in Stücke schneiden.
- Ingwer schälen und reiben.
- Alle Zutaten mit der Flüssigkeit in einem Topf ca. 15 Minuten köcheln, bis die Pastinaken weich sind.
- Alle Zutaten im Topf pürieren.
- Mit Salz und etwas frisch geriebener Muskatnuss abschmecken.

Zubereitungstipp: Der süßlich-frische Geschmack des Pürees harmoniert gut mit Innereien, Geflügel und Fisch.

65. Belugalinsen

Zutaten (für 2 Portionen):
100 g Belugalinsen
50 g Speck
1 kleine Zwiebel
1 kleine Zehe Knoblauch (nach Belieben)
Olivenöl
Salz
Pfeffer

Zubereitung:
- Linsen waschen, in einen Topf geben und mit der dreifachen Menge Wasser 25 Minuten köcheln.
Wichtig: KEIN Salz zugeben, sonst werden die Linsen nicht weich.
- In der Zwischenzeit: Zwiebel schälen und fein würfeln, evtl. Knoblauchzehe schälen, Speck in Würfel schneiden.
- Linsen nach der Kochzeit in einem Sieb abtropfen lassen.
- Zwiebelwürfel, Speck, evtl. gepressten Knoblauch in Olivenöl kurz anbraten, Salz, Pfeffer zugeben und verrühren, Herdplatte abschalten.
- Linsen hinzufügen und gut vermischen, evtl. etwas Öl nachgeben, damit die Linsen nicht zu trocken werden.

Schon gewusst?

Belugalinsen: die kleine schwarze Linsenvariante, die auch nach dem Kochen eher bissfest bleibt und ein leicht nussiges Aroma hat. Der Name lehnt sich an den Belugakaviar an, der eine ähnliche Optik hat. Belugalinsen passen ausgezeichnet als Beilage zu Fleisch, aber auch Fisch und Garnelen und sind eine sehr gute Alternative zu Weizennudeln. Reste sind eine pikante Zutat für Blattsalate oder können mit Gurke, Tomate und einem Hauch Knoblauch zu einem leckeren Linsensalat zubereitet werden.

Besondere Beilagen

66. Buchweizen (Grundrezept)

Zutaten (für 4 Portionen):
150 g Buchweizen (ganze Körner)
500 ml Wasser
½ TL Salz

Zubereitung:
➤ Buchweizen abmessen und im Salzwasser bei schwacher Hitze ca. 10 Minuten köcheln lassen.
➤ Den Herd ausschalten und weitere 15 Minuten bei geschlossenem Deckel quellen lassen.
➤ Buchweizen als Beilage servieren (wie Reis, Hirse oder Linsen) – oder als Grundzutat für das Buchweizenmüsli verwenden.

Variante: Der etwas herb-nussige Geschmack lässt sich sowohl in salziger (Buchweizenrisotto) als auch süßer Zubereitung (Buchweizenmüsli) genießen.

56. Glücksgeflügel auf Nussgemüse

Zutaten (für 2 Portionen):
2 Perlhuhnschlegel (oder Hühnerschlegel/-brüste)
1 Brokkoli (300 g)
2 große Möhren
100 g Cashewkerne oder Haselnüsse
Gänseschmalz
1 EL Suppengrundstock (siehe Rezept 116)
Salz
Pfeffer
evtl. 200 ml Kokosmilch
evtl. Ingwer (frisch oder eingelegt)

Schon gewusst?

Cashewkerne oder Haselnüsse ersetzen typische Beilagen wie Reis oder Nudeln und sättigen gut.
Die Kombination aus Geflügel, Brokkoli, Cashewkernen und Möhren liefert die Nährstoffe zur Bildung des «Glückshormons» Serotonin – es sorgt für gute Laune und guten Schlaf.

Zubereitung:
- Cashewkerne/Haselnüsse ohne Fett in einer Bratpfanne anrösten, herausnehmen.
- Möhren abbürsten, Enden abschneiden, in Scheiben schneiden.
- Brokkoli waschen, unteren Stiel abtrennen, den oberen Stiel in Scheiben schneiden, die Röschen in Stücke schneiden.
- Gänseschmalz in der Pfanne erhitzen, das Geflügel von beiden Seiten braun anbraten, jede Seite salzen und pfeffern.
- Suppengrundstock zugeben, mit etwas Wasser und/oder Kokosmilch ablöschen und gut auflösen, dann das Geflügel bei geschlossenem Pfannendeckel ca. 5 Minuten schmoren.
- Brokkoli und evtl. Ingwer zugeben, Deckel schließen und ca. 5 Minuten schmoren.
- Geröstete Nüsse zugeben, weitere 3–5 Minuten schmoren.
- Geflügel mit Nussgemüse auf Tellern anrichten.

67. Quinoa (Grundrezept)

Zutaten (für 2 Portionen):
75 g gelbe Bio-Quinoakörner
200 ml Wasser

Zubereitung:
➤ Quinoakörner in ein Sieb geben und mit heißem Wasser gut waschen, um die Bitterstoffe zu entfernen.
➤ Quinoakörner mit Wasser aufsetzen und zum Kochen bringen, dann 20 Minuten köcheln und schließlich 5 Minuten ausquellen lassen.
➤ Die Quinoakörner sollten dann locker im Topf liegen und kleine Fädchen an den flockigen Körnern haben.

Zubereitungstipp

Quinoa lässt sich als Beilage wie Reis verwenden, kann aber auch in Salaten, Suppen oder für Bratlinge weiterverwendet werden.

Besondere Beilagen

68. Süßkartoffelfritten

Zutaten (für 2 Portionen):
2 Süßkartoffeln (je ca. 250–300 g)
Schweineschmalz (kein Butterschmalz!)
Meersalz
2 EL Honig
1 EL Sesamkörner
nach Belieben: Currypulver und/oder scharfes Paprika- bzw. Chilipulver

Zubereitung:
➤ Süßkartoffeln waschen, dann in Scheiben und schließlich in Pommesstreifen schneiden (oder in kleine Würfel).
➤ In einer Pfanne etwas Schweineschmalz bei mittlerer Herdhitze erwärmen, Süßkartoffelstreifen ca. 15 Minuten darin anbraten, dabei immer wieder wenden.
➤ Die Pfanne ausschalten, Salz, Honig, Sesamkörner und evtl. Currypulver darübergeben und alles gut mischen.

> Die Süßkartoffelfritten sind in Asien sehr beliebt. Sie schmecken zu einem Salat und/oder Geflügel sehr gut – der süßliche Geschmack harmoniert weniger mit Fisch oder rotem Fleisch.
> Die Süßkartoffelfritten schmecken auch als kalter Snack – ähnlich wie Kartoffelchips.

Zubereitungstipp

69. Gnocchi

Zutaten (für 4–6 Portionen):
1 kg mehlig kochende Kartoffeln
8 TL Johannisbrotkernmehl
2 Eigelb
1,5 TL Meersalz
Pfeffer, frisch gemahlen
Muskatnuss, frisch gemahlen
zum knusprigen Anbraten ca. 4–5 EL Kichererbsenmehl
Gänse- oder Schweineschmalz

Zubereitung:
- Kartoffeln in einem Dampftopf für 8–10 Minuten kochen, bis sie gar sind.
- Kartoffeln mit kaltem Wasser kurz abschrecken, noch warm pellen und durch eine Kartoffelpresse in eine große Schüssel drücken.
- Johannisbrotkernmehl zufügen und den Teig mit den Händen durchkneten.
- Eigelb, Salz, Pfeffer, Muskatnuss zugeben und den Teig erneut mit den Händen durchkneten, so dass ein glatter, fester Teig entsteht.
- In einem Topf Salzwasser zum Sieden bringen.
- Gnocchi-Teig in kleine Kugeln formen, mit einer Gabel andrücken und dabei ein Rillenmuster aufbringen.
- Gnocchi-Kugeln nach und nach ins siedende Salzwasser geben – sie sind gar, wenn sie nach oben steigen und an der Wasseroberfläche schwimmen (nach ca. 1 Minute).
- Gnocchi aus dem Wasser nehmen und servieren.

Zubereitungstipp

Eine **Kartoffelpresse** mit langem Hebel erleichtert die Arbeit sehr und kann, je nach Modell, auch für Paläo-Spätzle oder Paläo-Spaghetti-Eis verwendet werden.

Gnocchi schmecken auch **knusprig angebraten** gut. Dafür die frisch gekochten Gnocchi auf einen Teller mit Küchenkrepp legen, um das überschüssige Wasser zu entfernen, in etwas Kichererbsenmehl wenden (verhindert das Ankleben in der Pfanne). Entweder gleich einfrieren oder in erhitztem Schmalz auf beiden Seiten goldbraun anbraten (bei ca. $2/3$ Herdhitze).

HERBSTRASCHELN

Kräftigendes

für das
Immunsystem

70. Klassischer Linseneintopf

Zutaten (für 3–4 Portionen):
200 g Linsen (Berglinsen, Tellerlinsen)
ca. 50 g Schinkenspeck
500 ml Wasser
2 EL Suppengrundstock (siehe Rezept 116)
3 Möhren
½ kleine Sellerieknolle
1 Zwiebel
1 kleine Dose Schältomaten
1 Lorbeerblatt
Salz
Pfeffer
evtl. ein Schuss Essig

Zubereitung:
➤ Schinkenspeck würfeln, in einem Dampftopf anbraten.
➤ Linsen waschen, in den Dampftopf geben.
➤ Mit Wasser und Suppengrundstock angießen.
➤ Möhren waschen, Enden entfernen, Möhren in Würfel schneiden.
➤ Sellerie schälen, in kleine Würfel schneiden.
➤ Zwiebel schälen, in feine Würfel schneiden.
➤ Gemüse zu den Linsen geben, alles 15 Minuten auf höchster Stufe im Dampftopf garen.
➤ Tomaten zum Eintopf geben und in kleine Stücke teilen, alles 10 Minuten köcheln lassen.
➤ Mit Salz, Pfeffer, evtl. einem Schuss Essig abschmecken.

Variante: Dal ist ein beliebtes indisches Linsengericht, bei dem die Linsen wie in einem Linseneintopf gekocht und mit Ingwer, Kreuzkümmel, Koriander, Chili oder Cayennepfeffer und gelegentlich auch mit Kurkuma, Currypulver gewürzt werden.

Herbstrascheln

71. Sonnige Kürbissuppe

Zutaten (für 4–6 Portionen):
1 EL Kokosöl
1 Knoblauchzehe
1 Hokkaido-Kürbis
1,5 l Wasser
½ mittelgroße Sellerieknolle
1 große Stange Lauch
2 Möhren
1–2 Chilischoten
1 Stück Ingwer (daumengroß)
1 Dose Kokosmilch (400 ml)
Salz, Pfeffer, Muskat
evtl. frische Vanille, Kürbiskerne und Kürbiskernöl oder ein Apfel

Zubereitung:
- Knoblauchzehe schälen, Chilischoten putzen, beides in kleine Stücke schneiden, in Kokosöl in einem großen Topf anbraten.
- Kürbis waschen, halbieren, Kerne entfernen, den restlichen Kürbis in große Würfel schneiden (großes Messer verwenden); mit Wasser in den Topf geben.
- Sellerie schälen, in grobe Würfel schneiden; Lauch putzen und in große Stücke schneiden; Möhren waschen, Endstücke abschneiden, in große Stücke teilen, alles Gemüse zur Brühe geben.
- Ingwer schälen, in kleine Stücke schneiden, zur Brühe geben.
- Salzen, pfeffern, frischen Muskat reiben, ca. 20 Minuten köcheln lassen.
- Kokosmilch zugeben, nochmals kurz köcheln lassen.
- Fein pürieren und mit Salz und Pfeffer (evtl. frischer Vanille) abschmecken.
- Nach Belieben Kürbiskerne in einer Pfanne ohne Fett anrösten und gemeinsam mit ein paar Tropfen Kürbiskernöl in der Mitte der gefüllten Suppenteller anrichten; weitere Alternative: einen gewaschenen und entkernten Apfel gegen Ende der Kochzeit hinzugeben und mit pürieren.

Besonders einfach ist die Zubereitung einer Kürbissuppe bei der Verwendung von Hokkaido-Kürbis, da seine Schale essbar ist und somit der Kürbis nur entkernt, aber nicht geschält werden muss.	Zubereitungstipp

72. Möhren-Kohlrabi-Apfel-Rohkost

Zutaten (für 4 Portionen):
2 große Möhren
1 Kohlrabi
1 großer Apfel
3 EL Essig oder Zitronensaft
3 EL Öl
1 TL Senf
1 EL Agavendicksaft, Ahornsirup oder Honig
Salz, Pfeffer
evtl. Kürbiskerne, Sonnenblumenkerne

Zubereitung:
➤ Möhren waschen und die Enden abschneiden.
➤ Kohlrabi schälen, Apfel waschen.
➤ Alles hobeln (bei größeren Mengen mit der Küchenmaschine).
➤ Essig, Öl, Senf, Süßmittel, Salz und Pfeffer zu einer Marinade verrühren und über die Rohkost geben.
➤ Nach Geschmack mit Kürbiskernen, Sonnenblumenkernen etc. variieren.
➤ Im Kühlschrank aufbewahren.

Variante: Schmeckt herrlich frisch und ist gut in viele Menüs einzubauen. Mit gerösteten Haselnusskernen, Walnusskernen oder Rosinen kann der Salat verfeinert und geschmacklich variiert werden.

73. Bratkartoffeln mit Roter Bete

Zutaten (für 2 Portionen):
6 mittelgroße Kartoffeln
1 große Zwiebel
2 mittelgroße Rote-Bete-Knollen
Petersilie
Salz
Pfeffer
Muskatnuss
6 EL Essig
1 TL Honig
Gänse- oder Schweineschmalz

Zubereitung:
➤ Kartoffeln im Dampftopf garen (10 Minuten bei Stufe 2), danach mit kaltem Wasser abschrecken und pellen (sie lassen sich so vorbereitet auch bis zu einem Tag im Kühlschrank aufbewahren).
➤ Blätter der Roten Bete vorsichtig abdrehen (nicht abschneiden, sonst bluten sie während des Kochvorgangs aus), Rote Bete in Wasser ohne Salz ca. 1 Stunde kochen (sonst geht die Farbe verloren), Schale vorsichtig abstreifen und Knolle dann in Scheiben schneiden.
➤ Pellkartoffeln in Scheiben schneiden, auf mittlerer Hitze in etwas Schmalz in einer Pfanne anbraten (Tipp: nur bei halber Herdhitze, dann werden die Kartoffeln schön kross und kleben kaum an), salzen, pfeffern, mit frischem Muskat würzen.
➤ Zwiebel schälen und fein würfeln, zu den Bratkartoffeln gegen Ende der Bratzeit geben und ebenfalls anbraten.
➤ Marinade aus Essig, Salz, Pfeffer und Honig anrühren, Rote-Bete-Scheiben darin einlegen.
➤ Petersilie waschen und klein schneiden.
➤ Bratkartoffeln mit Roter Bete anrichten und mit reichlich Petersilie servieren.

Variante: Als herzhafte Variante Bratkartoffeln mit Speckwürfeln zubereiten.

74. Honiggemüse auf Quinoa

Zutaten (für 2 Portionen):
100 g Quinoa
200 ml Wasser
2 Möhren
3 Stangen von einem Stangensellerie
1 rote Paprika
500 ml Wasser
2 EL Suppengrundstock (siehe Rezept 116)
1 EL Olivenöl
Pfeffer
Salz
1 EL Honig

Zubereitung:
➤ Quinoa mit heißem Wasser gut waschen, um die Bitterstoffe in der äußeren Schicht zu entfernen.
➤ Quinoa mit gesalzenem Wasser aufkochen und dann bei kleinster Stufe zugedeckt ausquellen lassen, bis alle Flüssigkeit aufgenommen ist (ca. 20 Minuten).
➤ Möhren schälen und Endstücke abschneiden, halbieren, in Stücke schneiden.
➤ Selleriestangen abschneiden, waschen, in kleine Stücke schneiden.
➤ Paprika putzen, waschen, in kleine Stücke schneiden.
➤ Gemüse in 500 ml Wasser, 2 EL Suppengrundstock und Olivenöl bissfest kochen.
➤ Je nach Geschmack Gemüsebrühe fast vollständig abgießen oder als Soße belassen, Honig hinzufügen, vorsichtig wenden und leicht karamellisieren lassen.

Variante: Quinoa und Honiggemüse schmecken hervorragend als vegetarische Variante, passen aber ebenso gut zu Fleisch von Wildtieren und Geflügel.

75. Putengeschnetzeltes auf Hirse

Zutaten (für 2 Portionen):
100 g Hirse
400 g Putenbrust
Gänse- oder Schweineschmalz
1 Zwiebel
250 g Champignons
200 g Zuckerschoten oder Möhren
Wasser
Salz
Pfeffer
Muskatnuss, frisch gerieben
Cidre
evtl. etwas Paläo-Sahne (siehe Rezept 120)

> **Cidre:** bei niedrigen Temperaturen vergorener Apfelsaft, der dem paläolithischen Honigwein und vergorenen Früchten bzw. ihrem Saft ähnelt. Die Äpfel stammen meist von Streuobstwiesen, die Gärung findet in verschlossenen Holzgefäßen statt.

Schon gewusst?

Zubereitung:
- Putenbrust waschen, trockentupfen und in Streifen schneiden.
- Zwiebel schälen und würfeln.
- Champignons putzen, Stielenden abschneiden, Pilze in Scheiben schneiden.
- Pfanne erhitzen, Putenfleisch in Schmalz anbraten, Zwiebeln zugeben, salzen, pfeffern, etwas geriebenen Muskat zugeben.
- Mit einem Schuss Cidre ablöschen, danach etwas Wasser zugeben.
- Champignons und Zuckerschoten zufügen, alles ca. 10 Minuten dünsten.
- Hirse in einem feinen Sieb waschen, dann in einen Topf geben, mit der doppelten Menge Wasser auffüllen, ½ TL Salz zufügen, ca. 10 Minuten auf kleiner Flamme köcheln lassen und 5 Minuten ausquellen lassen.
- Bei Bedarf Putengulasch mit einem Schuss Paläo-Sahne abschmecken.
- Hirse auf dem Teller anrichten, Putengulasch darübergeben.

76. Mangold-Bolognese-Sauce auf Glasnudeln

Zutaten (für 2–3 Portionen):
350 g Bio-Rinderhackfleisch
Schmalz
1 Zwiebel
1 Mangold
Salz
Pfeffer
Paprikapulver
2 EL Suppengrundstock (siehe Rezept 116)
Wasser
2–3 Nester breite Glasnudeln (aus Reis- oder Erbsenmehl)
1 TL neutrales Öl (z.B. Rapsöl)

Zubereitung:
- Zwiebel schälen und würfeln.
- Hackfleisch in einer großen Pfanne mit Schmalz anbraten, gewürfelte Zwiebel dazugeben, mit Salz, Pfeffer, Paprika würzen.
- Den unteren Strunk des Mangolds entfernen, Stiele und Blätter in schmale Streifen (ca. 1–2 cm) schneiden, waschen.
- Suppengrundstock auf das Fleisch geben, dann den Mangold darüberschichten, mit Wasser aufgießen, Pfanne mit Deckel abdecken und Soße schmoren lassen, bis die Mangoldstiele weich sind (Hinweis: Der Mangold hat zunächst ein sehr großes Volumen, fällt dann aber wie Spinat sehr stark zusammen).
- Wenn die Sauce fast fertig ist: in kochendem Wasser die Glasnudeln 3–4 Minuten kochen, in ein Sieb abgießen, anschließend in eine Schüssel geben, mit neutralem Öl durchmischen – die Nudeln kleben dann nicht zusammen.
- Glasnudeln mit Sauce auf Tellern anrichten.

Variante: Die Bolognesesauce passt auch ausgezeichnet zu Kartoffeln und Hirse.

Herbstrascheln

77. Schwarzwurzeln mit Meeresbegleiter

Zutaten (für 2 Portionen):
500 g Schwarzwurzeln
Wasser
heller Essig
Paläo-Sahne (siehe Rezept 120)
Salz
Pfeffer
Muskatnuss

> **Schwarzwurzeln:** werden auch «Winterspargel» genannt, weil sie in Form, Farbe und Geschmack dem Spargel ähneln. Sie waren lange Zeit in Vergessenheit geraten, sind jetzt aber zunehmend wieder auf den Märkten zu finden. Schwarzwurzeln sind sehr reich an Kupfer, Eisen und Vitamin E und unterstützen damit Konzentration, Blutbildung, Haarwuchs und das Immunsystem.

Schon gewusst?

Zubereitung:
- Da Schwarzwurzeln einen Milchsaft absondern, der dunkle, schwer zu entfernende Flecken an den Händen hinterlässt, sollten zum Schälen Haushaltshandschuhe getragen werden.
- Schwarzwurzeln unter fließendem Wasser mit einer Gemüsebürste abbürsten, dann mit einem Sparschäler schälen, nochmals kurz mit Wasser abspülen.
- Schwarzwurzeln in mundgerechte Stücke schneiden, in einen Topf geben und gerade mit Wasser bedecken, einen Schuss hellen Essig zugeben.
- Schwarzwurzelstücke bei geschlossenem Topf ca. 10–15 Minuten köcheln lassen, aus dem Sud nehmen.
- Etwa die Hälfte des Suds mit Paläo-Sahne aufkochen, mit Salz, Pfeffer und frisch geriebener Muskatnuss abschmecken.
- Die Schwarzwurzelstücke wieder in die Sauce geben und kurz aufkochen.
- Dazu passt: ein gegrilltes Thunfisch- oder Lachssteak (natürlich auch ein Rinder- oder Lammsteak) oder 6–8 Garnelen pro Person, die in der Pfanne mit Salz, Pfeffer, Knoblauch angebraten werden. Als Beilage eignen sich Pastinakenbratkartoffeln oder Pastinakenpüree (siehe Rezepte 63, 64).

78. Steak mit Ofenkartoffeln und Mangoldspargel

Zutaten (für 2 Portionen):
2 Rindersteaks (Entrecôte)
2 kleine Mangold
6 Kartoffeln
200 ml Cashewmilch
Salz, Pfeffer, Paprikapulver, Muskatnuss
Bratöl

Zubereitung:
- Kartoffeln gut waschen bzw. abbürsten, mit Schale halbieren und auf ein mit Backpapier ausgelegtes Backblech legen.
- Etwas Bratöl mit Salz, Pfeffer und Paprikapulver mischen, die Kartoffeln damit einpinseln.
- Kartoffeln bei ca. 180–200 °C im Backofen ca. 45 Minuten backen, bis sie braun werden.
- Während die Kartoffeln backen: unteren Teil des Mangoldstrunks abschneiden. Aus den einzelnen Mangoldblättern die Blattstiele herausschneiden und die Blattteile getrennt legen (3 davon waschen und in dünne Streifen schneiden, den Rest der Blätter z.B. für eine Mangoldsuppe oder Mangold-Bolognese-Sauce – siehe Rezept 76 – verwenden).
- 20 Minuten bevor die Kartoffeln fertig sind, in einem Topf Wasser erhitzen und in 8 Minuten die Mangoldstrünke weichkochen, dann abgießen.
- 100 g Cashewkerne mit 300 ml Wasser im Mixer auf höchster Stufe 2 Minuten zerkleinern, durch ein feinmaschiges Sieb filtrieren. 200 ml der aufgefangenen Cashewmilch in einem Topf kurz aufkochen, mit Salz, Pfeffer und Muskat zu einer Paläo-Hollandaise abschmecken, Mangoldblätterstreifen dazugeben.
- Steaks mit Bratöl einreiben und auf einem heißen Grill (10 Minuten vorheizen, 10 Minuten braten) zubereiten.
- Auf einem Teller Steak, Backofenkartoffeln, Mangoldstrünke und Soße anrichten.

Zubereitungstipp
Besonders energie- und arbeitseffizient ist es, das gesamte Backblech mit Kartoffelhälften zu füllen – die überschüssigen Backofenkartoffeln im Kühlschrank aufbewahren und in den nächsten Tagen als Beilage kurz in der Pfanne anbraten.

79. Herzhafter Hackbraten

Zutaten (für 2–3 Portionen):

500 g Bio-Hackfleisch
1 große Zwiebel
1 TL Senf
1 EL Chiasamen
1 Handvoll frische Petersilie
100 g Speckscheiben
Salz
Pfeffer
2 EL Suppengrundstock
(siehe Rezept 116)
1 Liter Wasser
2 Zwiebeln
10 getrocknete Tomaten
Bratöl

Variante: Kreuzkümmel als zusätzliches Gewürz verleiht eine exotische Note.

Zubereitung:
- 1 EL Chiasamen mit 4 EL Wasser anrühren und 10 Minuten quellen lassen.
- Zwiebel schälen und klein würfeln.
- Hackfleisch, Senf, Petersilie, Zwiebelwürfel, Salz, Pfeffer und Chia-Mischung in einer Schüssel gut durchkneten.
- Einen Braten formen und in eine mit Wasser ausgespülte und leicht eingeölte Auflaufform geben.
- Mit Speckscheiben bedecken, gut andrücken.
- Bei 200 °C im Heißluftofen 60 Minuten garen.
- 2 Zwiebeln schälen und in Scheiben schneiden.
- Wasser erhitzen, mit Suppengrundstock eine heiße Gemüsebrühe anrühren, Zwiebeln und Tomaten hineingeben.
- Nach den ersten 30 Minuten Garzeit heiße (wichtig: sonst zerspringt die Auflaufform!) Gemüsebrühe mit Zwiebeln und Tomaten in die Auflaufform gießen.
- Am Ende der Garzeit Braten auf ein mit Alufolie bedecktes Blech setzen und im Ofen warm halten.
- Soße in einen Topf geben, pürieren, evtl. mit Salz und Pfeffer abschmecken.
- Hackbraten in Scheiben aufschneiden und mit Soße servieren.
- Dazu passen: Ofenkartoffeln oder Pastinakenpüree und Weißkrautsalat (siehe Rezepte 64, 107).

PaläoPower-Rezepte

80. Kaninchen im Möhren-Sellerie-Bett

Zutaten (für 2 Portionen):
2 Kaninchenschenkel oder 4 Kaninchenrücken
3 Möhren
½ Sellerieknolle
1 Stange Lauch
Cidre brut/herb, Apfelwein – oder Gemüsebrühe
Schmalz
Salz
Pfeffer
Muskatnuss
evtl. Salbei

Zubereitung:
- Schmalz in einer Pfanne erhitzen, Kaninchen von beiden Seiten anbraten und mit Salz und Pfeffer würzen.
- Die Enden der Möhren abschneiden, Möhren waschen und in Scheiben schneiden.
- Sellerie schälen und hobeln.
- Lauch putzen und in kleine Streifen schneiden.
- Wenn die Kaninchenschenkel angebraten sind, mit Cidre (oder Apfelwein bzw. Gemüsebrühe) ablöschen und das Gemüse über das Fleisch geben.
- Gemüse salzen, pfeffern, Muskatnuss frisch darüberreiben.
- Fleisch mit Gemüse bei geschlossenem Deckel ca. 30–40 schmoren lassen, gelegentlich etwas Wasser nachgießen, am Ende mit Salz und Pfeffer abschmecken.
- Dazu passen: Ofenkartoffeln, schwarzer Piemontreis, Pastinakenpüree (siehe Rezept 64).
- Fleisch mit Gemüse und Kartoffeln (Reis, Püree) auf einem Teller anrichten, evtl. mit frischen Salbeiblättern, die mit dem Fleisch gegessen werden, verfeinern.

Variante: Kaninchenstifado ist in Griechenland ein sehr beliebtes Gericht, bei dem in der Pfanne angebratene Kaninchenstücke zusammen mit Gemüse- und Kartoffelstücken in einer Brühe über gut zwei Stunden (in einem Römertopf oder Bräter) geschmort und aus dem Bräter heraus serviert werden.

DESSERTS, KEKSE, KUCHEN

Verführungen

mit

natürlicher Süße

81. Sonniges Apfel-Honig-Rad

Zutaten (für 2 Portionen):
1 säuerlicher Apfel
2 TL Kokosöl
2 TL Honig
2 TL Pistazienkerne oder andere Nüsse

Zubereitung:
- Apfel waschen, vierteln und in dünne Scheiben schneiden.
- Pistazienkerne ohne Fettzugabe in einer Pfanne anrösten, dann zur Seite stellen.
- Kokosöl in der Pfanne erwärmen, Apfelscheiben darin von beiden Seiten goldbraun anbraten.
- Honig über den Apfelscheiben verteilen und leicht karamellisieren lassen.
- Apfelscheiben radförmig auf einem Teller anrichten, in die Mitte Pistazienkerne geben.
- Am besten gleich warm servieren.

Schon gewusst?

Pistazienkerne: Samen des Pistazienbaums, die bei Jägern und Sammlern im östlichen Mittelmeerraum in der Zeit vor ca. 14 000 Jahren nachgewiesen wurden.
Ein sehr hoher Gehalt an Vitamin E, Betacarotinen, Selen und Zink unterstützt das Immunsystem, überdurchschnittlich hohe Mengen der Aminosäure Tyrosin, Vitamin B_6, Kupfer und Magnesium machen Pistazienkerne zu einem natürlichen Gehirndoping für beste Konzentration.

Desserts, Kekse, Kuchen

82. Rote Grütze

Zutaten (für ca. 3 Portionen):

300 g Beerenmix: Erdbeeren, Heidelbeeren, Himbeeren, Johannisbeeren – auch entsteinte Kirschen (frisch oder tiefgekühlt)
1 TL Johannisbrotkernmehl (ca. 2–3 g)
2 EL Kokosblütenzucker oder Agavendicksaft

Zubereitung:

➤ Beeren mit Süßungsmittel aufkochen.
➤ Johannisbrotkernmehl in die heiße Flüssigkeit einrieseln lassen und verrühren.
➤ Kurz aufkochen lassen, dann in eine Schüssel oder in Dessertschalen zum Abkühlen füllen.

Zubereitungstipp

Rote Grütze ist sehr schnell zubereitet und ganzjährig ein beliebter Nachtisch. Rote Grütze passt auch zu Kastanienpfannkuchen, Paläo-Milchreis (siehe Rezepte 4, 18) etc.

83. Apfelkompott «Ruckzuck»

Zutaten (für 3 Portionen):
3 Äpfel
100 ml Wasser
1 Messerspitze Zimt

Zubereitung:
- Äpfel waschen, Kerne entfernen, Äpfel in Stücke schneiden.
- Apfelstücke mit Wasser in einem Topf aufkochen, dann ca. 10–15 Minuten auf niedriger Temperatur köcheln lassen, bis das Kompott fertig ist.
- Zum Schluss mit Zimt verfeinern, umrühren und heiß in Gläser füllen (verschlossen lagerfähig über mehrere Wochen) oder in einer Schüssel servieren.

Tipps:
Apfelkompott passt sehr gut zu Wildgerichten, aber auch als eigenständiger Nachtisch.

Zubereitungstipp

Die **Natursüße** der Äpfel benötigt keinen weiteren Zuckerzusatz.
Ungeschälte Äpfel verwenden: spart die Arbeit des Schälens, gibt zusätzlich eine schöne Farbe – und sorgt für wertvolle Inhaltsstoffe im Kompott.

Desserts, Kekse, Kuchen

84. Paläo-Waffeln

Zutaten (für 6 Waffeln):
40 g Gänseschmalz
40 g Akazienhonig
2 Bio-Eier
150 g Erdmandelmehl
2 TL Weinstein-Backpulver
1 Prise Salz
175 ml Wasser oder Nussmilch

Zubereitung:
- Erdmandelmehl, Backpulver, Salz abwiegen und in einer Schale mischen.
- Flüssigkeit abwiegen.
- Gänseschmalz und Honig in einer Schüssel mit einem Handmixer cremig rühren.
- Eier dazugeben und 2 Minuten weiterschlagen.
- Mehlmischung und Flüssigkeit abwechselnd zum Teig geben und gut verrühren.
- Waffeleisen aufheizen, vor dem Backen der ersten Waffel mit ein wenig Gänseschmalz einfetten.
- Ca. 2 EL Waffelteig pro Waffel in das Waffeleisen geben und Waffeln backen.
- Waffeln auf einem Gitterrost abkühlen lassen (nicht auf einem Teller stapeln, sonst werden sie weich).
- Die Paläo-Waffeln schmecken sehr gut mit: Roter Grütze (siehe Rezept 82), Honig, aparter Fruchtsoße (siehe Rezept 104), frischem Obst oder Paläo-Schokocreme (siehe Rezept 12).

Gänseschmalz: wird aus dem Unterhautfettgewebe der Gans (Gänseflomen) gewonnen und bei mäßiger Temperatur ausgebraten. Durch den Entzug von Wasser und Eiweiß ist es kaum verderblich und durch den geringen Schmelzpunkt von 25 °C für das Backen die perfekte Butteralternative und auch zum Braten gut geeignet.

Schon gewusst?

85. Luftige Mandelmousse

Zutaten (für ca. 4–5 Portionen):
100 g Mandeln
300 ml Wasser
4 EL Chiasamen
3 EL Agavendicksaft
½ TL Vanillemark (aus Schote gekratzt)

Zubereitung:
➤ Mandeln mit Wasser im Mixer 2 Minuten auf höchster Stufe pürieren.
➤ Mandelmasse in einer Schüssel mit Chiasamen, Agavendicksaft und Vanillemark mischen.
➤ Ca. 30 Minuten quellen lassen, dabei immer wieder einmal umrühren.
➤ Mandelmousse zusammen mit Roter Grütze (siehe Rezept 82) oder anderem Obst servieren; die Mousse hält sich auch 1–2 Tage im Kühlschrank.

Schon gewusst?

Mandeln: bei den Jägern und Sammlern im östlichen Mittelmeerraum in der Zeit vor ca. 14 000 Jahren nachgewiesen. Sie enthalten besonders hohe Mengen an Vitamin E, Betacarotinen, Selen und Zink und sind damit ein starker Immunschutzschild. Der hohe Magnesiumgehalt, verbunden mit viel Kupfer und der Aminosäure Tyrosin, machen Mandeln zu einem guten Konzentrationsförderer und Sportlersnack.

86. Himbeer-Kokos-Creme

Zutaten (für ca. 4 Portionen):
400 ml Kokosmilch (1 Dose)
250–300 g tiefgefrorene Himbeeren (oder andere Tiefkühlbeeren nach Belieben; Achtung: Erdbeeren sind aufgrund der Größe gefroren schwieriger zu verarbeiten als Himbeeren)
2 EL Agavendicksaft
7 g Johannisbrotkernmehl
evtl. 2 EL Mandelblättchen

Zubereitung:
- Kokosmilch mit Johannisbrotkernmehl und Agavendicksaft in einem Topf erwärmen, rühren, bis eine Creme entstanden ist.
- Die Creme in eine Rührschüssel geben, Beeren (bis auf einige für die Dekoration) zugeben und mit einem Handrührgerät aufschlagen, bis die Masse durchgängig rosa ist.
- Himbeer-Kokos-Creme in eine Schüssel oder Portionsschalen füllen, mit Beeren dekorieren.
- Nach Belieben noch mit gerösteten Mandelblättchen verzieren.
- Bis zum Servieren im Kühlschrank aufbewahren.

Die Creme ist ein toller Nachtisch: lecker, sehr schnell zubereitet, und die Zutaten können gut als Vorrat gelagert werden. Reste eignen sich auch als Frühstück.

Zubereitungstipp

87. Duftende Cashewcreme

Zutaten (für ca. 8 Portionen):
200 g Cashewkerne
1–2 Stangen Vanille (ausgekratztes Mark)
2 EL Apfeldicksaft (oder Agavendicksaft)
100 ml Wasser
¼ TL Salz
1 TL Walnussöl oder Mandelöl
nach Belieben: Kakaostückchen, Obst

Zubereitung:
➤ Cashewkerne, Vanille, Apfeldicksaft, Wasser, Salz mit einem Pürierstab pürieren, bis eine duftende Creme entstanden ist.
➤ Nach Belieben mit Kakaostückchen verzieren oder mit Obst servieren.

Schon gewusst?

Walnussöl: sehr hochwertig und intensiv nussig im Geschmack. Es sollte vor allem in kalten Gerichten verwendet werden, um das Aroma zur Geltung zu bringen und die in außergewöhnlich hohem Anteil enthaltenen entzündungshemmenden (mehrfach ungesättigten) Fettsäuren stabil zu halten.
Vor allem in Frankreich wird Walnussöl, teilweise aus gerösteten Walnusskernen, hergestellt – beim Kauf auf Kaltpressung achten.
Walnussöl verleiht auch gekochtem Gemüse oder einem Obstsalat eine besondere Note.

Desserts, Kekse, Kuchen

88. Erdbeer-Rhabarber-Kompott mit Kokossahne

Zutaten (für ca. 2 Portionen):
Erdbeer-Rhabarber-Kompott
- 100 g Rhabarber
- 100 g Erdbeeren
- 1–2 EL Apfeldicksaft
- 1 TL Johannisbrotkernmehl

Kokossahne
- 200 g Kokosmilch
- 1 EL Apfeldicksaft
- 2 TL Johannisbrotkernmehl

Zubereitung:
- ➤ Rhabarberenden abschneiden, dann die Schale abziehen.
- ➤ Rhabarberstangen in Stücke schneiden, in einen Topf geben.
- ➤ Erdbeeren waschen, putzen, halbieren, zum Rhabarber geben.
- ➤ Alles mit einem Schuss Wasser versehen, ca. 5–8 Minuten weich dünsten.
- ➤ Johannisbrotkernmehl mit wenig Wasser glattrühren, zufügen, alles aufkochen lassen, bis ein Kompott entsteht.
- ➤ Kompott abkühlen lassen.
- ➤ Kokosmilch mit Apfeldicksaft und Johannisbrotkernmehl in einem Püriergefäß mischen, dann ca. 1–2 Minuten pürieren, bis eine Kokossahne entsteht.
- ➤ Erdbeer-Rhabarber-Kompott in Portionsschalen oder Portionsgläser geben, mit Kokossahne bedecken.

Schon gewusst?

Rhabarber: ist kein Obst, sondern ein Gemüse, da die Blattstiele verwendet werden. Sein Geschmack ist aufgrund der enthaltenen Fruchtsäuren sehr erfrischend. Die Rhabarber-Saison geht von April bis Juni – im Anschluss empfiehlt es sich weniger, Rhabarber zu essen. Zum einen, da der Gehalt an Oxalsäure durch den dann einsetzenden Wachstumsschub deutlich steigt und damit Menschen, die zu Nierensteinen neigen, Probleme bereiten kann. Zum anderen, weil die Pflanze eine ausreichend lange Regenerationsphase benötigt, die etwa ab Juli beginnt.

89. Chiapudding

Zutaten (für ca. 3–4 Portionen):
300 ml Milchalternative: frische Kokosmilch, Mandelmilch, Haselnussmilch etc. (siehe Rezepte 38–40)
4 EL Chiasamen (35 g)
1 EL Agavendicksaft
Prise Salz
bei Haselnuss- oder Mandelmilch: 1 Messerspitze frische Vanille

Zubereitung:
➤ Alle Zutaten in eine Schüssel geben, die Chiasamen gut einrühren und ca. 30–40 Minuten quellen lassen; gelegentlich umrühren.
➤ Pudding in Dessertschalen füllen und pur oder mit Roter Grütze (siehe Rezept 82) genießen.

Fruchtvariante: Die Hälfte des Chiapuddings mit einer reifen Banane oder 200 g anderem Obst pürieren – so entstehen köstliche Fruchtpuddings.
Kernig oder weich: Die Chiasamen bleiben sichtbar und verleihen dem Pudding einen leichten «Biss», ähnlich wie Milchreis. Die aufgequollenen Chiasamen erinnern an Tapioka. Wird der Chiapudding mit Obst, Grütze oder Ähnlichem nach dem Ausquellen püriert, wird der Pudding feiner.
Für unterwegs: Ein einfacher, schnell bereiteter Snack mit wertvollen Nährstoffen, auch perfekt geeignet als Büro-Frühstück oder für die Autofahrt, da aufgrund der Puddingkonsistenz nichts ausläuft und der Pudding auch ohne Kühlung ein paar Stunden haltbar ist.

Desserts, Kekse, Kuchen

90. Melonensalat mit Cashewcreme

Zutaten (für 4 Portionen):
1 Netzmelone
½ Wassermelone (kleine Größe)
30 g Apfeldicksaft (2 EL)
100 g Cashewkerne
50 g Wasser
Blätter von Zitronenmelisse und/oder Pfefferminze

Apfeldicksaft: ist konzentrierter Apfelsaft, ein ausgezeichnetes natürliches Süßungsmittel, dessen Fruchtsäure einen besonders aromatischen Geschmack verleiht.

Schon gewusst?

Zubereitung:
➤ Melonen von Schale und evtl. Kernen befreien, dann in mundgerechte Stücke schneiden und in eine Schüssel geben.
➤ Nach Belieben 1 EL Apfeldicksaft darüber verteilen.
➤ Blätter der Zitronenmelisse/Pfefferminze waschen und trockenschütteln, dann zum Melonensalat geben und durchmischen (einige zur Dekoration aufbewahren und oben auflegen).
➤ Cashewkerne mit Wasser und 2 EL Apfeldicksaft in einem Küchenmixer pürieren, bis eine glatte Creme entstanden ist.
➤ Melonensalat auf Dessertschüsseln verteilen und mit einem Klecks Cashewcreme servieren.

91. Fröhliches Mangosorbet

Zutaten (für ca. 4 Portionen):
40 g Cashewkerne
300 g kleine Eiswürfel
60 g Bio-Mango, getrocknet
35 g Möhre
60 g Apfelsaft
50 g Apfeldicksaft (3 EL)

Zubereitung:
➤ Cashewkerne mit einem Pürierstab zerkleinern.
➤ In einen Mixer erst Eiswürfel einfüllen, dann Mango, Möhre, die gemahlenen Cashewkerne, Apfelsaft und Apfeldicksaft zufügen.
➤ Zunächst auf kleiner Stufe alles pürieren, dann auf höchster Stufe cremig schlagen (ca. 2–4 Minuten).
➤ Eiscreme in Portionsschalen oder eine große Schüssel füllen.

Zubereitungstipp

Mit diesem Rezept gelingt ein cremiges, milchfreies Eis auch ganz ohne Eismaschine. Die getrockneten Mangostreifen verleihen ein intensives Aroma, Möhre und Apfeldicksaft eine gelb-orange Farbe und einen fruchtigen Geschmack.

Desserts, Kekse, Kuchen

92. Erdbeer-Bananen-Eiscreme

Zutaten (für ca. 6–8 Portionen):
3 mittelreife Bananen
250 g Tiefkühl-Erdbeeren
150 g Bio-Kokoscreme
1 Vanilleschote

Zubereitung:
- Bananen schälen, in Scheiben schneiden und mind. 3 Stunden tieffrieren.
- Vanilleschote in der Mitte aufschlitzen und Mark mit einem Messer auskratzen.
- Tiefgefrorene Bananen, Tiefkühl-Erdbeeren, Kokoscreme und Vanillemark in die Rührschüssel einer Küchenmaschine geben, welche mit einem Messereinsatz bestückt ist.
- Zutaten ca. 2 Minuten auf höchster Stufe verarbeiten, bis eine Eiscreme entstanden ist.
- Eiscreme in vorgekühlte Dessertschalen geben und sofort servieren.
- Restliche Eiscreme im Tiefkühler aufbewahren, ca. 1 Stunde vor dem Verzehr in den Kühlschrank stellen, damit die Eiscreme wieder portionierfähig wird.

Kokoscreme ist nicht identisch mit dem Kokosfett, welches sich oft auf der Kokosmilch oben absetzt. Kokoscreme entsteht, wenn das frische Kokosnussfleisch fein vermahlen wird. Mit doppelter Wassermenge wird sie zu Kokosmilch, pur ist sie wie Sahne zu verwenden.
Wichtig: Bio-Kokoscreme verwenden – die Qualität zahlt sich beim Geschmack aus.

Schon gewusst?

PaläoPower-Rezepte

93. Knackiges Granatapfeldessert

Zutaten (für ca. 8 Portionen):
1 Granatapfel
2 mittelgroße Äpfel
200 g Cashewkerne
1–2 Stangen Vanille (ausgekratztes Mark)
2 EL Apfeldicksaft (oder Agavendicksaft)
100 ml Wasser
¼ TL Salz
1 TL Walnuss- oder Mandelöl
nach Belieben: Kakaostückchen

Schon gewusst?

Granatapfelsaison in Europa ist von Oktober bis Dezember, aus Nordafrika und Israel kommen die ersten Früchte bereits ab Juni.
Durch das Achteln der Frucht und das Aufbiegen der Schale können die Kerne nahezu frei von Spritzern des farbintensiven Safts gewonnen werden.

Zubereitung:
➤ Granatapfel achteln, Schale nach außen biegen und Granatapfelkerne in eine große Schüssel herauslösen.
➤ Äpfel waschen, in Stifte schneiden und zu den Granatapfelkernen geben.
➤ Cashewkerne, Vanille, Apfeldicksaft, Wasser, Öl, Salz mit einem Pürierstab pürieren, bis eine duftende Creme entstanden ist.
➤ Creme mit Granatapfelkernen, Apfelstiften mischen und in Portionsschalen geben.
➤ Nach Belieben mit Kakaostückchen verzieren.

Desserts, Kekse, Kuchen

94. Möhrenmuffins

Zutaten (für ca. 14 Muffins):
100 g Möhren
125 g Gänse-/Schweineschmalz (kein Butterschmalz!)
80 g Akazienhonig
2 Bio-Eier
75 g gemahlene Nüsse (Haselnüsse, Mandeln)
80 g Erdmandelmehl
20 g Flohsamenschalen
1 TL Weinstein-Backpulver

Zubereitung:
➤ Backofen auf 170 °C Umluft vorheizen.
➤ Möhrenenden abschneiden, Möhren waschen und fein reiben.
➤ In einer hohen Rührschüssel Schmalz schaumig schlagen, nach und nach den Honig und die Eier zugeben, dann das Nussmehl, das Erdmandelmehl, die Flohsamenschalen, geriebene Möhren und das Backpulver.
➤ Den Teig gut durchmischen und dann jeweils einen guten Esslöffel in ein Muffinförmchen (5 cm Durchmesser) einfüllen.
➤ Muffins bei 170 °C ca. 35 Minuten backen (evtl. die letzten 10 Minuten auf 150 °C herunterregulieren, wenn die Muffins dann an der Oberfläche braun sind).
➤ Muffins aus dem Backofen nehmen, abkühlen lassen.

Zubereitungstipp

Möhrenmuffins sind nicht nur am Nachmittag ein Genuss – sie können auch als Frühstück, Reiseproviant und Bürosnack genutzt werden. Sie lassen sich gut einfrieren – daher lohnt auch die Zubereitung einer größeren Menge.

95. Fruchtige Müsliriegel

Zutaten (für ca. 10 Stück):
1 EL Chiasamen
4 EL Wasser
60 g Rosinen
50 g Nüsse (Mandeln, Hasel-/Walnüsse)
50 g Akazienhonig
90 g Gänse- oder Schweineschmalz (kein Butterschmalz!)
1 Prise Salz
1 Messerspitze Zimt
1 reife Banane
150 g Hirseflocken
2 EL getrocknete Cranberries

Zubereitung:
- Backofen auf 170 °C Umluft vorheizen.
- 1 EL Chiasamen mit 4 EL Wasser mischen und 2 Minuten quellen lassen.
- Rosinen mit Mandeln in einem Standmixer zu einem groben Mehl hacken.
- Gänseschmalz mit Kokosblütenzucker/Akazienhonig mit einem Handmixer schaumig schlagen.
- Gequollene Chiasamen, Salz, Zimt, zerdrückte Banane zufügen und gut mischen.
- Hirseflocken und die Trockenfrucht-Nuss-Mischung zugeben, dann die Cranberries zufügen, alles gut mischen.
- Müsliriegelteig auf einem Backblech mit Backpapier verteilen (ca. ½ Blech) und ca. 35 Minuten bei 170 °C backen.
- Müsliriegel aus dem Backofen nehmen, noch heiß in Stücke schneiden und abkühlen lassen.

Zubereitungstipp
Die Müsliriegel schmecken auch als Frühstück anstelle von Brot und können auf Reisen, in Büro und Schule mitgenommen werden. Sie lassen sich gut einfrieren, daher kann die doppelte Menge zubereitet werden.

Desserts, Kekse, Kuchen

96. Haselnuss-Schoko-Kekse

Zutaten (für ca. 15 Stück):
Haselnussmus von Haselnussmilch (siehe Rezept 38): bezogen auf 100 g Haselnüsse
2 EL Bio-Kakaopulver, schwach entölt
3 EL Erdmandelmehl
2 EL Kokosblütenzucker oder Dattelmus (siehe Rezept 117)

Zubereitung:
- Haselnussmus, Kakaopulver, Erdmandelmehl und Zucker/Dattelmus in einer Schüssel mischen.
- Ca. 15 esslöffelgroße Teigstücke auf ein Backblech mit Backpapier geben.
- 20 Minuten bei 150 °C Umluft backen.
- 30–45 Minuten im ausgeschalteten Backofen ruhen lassen.
- Wenn die Kekse fest sind, vom Backpapier nehmen und auf einem Teller abkühlen lassen oder lauwarm verzehren.

Haselnuss: wurde als eine wichtige Nahrungsquelle von Jägern und Sammlern in Europa genutzt. So weisen beispielsweise Fundstellen nördlich von Hamburg ein reichhaltiges Haselstrauch-Aufkommen auf, mehr als 30 Kilogramm Haselnusskerne pro Kubikmeter, sowie Röststellen und Nussknacker aus Stein. Innerhalb weniger Tage konnten so große Mengen Haselnüsse geerntet und für die Vorratshaltung aufbereitet werden.
Die Inhaltsstoffe der Haselnuss stärken das Immunsystem und fördern die Konzentrationsfähigkeit.

Schon gewusst?

97. Erdmandelkugeln

Zutaten (für ca. 12–15 Stück):
Erdmandelmus von Erdmandelmilch(siehe Rezept 37): bezogen auf 100 g Erdmandeln
30 g Erdmandelmehl
50 g Rosinen
30 g Agavendicksaft (3 EL)

Zubereitung:
- Erdmandelmus, Erdmandelmehl, Rosinen und Agavendicksaft in einer Schüssel mischen.
- Ca. 12–15 Kugeln aus dem Teig formen (gut andrücken) und auf ein Backblech mit Backpapier geben.
- 30 Minuten bei 180 °C Umluft backen.
- 30 Minuten im ausgeschalteten Backofen ruhen lassen, dann aus dem Backofen nehmen.
- Die Erdmandelkugeln schmecken lauwarm sehr gut, können aber auch kalt verzehrt werden.

Schon gewusst? Die Erdmandel gilt als eine wichtige menschliche Nahrungsquelle, die in Südafrika schon vor mehr als 40 000 Jahren von Jägern und Sammlern gegessen wurde.

Desserts, Kekse, Kuchen

98. Mandelkekse

Zutaten (für ca. 12 Stück):
Mandelmus von Mandelmilch (siehe Rezept 40): bezogen auf 100 g Mandeln
2 EL Kokosblütenzucker oder Dattelmus (siehe Rezept 117)
evtl. 1 EL Bio-Kakaopulver, schwach entölt
für eine fruchtige Variante: 1 EL getrocknete Berberitzenbeeren oder Cranberries

> **Berberitze:** Der Zweitname «Sauerdorn» verrät es schon: Berberitzenfrüchte schmecken aufgrund ihres hohen Vitamin-C-Gehalts säuerlich und wurden vor dem Handel mit Zitronen zum Säuern von Speisen und zur Herstellung von Essig verwendet.

Schon gewusst?

Zubereitung:
➤ Mandelmus, Kakaopulver und Zucker/Dattelmus in einer Schüssel mischen, evtl. Berberitzen oder Cranberries hinzufügen.
➤ Ca. 12 teelöffelgroße Teigstücke auf ein Backblech mit Backpapier geben.
➤ 30 Minuten bei 150 °C Umluft backen.
➤ 30 Minuten im ausgeschalteten Backofen ruhen lassen, dann aus dem Backofen nehmen.
➤ Wenn die Kekse fest sind, vom Backpapier nehmen und auf einem Teller abkühlen lassen oder lauwarm verzehren.

PaläoPower-Rezepte

99. Schokotraum

Zutaten (für ca. 8 Portionen):
200–230 g dunkle Schokolade (ab 60 % Kakaoanteil, ohne Milchanteil!)
300 ml Haselnuss-, Mandel- oder Cashewmilch (siehe Rezepte 36, 38, 40)
50 Gramm Agavendicksaft (3 EL)
1 EL Mandel- oder Walnussöl
nach Belieben: eine kleine Prise Salz
evtl. Mandelsplitter, Vanillesoße, frische Früchte …

Zubereitung:
- Cashewmilch mit Agavendicksaft in einem (hohen) Topf erwärmen (2/3 Herdhitze).
- Schokolade in Stücke brechen, in die Cashewmilch geben und rühren, bis sich die Schokolade aufgelöst hat.
- Schokocreme in eine Schale oder kleine Glas-Teelichthalter portionsweise einfüllen und für ein paar Stunden in den Kühlschrank stellen.
- Cremenocken auf einen Teller geben bzw. die Teelichthalter bereitstellen, mit frischen Früchten oder Roter Grütze (siehe Rezept 82) garnieren, mit Vanillesoße (siehe Rezept 44) überschichten oder mit in der Pfanne angerösteten Mandelsplittern servieren.

Zubereitungstipp
Der Schokotraum hält sich mehrere Tage im Kühlschrank, da er frei von Ei ist, und kann daher portionsweise genossen werden.

Desserts, Kekse, Kuchen

100. Apfel-Mandel-Kuchen

Zutaten (für 1 Springform, 26 cm Durchmesser):

200 g Mandeln (ungeschält)
100 g getrocknete Aprikosen
100 g Erdmandelmehl
3 mittelgroße, säuerliche Äpfel
300 ml Wasser
4 EL Chiasamen
4 EL Apfeldicksaft (Agavendicksaft)
Salz
Kokosöl
2–3 EL gehackte Mandeln

Zubereitung:
- Backofen auf 180 °C vorheizen.
- Die Hälfte der Mandeln mit 300 ml Wasser in einem Mixer fein pürieren.
- Flüssigkeit durch ein feinmaschiges Sieb in ein Gefäß abgießen; Masse im Sieb mit einem Löffel hin und her bewegen, bis die Mandelmasse zurückbleibt.
- Aufgefangene Mandelmilch mit Chiasamen, 3 EL Agavendicksaft und einer Prise Salz verrühren, ca. 15 Minuten zu einem Pudding ausquellen lassen.
- Mandelmasse in eine Schüssel geben.
- Restliche Mandeln mit getrockneten Aprikosen in einem Mixer hacken, dann zur Mandelmasse geben, Erdmandelmehl, eine Prise Salz zufügen und zu einem Teig verkneten.
- Teig in einer gefetteten Springform gleichmäßig als Kuchenboden verteilen.
- Äpfel waschen, vierteln, entkernen, in Scheiben schneiden.
- Chia-Pudding auf den Kuchenteig geben, Apfelscheiben dachziegelartig darauf verteilen, gehackte Mandeln darüberstreuen, Kuchen bei 180 °C 40 Minuten backen.
- 5 Minuten vor Backende 1 EL Apfeldicksaft mit einem Pinsel auf dem Kuchen verteilen, um eine glänzende Oberfläche zu erhalten.

Schon gewusst?

Aprikose: Besonders aromatisch und dem steinzeitlichen Original sehr nahe sind **Wildaprikosen**, die auch als Trockenfrüchte in ausgezeichneter Qualität über den Biohandel verfügbar sind.
Als vitamin- und mineralstoffreicher Snack passen sie in jede Tasche für unterwegs – werden sie in Kuchenböden verarbeitet, sollte man dem Teig etwas mehr Wasser zugeben.

101. Mohnkuchen

Zutaten (für ca. 12 Portionen):
für den Teig:
    200 g Nüsse (Haselnuss, Walnuss etc.)
    100 g Trockenaprikosen (oder getrocknete Feigen, Datteln)
    100 g Erdmandelmehl
    Prise Salz
    40 g Wasser
für die Mohnfüllung:
    200 g Mohnsamen
    5 EL Chiasamen
    500 ml Wasser
    6 EL Agavendicksaft oder Ahornsirup
    2 TL Vanillepulver
    20 g Kakaobutter
    50 g Mandeln, gehackt
    50 g Rosinen
    Prise Salz

Zubereitung:
- Nüsse mit Trockenobst in einem Standmixer mahlen, dann mit Erdmandelmehl, Salz und Wasser in einer Schüssel zu einem Teig kneten.
- Teig in einer gefetteten Springform als Kuchenboden verteilen.
- Mohnsamen mit einer Mohnmühle mahlen (ersatzweise kann auch bereits gemahlener Mohn verwendet werden – frisch gemahlen ist der Kuchen wesentlich aromatischer und enthält mehr Nährstoffe).
- Wasser mit Chiasamen verrühren, gemahlenen Mohn, Agavendicksaft, Vanillepulver, Salz zugeben, 5 Minuten quellen lassen.
- Mandeln, Rosinen zugeben.
- Kakaobutter in einer Tasse im Wasserbad schmelzen, dann unter die Mohnfüllung rühren.
- Mohnfüllung auf dem Kuchenboden verteilen, bei 200 °C 30 Minuten backen.

Schon gewusst? **Mohn:** enthält zehnmal mehr Calcium als Kuhmilch und so viel Eisen wie Rinderleber – damit ist dieser Paläo-Mohnkuchen ein besonderer Leckerbissen gerade für Frauen und sportlich Aktive.

Desserts, Kekse, Kuchen

102. Bratäpfel

Zutaten (für 4 Portionen):
4 Äpfel (ideale Sorte: Boskop)
50 g gehackte Mandeln (oder Mandelsplitter)
50 g Rosinen
4 TL Honig
½ TL Zimt
Rapsöl oder Kokosöl

Zubereitung:
- Äpfel waschen und das Kerngehäuse ausstechen.
- Äpfel in eine mit Öl gefettete Auflaufform setzen.
- Füllung mischen aus Mandeln, Rosinen, Honig und Zimt, dann mit einem kleinen Löffel in die Öffnung der Äpfel geben.
- Einen halben Teelöffel Öl auf jeden Apfel geben.
- Äpfel im vorgeheizten Backofen bei 200 °C für ca. 20 Minuten backen.

Variante: Zu den Bratäpfeln passen die Paläo-Vanillesoße oder Mandelsahne (siehe Rezepte 44, 48).
Statt Mandelsplittern können geröstete Pistazienkerne, Zedern- oder Pinienkerne, aber auch Walnüsse verwendet werden.

103. Dattelkonfekt

Zutaten (für 12 Stück):
12 Datteln (am einfachsten: ohne Kern)
Walnusskerne
geschälte Mandeln
getrocknete Cranberries

Zubereitungstipp

Medjoul-Datteln sind besonders groß und brauchen entsprechend mehr Füllung.
Dattelkonfekt ist sehr praktisch, wenn sich überraschend Besuch ansagt, da die Zutaten in der Paläo-Küche meist als Vorrat vorhanden sind und die Zubereitung sehr schnell geht.
Dattelkonfekt ist auch gut geeignet für **unterwegs und fürs Büro** – auch als **Geschenk.**

Zubereitung:
➤ Entkernte Datteln leicht aufbiegen und füllen mit:
  – ½ oder einem kleinen Walnusskern oder
  – 2–3 Mandeln oder
  – 4–5 Cranberries (die säuerlichen Cranberries harmonieren exzellent mit den süßen Datteln)
➤ Datteln wieder etwas zudrücken.
➤ Dattelkonfekt auf einem Teller anrichten.

Desserts, Kekse, Kuchen

104. Aparte Fruchtsoße

Zutaten (für ca. 4 Portionen):
300 g Beerenmix (Erdbeeren, Himbeeren, Brombeeren, Heidelbeeren und/oder Johannisbeeren), frisch oder gefroren
70 g Honig

Zubereitung:
➤ Beeren waschen oder auftauen und in einen hohen Becher oder eine hohe Schüssel geben.
➤ Honig dazugeben.
➤ Alle Zutaten pürieren.
➤ Fruchtsoße in eine Schale füllen (verschlossen in einem Glas im Kühlschrank mehrere Tage haltbar).
➤ Sie passt besonders zu frischem Obst, Puddings, Cremes, Paläo-Eiscreme, Paläo-Waffeln (siehe Rezept 84) und als fruchtige Soße zu Wildfleisch.

Variante: Die Soße erhält durch den Honig eine besondere Note – je nach Sorte (Akazien-, Blüten-, Lavendel-, Rosmarinhonig etc.) kann man das Aroma weiter variieren.

WÄRMENDE WINTERKÜCHE UND KLEINE TABUS

Herzhaftes, Aromatisches – und wertvolle Innereien

105. Herzhaft-edle Kartoffelsuppe

Zutaten (für 4 Portionen):
7 große Kartoffeln
2 Möhren
1 Stange Lauch
1 große Zwiebel
2 EL Speckwürfel
3 EL Suppengrundstock (siehe Rezept 116)
3 EL Olivenöl
Lorbeerblatt
Salz, Pfeffer, Muskat
Majoran – damit nicht sparen, er gibt der Suppe den herzhaften Geschmack
evtl. frische Petersilie
2 geräucherte Forellenfilets

Zubereitung:
- Kartoffeln schälen, Möhren waschen, Enden abschneiden.
- Kartoffeln und Möhren grob würfeln.
- Lauch in Ringe schneiden und waschen.
- Zwiebel schälen, würfeln und zusammen mit dem Speck in einem großen Topf mit Olivenöl glasig andünsten.
- Kartoffeln, Möhren, Lauch, Suppengrundstock zugeben und mit 1 Liter Wasser ablöschen (eventuell mehr – das Gemüse sollte gerade mit Wasser bedeckt sein).
- Lorbeerblatt zugeben, 15 Minuten im Dampftopf kochen (oder entsprechend lange im offenen Topf).
- Lorbeerblatt entfernen, Suppe würzen und mit dem Pürierstab pürieren.
- Suppe noch einmal aufkochen lassen.
- Ein halbes Forellenfilet pro Person in Stücke teilen und in einen Suppenteller legen, dann die heiße Suppe einfüllen und servieren.

Schon gewusst? **Forelle:** zählt zur Familie der Lachsfische. Es gibt eine Salzwasser- und zwei Süßwasserarten. Ihre Nährstoffe stärken das Immunsystem und fördern die Konzentration.

106. Feldsalat mit Datteln im Speckmantel

Zutaten (für 2 eher größere Portionen):
200 g Feldsalat
6 Scheiben durchwachsener Schinken
20 Datteln, entsteint
3 EL Olivenöl
3 EL Balsamico (oder Weißweinessig)
Salz
Pfeffer

Zubereitung:
➤ Feldsalat waschen, trockenschleudern, auf 2 Tellern (oder Platten) verteilen.
➤ Öl, Essig, Salz, Pfeffer entweder einzeln über dem Salat verteilen oder als Marinade.
➤ Schinkenscheiben längs halbieren.
➤ Datteln darin einrollen.
➤ Datteln in Schinkenscheiben in einer beschichteten Pfanne von beiden Seiten ohne Fett anbraten (ca. 3 Minuten).
➤ Gebratene Datteln auf dem Feldsalat verteilen, eventuell mit weiteren Datteln ohne Schinken ergänzen.

Variante: Datteln im Speckmantel eignen sich auch ohne Feldsalat als Vorspeise bzw. Tapas.
Anstelle der Datteln passen auch **Dörrpflaumen**, sie sind etwas saftiger als Datteln.

107. Weißkrautsalat

Zutaten (für 4–6 Portionen):
750 g Weißkohl
100 ml Rapsöl
100 ml Weißweinessig
30 ml Agavendicksaft
½ EL Salz
½ EL Kümmel

Zubereitung:
- Vom Weißkohl den Strunk und die äußeren Blätter entfernen, dann den Weißkohl in der gewünschten Stärke hobeln.
- Alle anderen Zutaten aufkochen, dann über den gehobelten Kohl geben.
- Mindestens 20 Minuten ziehen lassen; Weißkrautsalat passt sehr gut zu Hackbraten (siehe Rezept 79) oder Braten.

Zubereitungstipp

Den Weißkrautsalat kann man direkt lauwarm genießen oder im Kühlschrank bis zu 4 Wochen in einer verschlossenen Box aufbewahren und portionsweise genießen.

Wärmende Winterküche und kleine Tabus

108. Winterpower-Grünkohl

Zutaten (für 2 Portionen):
750 g Grünkohl
1 EL Schweineschmalz
1 Zwiebel
125 g Speck
1 EL Suppengrundstock (siehe Rezept 116)
Salz
Pfeffer
Muskatnuss
ca. 200 ml Wasser

Zubereitung:
- Grünkohlblätter waschen, in feine Streifen schneiden.
- Zwiebel schälen und würfeln.
- Speck würfeln.
- Zwiebeln und Speck mit Schweineschmalz in einem Topf anbraten.
- Grünkohlstreifen, Suppengrundstock und Wasser zugeben.
- Gemüse 10 Minuten stark köcheln, danach ca. 30–45 Minuten auf schwachem Feuer garen.
- Dazu passen Bratkartoffeln. Wer mag, reicht ein Kasseler oder Schweinebauch dazu.

Grünkohl ist ein typisches Wintergericht (Saison: November bis März), und seine Nährstoffe stärken das Immunsystem. Häufig genannter Tipp für Menschen, denen Kohl Verdauungsschwierigkeiten bereitet: vor allem dann zu reifem Grünkohl greifen, wenn die Außentemperaturen niedrig sind – in dieser Kombination enthält der Grünkohl aufgrund eines veränderten Stoffwechsels weniger Bitter- und Blähstoffe, stattdessen mehr Zucker.

Schon gewusst?

109. Wildschweinbraten in Rosmarinhonig

Zutaten (für 3 Portionen):
600 g Wildschweinbraten (oder Bio-Schweinelende)
4 EL Honig (würzige Sorten wie Lavendel, Kastanie, Rosmarin etc.)
2 lange frische Zweige Rosmarin
Salz
Pfeffer
Schmalz oder Rindertalg
aparte Fruchtsoße (siehe Rezept 104)

Schon gewusst?

Die Hadza, heutige Jäger und Sammler in Tansania, verwenden sieben verschiedene Honigsorten.
Auch in Europa gibt es eine Vielzahl an Sorten – gerade die würzigeren Wald- und Kräuterhonige sind sehr aromatisch und kommen sehr gut mit Fleischgerichten oder Gemüse zur Geltung. Einfach bei Imkern auf Bauernmärkten oder in der Imkerei (auch online) beraten lassen und die individuelle Lieblingssorte für verschiedene Gerichte austesten.

Zubereitung:
- Backofen auf 80 °C vorheizen.
- Fleisch in Schmalz oder Talg in einer Pfanne von beiden Seiten anbraten, salzen, pfeffern.
- Fleisch auf ein Stück Alufolie legen, auf der Oberseite mit der Hälfte des Honigs bestreichen, einen Rosmarinzweig auflegen, wenden, die zweite Seite mit dem restlichen Honig bestreichen, den zweiten Rosmarinzweig auflegen, in Alufolie einpacken.
- Fleisch für 30 Minuten bei 80 °C im Backofen garen.
- Fruchtsoße zubereiten, in einem Topf erwärmen – nach Wunsch noch frischen Rosmarin oder Thymian zufügen.
- Fleisch aus der Alufolie wickeln, in Scheiben schneiden und mit Beerensauce auf Tellern anrichten. (Fleischreste in Alufolie mit Rosmarinzweigen noch einen Tag durchziehen lassen, kalt servieren, oder 10 Minuten bei 100 °C in Alufolie erwärmen.)
- Dazu passen: Pastinakenbratkartoffeln (siehe Rezept 63) und ein grüner Salat (Feldsalat, Rucola etc.).

Wärmende Winterküche und kleine Tabus

110. Scharfes Okralamm

Zutaten (für 2–3 Portionen):

400 g Lammgulasch (oder Rind)
1 große Zwiebel
evtl. 50 g Wildschweinsalami oder
 Speckwürfel
Schmalz
6 Trockentomaten
250 g Okraschoten (oder grüne
 Bohnen)
500 g Kartoffeln
1 EL Suppengrundstock
 (siehe Rezept 116)
450 g Schältomaten
Salz
Pfeffer
2 Chili
2 große Lorbeerblätter

Zubereitung:

➤ Fleisch in Würfel schneiden, Zwiebel schälen und in kleine Würfel schneiden.
➤ Wildschweinsalami/Speck würfeln, Trockentomaten in dünne Streifen schneiden.
➤ Fleisch in der Pfanne mit Schmalz anbraten.
➤ Zwiebel, Trockentomaten und Salami-/Speckwürfel zugeben, kurz mit anbraten, salzen, pfeffern, Chili putzen, in kleine Stücke schneiden und zugeben.
➤ Mit Gemüsebrühe ablöschen, Pfanne mit Deckel abdecken, Hitze reduzieren – die Soße sollte noch köcheln.
➤ Kartoffeln schälen, in kleine Würfel schneiden, zum Fleisch geben.
➤ Okraschoten waschen, Spitzen und Stiel abschneiden, Schoten in ca. 2–3 cm große Stücke schneiden, in die Pfanne geben.
➤ Tomaten würfeln, zum Eintopf geben, Lorbeerblätter zufügen, mit etwa 100–200 ml Wasser auffüllen – alles mind. 60 Minuten (bei Rindfleisch 120 Minuten) bei geringer Hitze und geschlossenem Pfannendeckel schmoren lassen, gelegentlich etwas Wasser zugeben und umrühren, bis die gewünschte Soßenkonsistenz erreicht ist und die Kartoffeln und das Fleisch weich sind.

Zubereitungstipp

Okragemüse schmeckt ähnlich wie grüne Bohnen und wird häufig in afrikanischen, arabischen, südamerikanischen und karibischen Gerichten verwendet. Es enthält eine Substanz, die zum Eindicken der Soße führt – Sahne oder Ähnliches ist nicht notwendig.
Dieses Gericht ist ideal, wenn man Gäste erwartet: Es kann in Ruhe (schon am Vortag) vorbereitet werden und auf kleiner Flamme fertig schmoren.

PaläoPower-Rezepte

111. Leber mit Apfelscheiben, Zwiebeln und Püree

Zutaten (für 2 Portionen):
400 g Rinderleber (auch von Kalb, Lamm oder Huhn)
Schmalz oder Kokosöl
1 Apfel
2 große Zwiebeln
Salz
Pfeffer

Zubereitung:
- Apfel waschen und vierteln, entkernen, dann in dünne Scheiben schneiden.
- Zwiebeln schälen und in Ringe schneiden.
- Apfelstücke und Zwiebelringe in der Hälfte des Schmalzes oder Kokosöls dünsten, bis sie weich sind, dann aus der Pfanne nehmen.
- Leber waschen, trockentupfen, mit der zweiten Hälfte des Schmalzes oder Kokosöls in der Pfanne anbraten (je Seite ca. 3 Minuten – nicht zu sehr durchbraten).
- Jede Seite salzen und pfeffern.
- Dazu passen Pastinakenbratkartoffeln oder Pastinakenpüree (siehe Rezepte 63, 64) und ein Feldsalat oder Postuleinsalat.

Schon gewusst?

Leber: zählt zu den Innereien – und ist weitgehend aus der Mode gekommen. Da die Leber als größte Drüse des Körpers für die Produktion und Speicherung vieler Nährstoffe verantwortlich ist, ist ihr Genuss eine echte Nährstoffkur, vorausgesetzt, das Tier stammt aus artgerechter Fütterung und Haltung. Zusätzlich schont der Kauf von Leber den Geldbeutel (im Vergleich mit dem Kauf von Muskelfleisch) und trägt dazu bei, dass alle Teile des geschlachteten Tieres verwendet werden – nicht nur die Edelteile wie Filet.

Wärmende Winterküche und kleine Tabus

112. Nieren mit Salbei

Zutaten (für 2 Portionen):
400 g Nieren, z.B. von Kaninchen, Lamm
10 Salbeiblätter
Schmalz
Salz
Pfeffer

Zubereitung:
➤ Nieren häuten, waschen und trockentupfen, evtl. in Scheiben schneiden.
➤ In einer Pfanne mit Schmalz anbraten.
➤ Salzen und pfeffern.
➤ Salbeiblätter waschen und mit den Nieren auf einem Teller servieren.
➤ Dazu passt auf einem kombinierten Innereienteller: Leberstücke.
➤ Dazu passen Pastinakenbratkartoffeln oder Pastinakenpüree
   (siehe Rezepte 63, 64) und ein Feldsalat oder Postuleinsalat.

Salbei: Das lateinische Ursprungswort «salvare» bedeutet «heilen» und deutet auf die lange Tradition der Verwendung sowohl als Würz- als auch als Heilkraut hin. Die ätherischen Öle des Salbeis wirken bei Halsschmerzen und übermäßigem Schwitzen, bei Magen- und Darmschmerzen. Das Salbei-Aroma wird geschätzt als Tee und in Halsbonbons sowie in Leber- oder Nierengerichten.

Schon gewusst?

113. Zarte Schnecken auf schwarzem Piemontreis

Zutaten (für 2 Portionen):
36 Weinbergschnecken im Fond
 (ca. 200 ml Füllgewicht, ca. 90 g Abtropfgewicht)
Schmalz
8 Trockentomaten (eingelegt)
1 Zwiebel
2 Knoblauchzehen
Paläo-Sahne (siehe Rezept 120)
Salz
Pfeffer
200–250 g schwarzer Piemontreis (Bio)

Schon gewusst?

Weinbergschnecken: haben einen hohen Proteinanteil und wenig Fett; Schneckenfleisch aus ökologischer Freilandzucht ist zart und bissfest und eine besondere Delikatesse.
In einem dieser Zuchtbetriebe bei Frankfurt werden im Frühjahr 25 000 Babyschnecken ausgesetzt, die bis zum Herbst auf einer Wildwiese grasen und dann zur Weiterverarbeitung eingesammelt werden.

Zubereitung:
- Reis in Salzwasser aufsetzen und nach Anleitung kochen (ca. 40 Minuten bei einem guten Bio-Reis).
- Zwiebel und Knoblauch schälen, Zwiebel würfeln.
- Schnecken abtropfen lassen, Fond auffangen.
- Schnecken in heißem Schmalz in einer Pfanne anbraten, Zwiebelwürfel zugeben, Knoblauch dazupressen und mit anbraten.
- Trockentomaten in kleine Stücke schneiden und zu den Schnecken geben.
- Alles salzen und kräftig pfeffern.
- Fond angießen, evtl. weiteres Wasser zufügen.
- Mit Salz, Pfeffer abschmecken, ca. 20 Minuten köcheln lassen.
- Gegen Ende der Garzeit Soße mit etwas Paläo-Sahne angießen.
- Schnecken mit Reis auf einem Teller servieren.
- Dazu passen z.B. Honiggemüse (siehe Rezept 74) oder gedünstete Möhren oder gedünstete Paprika.

114. Feurige Hackfleischwraps

Zutaten (für 2 Portionen):
400 g Bio-Hackfleisch
1 Zwiebel
1–2 Knoblauchzehen
1 Chilischote
Salz
Pfeffer
scharfes Paprika- oder Cayennepulver
1 EL Suppengrundstock (siehe Rezept 116)
Wasser
1 Kohlkopf (Weißkohl, Chinakohl, Wirsing)
evtl. eingelegter Ingwer
Gänse- oder Schweineschmalz

Zubereitung:
➤ Schmalz in einer Bratpfanne erhitzen, Hackfleisch darin anbraten.
➤ Zwiebeln und Chilischote putzen, in kleine Stücke schneiden, mit dem Hackfleisch weiterbraten.
➤ Knoblauchzehen schälen und frisch in das Hackfleisch pressen.
➤ Mit Salz, Pfeffer und scharfem Paprika-/Cayennepulver abschmecken.
➤ Suppengrundstock zugeben, mit etwas Wasser ablöschen und dann die Flüssigkeit fast vollständig einkochen lassen.
➤ Pro Person 3–6 Kohlblätter vom Kohlkopf lösen, evtl. waschen.
➤ Kohlblätter und Hackfleisch auf den Tisch stellen – jeder wickelt selbst seine Wraps: pro Kohlblatt (bei Weißkohl und Wirsing je ein halbes Blatt) ca. 3 EL Hackfleischsoße auflegen, tütenförmig aufrollen und mit den Fingern essen.

Variante: Die **Kohlblätter ersetzen** in diesem Rezept die üblichen **Getreidefladen.** Die Wraps sind schnell zubereitet und sehr sättigend.
Eine **asiatisch-würzige Note** erhält dieser Wrap, wenn man süß-sauer eingelegte Ingwerscheiben auf die Hackfleischsoße legt, bevor die Blätter gerollt werden. Ingwer unterstützt auch die Verdauung des Kohls.

KLEINE KÖSTLICHKEITEN UND BASISREZEPTE

Süßes und

Salziges

zum Verfeinern

115. Paläo-Pesto

Zutaten (für ca. 300 g):
150 g Gartenkräuter und/oder Wildkräuter (z.B. Bärlauch, Wegerich etc.) und/oder Blattgrün von Wintergemüse
150 ml Kürbiskern- oder Walnussöl
2 EL Kürbis-, Pinien- oder Walnusskerne
½ TL Fleur de Sel

Zubereitung:
➤ Kräuter/Blattgrün, Nusskerne und Pflanzenöl mit einem Pürierstab pürieren.
➤ Mit Fleur de Sel abschmecken und in einem verschlossenen Glas im Kühlschrank lagern.

Zubereitungstipp

Das Paläo-Kräuterpesto schmeckt ausgezeichnet auf Steak (anstelle von Kräuterbutter), über Spargel, Kartoffeln, als Abrundung in Salatsoßen oder als Aufstrich (anstelle von Butter).

116. Suppengrundstock

Zutaten (für ca. 800 g):
600 g Suppengemüse (z.B. 1 Stange Lauch, 3 Möhren, ¼ Knollensellerie, oder auch Pastinake, Petersilienwurzel, Kohlrabi, Gemüsezwiebel, Brokkolistängel, Stangensellerie)
100 g frische Kräuter (z.B. Kresse, Radieschenkeimlinge, Frühlingszwiebeln, Petersilie etc.)
100 g Meersalz

Zubereitung:
➤ Gemüse, Kräuter, Salz je nach Stärke des Pürierstabs zunächst in einer Küchenmaschine fein reiben, dann in einem Mixer oder mit einem Pürierstab zerkleinern.
➤ Suppengrundstock in verschlossenen Gläsern im Kühlschrank bis zum Gebrauch aufbewahren.
➤ Suppengrundstock direkt in Suppen und Saucen geben (ca. 1–2 TL pro 500 ml Flüssigkeit): Der Suppengrundstock verleiht Gemüsesuppen und Saucen einen gehaltvollen Geschmack und lässt sich wie Gemüsebrühe verwenden.

Variante: 1 EL Suppengrundstock mit ins Büro nehmen, dort mit kochendem Wasser auffüllen – und schon ist eine schnelle Gemüsebrühe fertig, die man auch pur trinken kann. Mit Pilzen oder Gemüse und/oder Fleischresten aufgepeppt, wird eine gehaltvolle Suppe daraus.

117. Dattelmus/Dattelsirup

Zutaten (für 150 g):
100 g Datteln, entkernt
50 g Wasser (filtriert)

Zubereitung:
- Datteln mit Wasser mind. 30 Minuten einweichen, danach mit einem Pürierstab pürieren.
- In ein sauberes Schraubdeckelglas abfüllen und im Kühlschrank aufbewahren (ca. 1–2 Wochen).

Zubereitungstipp

Dattelmus kann durch Zugabe von etwas mehr Wasser auch zu einem «Dattelsirup» verdünnt werden.
Dattelmus und Dattelsirup eignen sich sehr gut zum Süßen, z.B. bei nussigen Brotschnitten (siehe Rezept 49), für Puddings und Desserts.

118. Grüne Soße

Zutaten (für ca. 500 g):
40 g Sonnenblumenkerne oder Cashewkerne
150 g Wasser
100 g gutes Pflanzenöl (z.B. hochwertiges Olivenöl)
300 g frische Kräuter (Frankfurter Mischung oder ein beliebiger Mix aus Kresse, Bärlauch, Petersilie, Schnittlauch, Pimpinelle, Kerbel, Borretsch, Sauerampfer, Liebstöckel, Zitronenmelisse etc. – nach Saison mischen)
1 kleiner TL Salz
2–3 EL weißer Balsamico (oder ein anderer heller Kräuteressig)
Pfeffer und/oder 1 TL Senf nach Belieben
frisch geriebene Muskatnuss nach Belieben

Zubereitung:
➤ Sonnenblumenkerne (Cashewkerne) mit Wasser in einem Standmixer gut pürieren.
➤ Pflanzenöl abmessen und langsam dazugeben (weiter pürieren).
➤ Salz und Essig zufügen (weiter pürieren).
➤ Gewaschene Kräuter nach und nach zugeben (weiter pürieren).
➤ Pfeffer und Muskat zugeben, abschmecken und alles noch einmal kurz pürieren.
➤ Grüne Soße in eine Schüssel füllen.

Schon gewusst?

Als «Frankfurter Grüne Soße» ist die Originalversion berühmt. Sie beinhaltet Milchprodukte wie saure Sahne etc., die in dieser Paläo-Variante komplett durch pflanzliche Zutaten ersetzt werden. Weiterer Vorteil: Die ei- und milchfreie Soße ist länger haltbar und kann auch ein paar Tage im Kühlschrank aufbewahrt werden.
Grüne Soße schmeckt zu Bratkartoffeln und hart gekochten Eiern, zu Spargel anstelle einer Sauce Hollandaise oder zu gegrilltem Fleisch.

119. Paläo-Parmesan

Zutaten (für ca. 150 g):
100 g Cashewkerne
1 TL Meersalz
½–1 TL Senf (scharf)

Zubereitung:
➤ Cashewkerne abwiegen und in einer Pfanne ohne Fett leicht anrösten.
➤ Geröstete Cashewkerne mit Meersalz und Senf in einen Standmixer geben und mixen, bis eine parmesanähnliche Mischung entstanden ist.
➤ Paläo-Parmesan in ein Glas füllen und verschlossen im Kühlschrank aufbewahren (hält mind. 2 Wochen).

Zubereitungstipp
Je mehr Senf, desto «reifer» (würziger) schmeckt der «Parmesan». Allerdings wird die Masse dann etwas weicher. Bei Aufbewahrung im Kühlschrank lässt sie sich dennoch gut zerbröseln.

120. Paläo-Sahne, salzig

Zutaten (für ca. 200 ml):
50 g Cashewkerne
120 ml Wasser
40 ml gutes Pflanzenöl (z.B. Olive)
½ TL Meersalz
1 TL Senf (mittelscharf bis scharf)

Zubereitung:
- Alle Zutaten in ein hohes Gefäß geben und mit einem Pürierstab gut pürieren, bis eine gleichmäßige Sahne entsteht.
- Paläo-Sahne sofort zum Abschmecken von heißen Sahnesaucen verwenden oder in einer kleinen verschlossenen Glasflasche bis zu 7 Tage im Kühlschrank aufbewahren.

Variante: Die Paläo-Sahne ist eine **sehr gute Alternative zu Kuhmilchsahne und Sojasahne** an salzigen Gerichten: günstig, gute Nährstoffe, keine Zusatzstoffe, sehr gut zu verarbeiten (kein Ausflocken).
Anstelle von Cashewkernen können auch **Sonnenblumenkerne** verwendet werden – die Sahne schmeckt dann deutlich nussiger.

PaläoPower-Rezepte

121. Wilde Knabberei: Brennnesselchips

Zutaten (für ca. 3 Portionen):
1 Schüssel frische Brennnesselblätter (obere Triebe und obere Blätter)
3 EL Bratöl (Rapsöl, Olivenöl) oder Schmalz
Gewürze, z.B. Meersalz und Pfeffer, Meersalz und Paprikapulver, Meersalz und Chilipulver, Kräutersalz etc. (je Gewürz ca. 1 TL-Spitze)

Zubereitung:
- Brennnesseln am Wegesrand pflücken: mit Handschuhen geschützt und einer Schere Triebspitzen bzw. die jüngsten Blätter der Brennnesseln abtrennen, in einem Leinenbeutel oder Korb sammeln und bis zur Zubereitung in den Kühlschrank legen.
- Brennnesseln heiß waschen, Triebspitzen und Blätter vom Stil trennen, Blätter trockenschleudern.
- Öl oder Schmalz in einer Pfanne erwärmen (ca. $2/3$ der Maximalhitze), dann Brennnesselblätter zugeben und ca. 15 Minuten anrösten, bis sie kraus und knusprig sind (bei Bedarf noch etwas Fett zugeben).
- Kurz vor dem Servieren Salz und Paprika zufügen (alternativ auch Chilipfeffer oder Curry) und untermischen.
- In kleine Schalen verteilen und unbedingt noch heiß servieren.

Zubereitungstipp
Geeignet als Vorspeise, als Snack anstelle von Kartoffelchips, als Beilage zu Eintöpfen oder Kartoffeln und auch anstelle von Croutons.

122. Honigbuschtee

Zutaten (pro Tasse):
1 TL Honigbuschtee
250–300 ml Wasser
½ TL Honig oder Kokosblütenzucker

Honigbuschtee: Der Honigbuschstrauch wächst in Südafrika. Die heute noch lebenden Jäger und Sammler dieser Region nutzen die Blätter als Teegetränk. Honigbusch ist koffeinfrei und daher auch abends und für Kinder geeignet. Er hat von Natur aus einen leichten Honiggeschmack.

Schon gewusst?

Zubereitung:
➤ Wasser aufkochen.
➤ Honigbuschtee in einem Teefilter in eine Tasse geben, mit kochendem Wasser aufbrühen und ca. 5 Minuten ziehen lassen.
➤ Nach Belieben mit Honig oder Kokosblütenzucker süßen.

PaläoPower-Rezepte

123. Himbeer-Minz-Wasser

Zutaten (pro Karaffe):
1 Liter frisches Wasser
ca. 8–10 Himbeeren
2–3 Zweige Pfefferminze oder Zitronenmelisse

Zubereitung:
➤ Wasser in eine schöne Karaffe füllen.
➤ Himbeeren dazugeben.
➤ Minze/Melisse abwaschen, trockenschütteln und dem Wasser zugeben.
➤ Nach ca. 1 Stunde hat das Wasser eine schöne Färbung und einen deutlichen Himbeer-Minz-Geschmack.

Zubereitungstipp: Das Himbeer-Minz-Wasser schmeckt durch die natürliche Fruchtsüße sehr aromatisch und ist auch bei Kindern sehr beliebt.

V. Ausklang: Jagen und Sammeln in Büchern, Geschäften und Internet

Ausklang

Literatur

Allgemeine Literatur

Berbesque, J. C. 2009. Sex differences in food preferences of Hadza hunter-gatherers. Evolutionary Psychology 7(4):601–616

Enders, G. 2014. Darm mit Charme. Alles über ein unterschätztes Organ. Ullstein-Verlag, 20. Aufl.

Hadza. 2013. Persönliche Beobachtung/Bericht der Hadza

Lee, R. B. 1979. The !Kung San – men, women, and work in a foraging society. Cambridge University Press, Cambridge, Ausgabe 2009

Lee, R. B., R. Daly. 1999. The Cambridge encyclopedia of hunters and gatherers. Cambridge University Press, New York, 4. Auflage 2010

Marlowe, F. W. 2010. The Hadza hunter-gatherers of Tanzania. University of California Press

Shostak, M. 1982. Nisa erzählt – Das Leben einer Nomadenfrau in Afrika. Rowohlt Taschenbuch Verlag GmbH, Reinbek, 2. Auflage 2001

II: Die Paläo-Entdeckungsreise beginnt

Eaton, S. B., M. Konner. 1985. Paleolithic nutrition – a consideration of its nature and current implications. NEJM 312(5):283–289

III. Kulinarischer Reiseführer

Ohne Frühstück fit und fröhlich?!

Breakfast is best. 2009. Campaign Charter. www.breakfastisbest.eu

Buckley, T. M., A. F. Schatzberg. 2005. Review: On the interactions of the hypothalamic-pituitary-adrenal (HPA) axis and sleep: Normal HPA axis activity and circadian rhythm, exemplary sleep disorders. The Journal of Clinical Endocrinology & Metabolism 90(5):3106–3114

Fernemark, H., et al. 2013. A randomized cross-over trial of the postprandial effects of three different diets in patients with type 2 diabetes. PloS One 8(11): e79324. doi:10.1371/journal.pone.0079324

Herrmann, M.-E., B. Hermey. 2010. Frühstück – die wichtigste Mahlzeit des Tages? Ernährung und Medizin 25:44–48

Scheer, F. A. J. L., et al. 2013. The internal circadian clock increases hunger and appetite in the evening independent of food intake and other behaviors. Obesity 21(3):421–423

Schusdziarra, V., et al. 2011. Impact of breakfast on daily energy intake – an analysis of absolute versus relative breakfast calories. Nutr. J. 10:5–12

Ach du dickes Ei!

Sobich, N. 2004. Feinkost für Verwegene. Frankfurter Allgemeine Zeitung, 10.4.2004

Statistisches Bundesamt. 2012. Land- und Forstwirtschaft, Fischerei – Geflügel 2011, Fachserie 3, Reihe 4.2.3

Wilde Würze und das Salz in der Suppe

Bühring, U. 2007. Alles über Heilpflanzen. Ulmer-Verlag, 2. Auflage 2011

DiNicolantonio, J. J., et al. 2013. Dietary sodium restriction: Take it with a grain of salt. Am J Med 126(11):951–955

Halberstein, R. A. 2005. Medicinal plants: historical and cross-cultural usage patterns. Ann Epidemiol. 15(9):686–699

Kölling, C., U. Stetter. 2008. Holzasche – Abfall oder Rohstoff? LWF aktuell 63/2008:54–56

Lee, G.-H. 2010. A salt substitute with low sodium content from plant aqueous extracts. Food Research International 44:537–543

Li, J., et al. 2009. Salt inactivates endothelial nitric oxide synthase in endothelial cells. Journal of Nutrition 139(3):447–451

Mohaupt, M., et al. 2014. Normotensive blood pressure in pregnancy: the role of salt and aldosterone. Hypertension 63:362–368

Petrus, A. J. A. 2012. Mukia maderaspatana (Linn.) M. Roemer: A potentially antidiabetic and vasoprotective functional leafy-vegetable. Pharmacognosy Journal 4(3)1–12

Saul, H., et al. 2013. Phytoliths in pottery reveal

the use of spice in European prehistoric cuisine. Plos One 8(8):e70583. doi:10.1371/journal.pone.0070583

Strauß, M. 2010. Die 12 wichtigsten essbaren Wildpflanzen bestimmen, sammeln und zubereiten. Hädecke-Verlag, Weil der Stadt

Strazullo, P., et al. 2009. Salt intake, stroke, and cardiovascular disease: meta-analysis of prospective studies. British Medical Journal 339:b4567

Taylor, R. S., et al. 2011. Reduced dietary salt for the prevention of cardiovascular disease: A meta-analysis of randomized controlled trials (Cochrane Review). American Journal of Hypertension 6(7):CD009217

Yang, Q., et al. 2011. Sodium and potassium intake and mortality among US adults: Prospective data from the third national health and nutrition examination survey. Archives of Internal Medicine 171(13):1183–1191

Zollner, A., et al. 1997. Eigenschaften von Holzaschen und Möglichkeiten der Wiederverwertung im Wald. LMF Bericht 14

Fleisch: Klasse statt Masse

Baena Ruiz, R., P. Salinas Hernández. 2013. Diet and cancer: Risk factors and epidemiological evidence. Maturitas 77:202–208

Biesalski, H. K., et al. (Hrsg.). 2010. Ernährungsmedizin – Nach dem neuen Curriculum. Ernährungsmedizin der Bundesärztekammer, Georg Thieme Verlag, Stuttgart/New York

Birt, D. F., G. J. Philipps. 2014. Diet, genes, and microbes: complexities of colon cancer prevention. Toxicol Pathol 42(1):182–188

Braun, D. R., et al. 2010. Early hominin diet included diverse terrestrial and aquatic animals 1.95 Ma in East Turkana, Kenya. PNAS 107(22):10002–10007

Burkert, N. T., et al. 2014. Nutrition and health – the association between eating behavior and various health parameters: a matched sample study. PLoS ONE:9(2):e88278, doi:10.1371/journal.pone.0088278

Cerling, T. E., et al. 2011. Diet of Paranthropus boisei in the early Pleistocene of East Africa. PNAS 108(23):9337–9341

Cordain, L., et al. 2000. Plant-animal subsistence ratios and macronutrient energy estimations in worldwide hunter-gatherer diets. Am J Clin Nutr 71:682–692

Deutsche Gesellschaft für Ernährung. 2014. Männer essen anders. Pressemitteilung vom 7. 1. 2014

Idel, A. 2010. Die Kuh ist kein Klima-Killer! –Wie die Agrarindustrie die Erde verwüstet und was wir dagegen tun können. Metropolis-Verlag 2. Auflage.

Jones, N. 2010. A taste of things to come. Nature 468:752–753

Key, T. J. 2009. Cancer incidence in British vegetarians. British Journal of Cancer 101:192–197

Kim, E., et al. 2013. Review of the association between meat consumption and risk of colorectal cancer. Nutr Res 33(12):983–994

Oostindjer, M., et al. 2014. The role of red and processed meat in colorectal cancer development: A review, based on findings from a workshop. Meat Science 97(4):583–596

Paturi, G., et al. 2012. Effects of Potato Fiber and Potato-Resistant Starch on Biomarkers of Colonic Health in Rats Fed Diets Containing Red Meat. Journal of Food Science 77(10):H216–223

Pericleous, M., et al. 2013. Diet and supplements and their impact on colorectal cancer. J Gastrointest Oncol 4(4):409–423

Pruetz, J. D., P. Bertolani. 2007. Savanna Chimpanzees, Pan troglodytes verus, hunt with tools. Curr Biol 17(5):412–417

Richards, M. P., E. Trinkaus. 2009. Isotopic evidence for the diets of European Neanderthals and early modern humans. PNAS 106(38):16034–16039

Stiner, M. C., et al. 2009. Cooperative hunting and meat sharing 400–200 kya at Qesem Cave, Israel. PNAS 106(32):13207–13212

Wobber, V., et al. 2008. Great apes prefer cooked food. J Hum Evol 55(2):340–348

Muntermacher Milch?

Bolland, M. J., et al. 2011. Calcium supplements with or without vitamin D and risk of cardiovascular events: reanalysis of the Women's Health Initiative limited access dataset and meta-analysis. BMJ 242(4):1144–1149.

Ausklang

Burger, J., et al. 2007. Absence of the lactase-persistence-associated allele in early Neolithic Europeans. PNAS 104(10):3736–3741

Couet, C., et al. 1991. Lactose and cataract in humans: a review. J Am Coll Nutr. 10(1):79–86

Davkota, S., et al. 2012. Dietary-fat-induced taurocholic acid promotes pathobiont expansion and colitis in Il10-/- mice. Nature 487(7405):104–108

DeMagistris, L., et al. 2013. Antibodies against food antigens in patients with autistic spectrum disorders. BioMed Research International 2013:729349

Faitsch, M. 2006. Gesunde Milch – ein Märchen? Natur + Kosmos 08/2006, S. 60–64

Gardner, M. L. G. 1985. Production of pharmacologically active peptides from foods in the gut; In: Food and the Gut, J. O. Hunter, V. A. Jones (Hrsg.), Bailliere Tindall; S. 121–134

Hazum, E. 1991. Neuroendocrine peptides in milk. Trends Endocrinol Metab 2(1):25–28

Kroenke, C. H., et al. 2013. High- and low-fat dairy intake, recurrence, and mortality after breast cancer diagnosis. J Natl Cancer Inst 105(9):616–623

Michaelsson, K., et al. 2013. Long term calcium intake and rates of all cause and cardiovascular mortality: community based prospective longitudinal cohort study. BMJ 346:f228

Reichelt, K. L., et al. 2012. Peptides' role in autism with emphasis on exorphins. Microbial Ecology in Health & Disease 23:18958–18966

Salque, M., et al. 2013. Earliest evidence for cheese making in the sixth millennium BC in northern Europe. Nature 493:522–525

Severance, E. G., et al. 2012. Gastrointestinal inflammation and associated immune activation in schizophrenia. Schizophr Res 138(19):48–53

Stevens, L. C., et al. 2011. Dietary Sensitivities and ADHD Symptoms: Thirty-five Years of Research. Clin Pediatr 50:279–293

Teschemacher, H. et al. 1997. Milk protein-derived opioid receptor ligands. Biopolymers 43(2): 99–117

Tseng, M., et al. 2005. Dairy, calcium, and vitamin D intakes and prostate cancer risk in the National Health and Nutrition Examination Epidemiologic Follow-up Study cohort. Am J Clin Nutr 81:1147–1154

Van der Pols, J. C., et al. 2007. Childhood dairy intake and adult cancer risk: 65-y follow up of the Boyd Orr cohort. Am J Clin Nutr 86:1722–1729

Farbenfrohe Früchtchen

Carle, R. 2010. Sekundäre Pflanzenstoffe. In: Biesalski, H. K., et al. Ernährungsmedizin, Thieme-Verlag Stuttgart/New York, S. 235–243

Gilad, Y., et al. 2004. Loss of olfactory receptor genes coincides with the acquisition of full trichromatic vision in primates. PLoS Biology 2(1):120–125

Jacobs, G. H. 2004. Farbensehen: Die Evolution des trichromatischen Farbensehens. In: Macdonald, D. (Hrsg.). Die große Enzyklopädie der Säugetiere. Könemann-Verlag, Königswinter, S. 304–305

Li, X., et al. 2005. Pseudogenization of a sweet-receptor gene accounts for cats' indifference toward sugar. PLoS Genetics 1(1):27–35

Pirc, H. 2009. Wildobst und seltene Obstarten im Hausgarten. Leopold Stocker Verlag, 2. Auflage 2011

Strauß, M. 2011. Köstliches von Hecken und Sträuchern. Hädecke-Verlag, Weil der Stadt

Wer knackt die Nuss?

Boesch-Achermann, H., et al. 1993. Tool use in wild chimpanzees: new light from dark forests. Current Directions in Psychological science 2(1):18–21

Cordain, L., et al. 2000. Plant-animal subsistence ratios and macronutrient energy estimations in worldwide hunter-gatherer diets. Am J Clin Nutr 71:682–692

Goren-Inbar, N., et al. 2002. Nuts, nut cracking, and pitted stones at Gesher Benot Yaàqov, Israel. PNAS 99(4):2455–2460

Graf, E., J. W. Eaton 1990. Antioxidant functions of phytic acid. Free Radic Biol Med 8(1):61–69

Graf, E., J. W. Eaton 1993. Suppression of colonic cancer by dietary phytic acid. Nutr Cancer 19(1):11–19

Holst, D. 2009. «Eine einzige Nuss rappelt nicht im Sacke» – Subsistenzstrategien in der Mittelsteinzeit. Mitteilungen der Gesellschaft für Urgeschichte 18:11–38

Luncz, L. V., et al. 2012. Evidence for cultural differences between neighboring chimpanzee communities. Current Biology 22:922–926

Mohammed, T. M. et al. 2013. Effects of phytate on thyroid gland of rats intoxicated with cadmium. Toxicol Ind Health, Epub ahead of print

Prynne, C. J., et al. 2010. Dietary fibre and phytate; a balancing act. Results form 3 time prints in a British Birth Cohort. Br J Nutr 103(2):274–280

Souci, Fachman, Kraut. 2008. Die Zusammensetzung der Lebensmittel, Nährwert-Tabellen. Wissenschaftliche Verlagsgesellschaft, Stuttgart (7. Auflage)

Strate, L. L., et al. 2008. Nut, corn and popcorn consumption and the incidence of diverticular disease. JAMA 300(8):907–914

Tan, S. Y., R. D. Mattes. 2013. Appetitive, dietary and health effects of almonds consumed with meals or as snacks: a randomized, controlled trial. European Journal of Clinical Nutrition 67:1205–1214

Wawszczyk, J. et al. 2012. The effect of phytic acid on the expression of NF-kappaB, IL-6 and IL-8 in IL-1-beta-stimulated human colonic epithelial cells. Acta Pol Phrm 69(6): 1313–1319

Zittlau, J. 2010. Nüsse in der Prävention von Stoffwechselstörungen und Herz-Kreislauf-Erkrankungen. Ernährung und Medizin 25:123–126

Zittlau, J. 2013. Kernige Mineralstofflieferanten – Nüsse liefern wichtige Spurenelemente. Ernährung und Medizin 28:167–168

Von Wurzeln, Samen und Getreide

Asouti, E., D. Q. Fuller. 2012. From foraging to farming in the southern Levant: the development of epipalaeolithic and pre-pottery Neolithic plant management strategies. Veget Hist Archaeobot 21:149–162

Brand-Miller, J. C., S. H. A. Holt. 1998. Australien aboriginal plant foods: a consideration of their nutritional composition and health implications. Nutr Res Rev 11:5–23

Carle, R. 2010. Sekundäre Pflanzenstoffe. In: Biesalski, H. K., et al. Ernährungsmedizin, Thieme-Verlag Stuttgart/New York, S. 235–243

Goren-Inbar, N., et al. 2002. Nuts, nut cracking, and pitted stones at Gesher Benot Yaàqov, Israel. PNAS 99(4):2455–2460

Hillman, G., et al. 2001. New evidence of Lateglacial cereal cultivation at Abu Hureyra on the Euphrates. The Holocene 11(4):383–393

Huber, H. 2013. Beans, beans the magical fruit. Why the paleo diet should not exclude legumes. Popular Anthropology Magazine 4(2):46–49

Humphrey, L. T., et al. 2014. Earliest evidence for caries and exploitation of starchy plant foods in Pleistocene hunter-gatherers from Morocco. PNAS 111(3): 954–959

Kislev, M. E., et al. 1992. Epipalaeolithic (19000 BP) cereal and fruit diet at Ohalo II, Sea of Galilee, Israel. Review of Palaeobotany and Palynology 73:161–166

Lev, E., et al. 2005. Mousterian vegetal food in Kebara Cave, Mt. Carmel. Journal of Archaeological Science 32(3):475–484

Mettler, S., et al. 2007. The influence of the subjects' training state on the glycemic index. Eur J Clin Nutr 61:19–24

Murray, S. S., et al. 2001. Nutritional composition of some wild plant foods and honey used by Hadza foragers of Tanzania. Journal of food composition and analysis, doi:10.1006/jfca.2000.0960

Revedin, A., et al. 2010. Thirty thousand-year-old evidence of plant food processing. PNAS 107(44):18815–18819

Rimbach, G., et al. 2010. Lebensmittel-Warenkunde für Einsteiger. Springer-Verlag, Heidelberg

Roy, F., et al. 2010. Bioactive proteins and peptides in pulse crops: pea, chickpea and lentil. Food Research International 43:432–442

Savard, M., et al. 2006. The role of wild grasses in subsistence and sedentism: new evidence from the northern fertile crescent. World Archaeology 38(2):179–196

Tabu-Küche: Vergessene und verbotene Leckereien

Harris, M. 1985. Wohlgeschmack und Widerwillen: Die Rätsel der Nahrungstabus. Cotta'sche Buchhandlung, 4. Auflage 2005

Hiller, K., M. F. Melzig. 2010. Lexikon der

Ausklang

Arzneipflanzen und Drogen. Spektrum Akademischer Verlag, Heidelberg, 2. Auflage
Kupper, J., C. Reichert. 2009. Vergiftungen mit Pflanzen. Therapeutische Umschau 66:343–348
Megido, R. C., et al. 2014. Edible insects acceptance by Belgian consumers: promising attitude for entomophagy development. Journal of Sensory Studies 29:14–20
Rätsch, C., C. Müller-Ebeling. 2003. Lexikon der Liebesmittel. AT Verlag Aarau
Sangalli, B.C., W. Chiang. 2000. Toxicology of nutmeg abuse. J Toxicol Clin Toxicol 38(6):671–678
Siebeck, W. 2008. Das Kochbuch der verpönten Küche. Wachter Verlag

Lust auf Fett? – Aber natürlich!
Chowdhury, R., et al. 2014. Association of dietary, circulating, and supplement fatty acids with coronary risk: A systematic review and meta-analysis. Annals of Internal Medicine 160(6):398–406
DiNicolantonio, J. J. 2014. The cardiometabolic consequences of replacing saturated fats with carbohydrates or Omega-6 polyunsaturated fats: Do the dietary guidelines have it wrong? Openheart, doi:10.1136/openhrt-2013-000032
Gonder, U., N. Worm. 2010. Mehr Fett! Warum wir mehr Fett brauchen, um gesund und schlank zu sein. Systemed-Verlag, Lünen, 2. Auflage
Hartmann, M. 2008. Öle natürlich kaltgepresst. Hädecke-Verlag, Weil der Stadt
McLaren, D. S. 1997. The Kingdom of the Keyses. Nutrition 13:249–253
Malhotra, A. 2013. Saturated fat is not the major issue. BMJ 347:f6340 doi: 10.1136/bmj.f6340 (Published 22 October 2013)
Taubes, G. 2001. Nutrition. The soft science of dietary fat. Science 291(5513):2536–2545

Honig – oder: Gibt es guten Zucker?
Ahmed, S., N. H. Othman. 2013. Review of the medicinal effects of Tualang honey and a comparison with Manuka honey. Malays J Med Sci 20(3):6–13
Cohen, H. A., et al. 2012. Effect of Honey on Nocturnal Cough and Sleep Quality: A Double-blind, Randomized, Placebo-Controlled Study. Pediactrics 130:465–471
Crittenden, A. N. 2011. The importance of honey consumption in human evolution. Food and Foodways 19:257–273
Erejuwa, O. O. 2014. Effect of honey in diabetes mellitus: matters arising. J Diabetes Metab Disord. 13(1):23
Flemmer, A. 2011. Echt süß! – Gesunde Zuckeralternativen im Vergleich. VAK Verlags GmbH
Frank, R. 2005. Honig – köstlich und gesund. Eugen Ulmer KG
Pontzer, H., et al. 2012. Hunter-Gatherer Energetics and Human Obesity. Plos One 7(7):e40503; doi:10.1371/journal.pone.0040503
Porta, S., Hlatky, M. 2012. Süße Versprechungen – die Fakten zu Zucker, Süßstoffen, Stevia & Co. Verlagshaus der Ärzte
Scott-Thomas, C. 2013. EFSA opens public consultation on aspartame review, foodnavigator.com, 09.01.2013
Schroeder, A. 2012. Gesundes aus Honig, Pollen, Propolis. Eugen Ulmer KG

MoodFood: Beste Laune und Genuss
Dubé, L., J. L. LeBel, J. Lu. 2005. Affect asymmetry and comfort food consumption. Physiology & Behavior 86:559–567
Junker, T., S. Paul. Der Darwin-Code: Die Evolution erklärt unser Leben. C.H.Beck Verlag, München 2009
Shubin, N. Der Fisch in uns: Eine Reise durch die 3,5 Milliarden Jahre alte Geschichte unseres Körpers. S. Fischer Verlag, Frankfurt am Main 2008
Williams, L. E., J. A. Bargh. 2008. Experiencing physical warmth promotes interpersonal warmth. Science 322:606–607

Service: Stets aktuelle und empfehlenswerte Bezugsquellen für Paläo-Nahrungsmittel sowie hilfreiche Links und Angebote rund um den Paläo-Lebensstil finden Sie unter www.palaeo-power.de

Danke!

Gerichte und Geschichten leben davon, dass sie gemeinsam verfeinert und weiterentwickelt werden. Davon durfte auch dieses Kochbuch profitieren – durch vielfältige Testessen und Anregungen.

Mein ganz besonderer Dank gilt den beiden Menschen, die sich über viele Monate hinweg durch die Rezepte gekostet haben und für die Feinjustierung sorgten, die durch inhaltliche und ganz praktische Unterstützung diesem Projekt eine besondere Würze verliehen: *Thomas Junker* (Danke für deine unbändige Lust am Genuss und an wissenschaftlichen Entdeckungsreisen. Ohne dich wäre dieses Buch nicht geworden, was es ist) und *Marcel Janick Paul* (Danke für deine Experimentierfreude und Ideen – und deine Einkäufe und Kochsessions, die mir wertvolle Zeit für das Buchschreiben gegeben haben).

Ein herzlicher Dank geht auch an: *Haroon Ahmad* (anspruchsvoller Verkoster und Unterstützer in besonderen Lebenslagen), *Stefan Bollmann, Angelika von der Lahr* im Verlag C.H.Beck (für das engagierte Lektorat), *Françoise Weyna* (für entscheidende Impulse, geteilte Genüsse und das Auflösen von Knoten im Hirn), *Ingrid und Norbert Paul* (für ihre besondere Unterstützung bei meinen Sprüngen ins kalte Wasser und die vielen Leckereien frisch vom Grill und aus dem Garten), *Walter Mann* (für kritisch-konstruktive Anmerkungen zur Jäger-und-Sammler-Ernährung und lebhafte Diskussionsrunden an seinen Gasttafeln), *Andrea Treß* (für viele gemütliche Stunden während abend- und nächtefüllender Kochaktivitäten und für aktuelle Genuss-Tipps), *Dorothea und Ike Walter* im Horta da Alegria (für technischen Support und ein energiespendendes, zauberhaftes Biotop im heißen Endspurt), *Amini Kereiya* (für die gemeinsamen abenteuerlichen Wochen im tansanischen Busch, die inspirierenden Fakten und Geschichten von Land und Leuten und die Ausdauer im Warten während stundenlanger Forschungs- und Fotosessions), *Sadi Mohamedi* (kundiger Spurensucher und Verbindungsmann zu den Hadza), die *Hadza* am Lake Eyasi (für ihre Gastfreundschaft, die Einblicke in ihr Leben – und ihre aromatischen Kostproben der Jäger-und-Sammler-Ernährung) und an alle *Teilnehmer* in der «Steinzeitküche 2.0», meinen Genuss-Abenteuer-Webinaren, Vorträgen, Koch-Workshops, Online-Kursen – und allen Newsletter- und Buch-*Lesern*, die durch Anregungen und Engagement bei Umfragen entscheidend an der Entstehung dieses Buches beteiligt waren.

Ausklang

Nachweis der Abbildungen

akg-images/Erich Lessing: Seite 7, 13
akg-images/Album/Oronoz: Seite 27
Fotolia.com: Seite 129 oben: © Pixelspieler; Seite 129 Mitte: © Paulista; Seite 129 unten: © joanna wnuk; Seite 132: © Irina Magrelo; Seite 140: © ap_foto; Seite 153 oben: © Johanna Mühlbauer; Seite 153 unten: © sarsmis; Seite 160: © FomaA; Seite 167 links oben: © Brent Hofacker; Seite 167 rechts oben, 258: © Coprid; Seite 167 rechts unten, 187 Mitte, 197 unten: © Printemps; Seite 167 links unten: © Silvy78; Seite 175: © Rob Stark; Seite 177: © Markus Mainka; Seite 187 oben, 197 oben, 202, 205 Mitte: © PhotoSG; Seite 201: © andriigorulko; Seite 205 oben, 243 oben: © womue; Seite 205 unten: © Malyshchyts Viktar; Seite 217 oben, 230: © volff; Seite 217 Mitte: © Nitr; Seite 219: © Lucky Dragon; Seite 224: © kurapy; Seite 228: © TwilightArtPictures; Seite 243 Mitte: © seagames50; Seite 243 unten: © yamix; Seite 247: © karaidel; Seite 255 oben: © Christian Jung; Seite 255 unten: Barbara Pheby; Seite 262: © Denis Junker
Sabine Paul: Seite 9, 16, 29, 33, 38, 46, 56, 65, 71, 79, 89, 95, 106, 118, 130, 136, 144, 181, 187 unten, 217 unten, 234, 236, 240, 260, 263, 264
ullstein bild: Seite 125, 265